二十一世纪普通高等教育人才培养"十四五"系列教材

创意写作教程

主　编○孙　思　　石雨晨　　张龙珍

副主编○邓玉英　　彭　丽　　李诗瑶

　　　　李玉洁　　符妮娜　　唐渲杰

西南财经大学出版社
Southwestern University of Finance & Economics Press

中国·成都

创意写作教程/孙思,石雨晨,张龙珍主编;邓玉
英等副主编.--成都:西南财经大学出版社,2024.8
ISBN 978-7-5504-6205-2

Ⅰ.①创… Ⅱ.①孙…②石…③张…④邓…
Ⅲ.①汉语—写作—高等学校—教材 Ⅳ.①H15

中国国家版本馆 CIP 数据核字(2024)第 106152 号

创意写作教程

CHUANGYI XIEZUO JIAOCHENG

主　编　孙　思　石雨晨　张龙珍

副主编　邓玉英　彭　丽　李诗瑶　李玉洁　符妮娜　唐渲杰

策划编辑:杨婧颖

责任编辑:杨婧颖

责任校对:雷　静

封面设计:何东琳设计工作室　张姗姗

责任印制:朱曼丽

出版发行	西南财经大学出版社(四川省成都市光华村街 55 号)
网　　址	http://cbs.swufe.edu.cn
电子邮件	bookcj@swufe.edu.cn
邮政编码	610074
电　　话	028-87353785
照　　排	四川胜翔数码印务设计有限公司
印　　刷	郫县犀浦印刷厂
成品尺寸	185 mm×260 mm
印　　张	9.875
字　　数	229 千字
版　　次	2024 年 8 月第 1 版
印　　次	2024 年 8 月第 1 次印刷
印　　数	1—1500 册
书　　号	ISBN 978-7-5504-6205-2
定　　价	24.80 元

序

　　创意写作的中心词是"写作"，限定语是"创意"。顾名思义，"创意写作"既要重视运用语言文字符号反映客观事物、表达思想感情、传递知识信息的写作技能，又不能离开运用形象思维、灵感思维以及抽象思维去创造出新意或意境的艺术范畴。换句话说，创意写作是一种需要不断学习和练习的技能，这种技能可以随着我们的写作过程、经验和感悟而不断提高和完善；创意写作也是一种需要不断探索和创新的艺术行为，在这种行为实施过程中，我们的想象力、灵感和风格就会不断丰富和完善。

　　创意写作者往往渴望写出新颖的创意作品，希冀"灵光一现"和"神来之笔"。在一部分人的眼里，创意写作又是神秘的，是上天的恩赐，欲求而不得；在另一部分人眼里，凭智性把握某种写作规律，按其所以然去写即可得创意作品。然而，我们应该认识到不管需要灵性还是要凭借智性，创意写作的作品既不是唾手可得，也不是不可希冀。本书是一部教大学生如何利用创意去写作的书，旨在为大学生们提供创意写作的理论知识、写作技巧和写作范例。本书涵盖了不同的写作类型，如散文、小说、诗歌、影视剧本、文学评论等，希望能够帮助大学生掌握写作的基本规律和方法，提高写作的水平和品位，培养写作的兴趣和习惯。

　　本书的作者们是一群有着多年写作经历和教学经验的专业教师。他们用亲切而幽默的语言，简明而深入的分析，生动而有趣的例子，为大学生讲解了写作的奥秘和乐趣。他们不仅传授大学生如何写作，更重要的是传授大学生为什么要写作，怎样才能享受创意写作。

应主编之邀，我有幸为本书作序。序者认为本书是一部优秀而实用的创意写作教程和指南。它不仅适合于大学生阅读和学习，也适合于任何对创意写作感兴趣或想要提高写作水平的人阅读和参考。我相信本书能够给读者带来知识和启发，也能够给读者带来快乐和满足。

在这里，我衷心地祝愿本书能够成为大学生写作学习的好伙伴，也希望每一位读者能够在写作中找到自己的声音和风格，并且创作出赋予想象和具有灵感的好文章！

肖建春

2024 年 3 月 17 日

在这个信息爆炸、创意迸发的时代，写作已不再是文人雅士的专利，而是每个人都可以掌握的技能。近年来，中国的写作领域经历了翻天覆地的变化，从传统的纸媒到数字化的网络平台，从单一的文学创作到多元化的内容生产，写作的边界被不断拓展，写作的形式也日益丰富。

对于"写作"的论述，从曹丕在《典论·论文》中关于作家的才气、禀赋对创作的影响的论述，到陆机的《文赋》论及创作中的艺术想象，再到刘勰的《文心雕龙》中对主体与客体、情与景、神思与物游、艺术想象乃至主题、题材、手法等创作中的诸多问题都做了深入的探讨，古代文论家总结出的写作思想和写作理论在被现代写作教师们广泛接受和升华的同时，"写作靠灵感、靠天赋"让"写作"这一过程更加高深而又神秘，激发了更多人的学习热情。

《高等学校课程思政建设指导纲要》指出："全面推进高校课程思政建设，发挥好每门课程的育人作用……所有课程都承担好育人责任，守好一段渠、种好责任田"。在"培养什么人、怎样培养人、为谁培养人"的根本问题上，创意写作课程和我国高校各门课程一样，目的性和导向性都是一致的。《创意写作教程》从课程内容本身出发，尽可能发掘课程知识所蕴含的思政要素，用以培养学生的价值观念与职业操守。

20世纪90年代，高等教育的写作教学以培养为社会主义建设服务的文字工作者为教育理念。到了21世纪，传统写作学从写作原理、写作本质论、写作过程论出发，各种写作的分支研究得到了发展，但主要把精力放在遣词、造句、谋篇上。

党的二十大精神内容丰富、内涵厚重，包含了大量指导和应用于写作教育的鲜活元素，写作教学也可以从党的创新理论成果中汲取智慧和力量。

一、贯彻育人理念

将党的二十大精神融入创意写作课程教学，是落实立德树人根本任务的有力举措，有助于推动写作教育与思政教育深度融合，形成同向同行的育人效应，从知识、能力、素质、价值观等方面综合塑造学生。

创意写作不仅培养作家、还更多地着力于为整个文化产业发展培养具有创造能力的核心人才，为文化创意、影视制作、出版发行、印刷复制、广告、演艺娱乐、文化会展、数字内容和动漫等所有文化产业提供具有原创力的创造性写作人才。在本书编写上，以内容创意能力培养和人才必备技能提升作为发力点，以行业内成功的案例作为示范，详细剖析和讲解，围绕行业发展的发展趋势设计教材内容，既有行业视野，又有专业高度。

二、体现多元标准

将党的二十大精神融入创意写作课程教学，突出了课程思政前沿性和时代性的特征，能够培养学生围绕社会热点问题进行思考、分析、评价的高阶能力。教学过程中，教师对学生不仅传授写作知识、培养写作能力，更通过言传身教、价值引领和情感共鸣培育学生的政治品格。

创意写作，对于学习者而言，是学习写作的过程，也是创意生成的过程；对于教学者而言，是工坊制教学的主要内容，也是充满无限创意可能的过程。与传统写作"沿着创作规律"展开的写作主体论和写作心理学研究不同，创意写作的"创意"研究是"沿着创意规律"这条更上游的主线来进行"创意心理"及"创意活动"研究的。写作是艺术，教学是技术，创意写作课程旨在打破"作家不能培养"及"写作没有学问"的学科偏见。

三、更新教学内容

党的二十大综合总结了十年来我国取得的新成就、完成的新任务、担负的新使命，将党的二十大精神融入创意写作课程，及时使教学内容推陈出新。长期以来，创意写作的教育可以分为两种：一种是针对文学创作的基础技巧和通行原则进行的教学，涉及修辞学、创作心理学、文体学的知识；另一种则是以自身创作经验为基础进行的个性化教学，某类作家只能教某类文学的创作，有其特定的构思方式、思考方法和美学思想。

不管是哪种教育方法，从以教师为主体的单向知识输出都转向以学生为主体、教师为指导的工坊制教学模式，这是对传统写作教学方式的重大变革。传统的教学模式以经典作品阅读鉴赏为导入、以文体知识学习代替写作技能的训练、以文章考核作为评价标准；创意写作的工坊制教学模式，注重过程考核，即时写作、集体创意、分享讨论和成果展示。

四、本书的特征

《创意写作教程》旨在为所有热爱写作、渴望提升写作技能的朋友们提供一份系统的学习指南。本书不仅汇集了多位资深写作教育者的经验和智慧，更融入了当下写作领域的新理念、新方法，力求在传统与现代、理论与实践之间架起一座桥梁。

本书的特点可以概括为以下几点：

系统性：从写作的基本概念到各类文体的创作技巧，本书提供了一个全面而系统的学习框架，帮助写作者构建起扎实的写作基础。

创新性：本书注重创意思维的培养，鼓励读者跳出传统框架，尝试多样化的写作手法，激发创意潜能。

实用性：结合丰富的案例分析和实践练习，本书强调学以致用，让读者在实际操作中掌握写作技巧。

互动性：教材中设计了多种形式的互动环节，包括思考题、写作练习等，以增强学习的参与感和实效性。

时代性：紧跟时代脉搏，本书特别关注了互联网时代下的写作特点，如网络文学、博客写作等，帮助读者把握时代潮流。

在学习过程中，我们鼓励每一位写作者保持开放的心态，勇于尝试和创新。创意写作是一场个人的旅程，每个人的笔下都有独特的风景。感谢所有参与编写和审校的同仁，以及给予我们支持和启发的专家。愿《创意写作教程》能够陪伴每一位写作者，书写出属于自己的精彩篇章。

编者

2024 年 5 月

目录

▶ 绪论 ………………………………………………………………………… 1

▶ 第一章　诗歌 …………………………………………………………… 6

　　第一节　诗歌的概念 ………………………………………………… 6

　　第二节　诗歌的类型 ………………………………………………… 7

　　第三节　诗歌的特征 ………………………………………………… 16

　　第四节　诗歌的创作 ………………………………………………… 20

▶ 第二章　散文 …………………………………………………………… 38

　　第一节　散文的界定 ………………………………………………… 38

　　第二节　中国散文的演变概述 ……………………………………… 40

　　第三节　散文的分类 ………………………………………………… 45

　　第四节　散文的特征 ………………………………………………… 47

　　第五节　散文的写作方法 …………………………………………… 50

▶ 第三章 小说 ································· 62

第一节 什么是小说 ································· 62

第二节 中国小说的起源与发展 ················· 67

第三节 互联网时代下的小说 ····················· 70

第四节 作品选读 ································· 73

▶ 第四章 影视文学 ································· 95

第一节 影视文学概述 ····························· 95

第二节 影视文学评论 ····························· 98

第三节 经典影视文学作品 ························· 104

第四节 影视文学写作 ····························· 109

第五节 结语 ····································· 115

▶ 第五章 文学评论 ································· 119

第一节 文学评论概念 ····························· 121

第二节 文学评论分类 ····························· 123

第三节 文学评论特征 ····························· 125

第四节 文学评论写作 ····························· 127

绪论

创意写作是一个让想象力得以自由驰骋的领域。作者可以在其作品中尽情展示自己的独特视角和想法。通过创意写作，作者可以游走在虚构与现实之间，创造出无限可能的世界和故事。这种艺术形式不受拘束，作者可以在其作品中发挥个人创造力，将内心的情感和思绪转化为文字，打破现实的束缚，开启无限的想象空间。

一、何为创意写作

（一）写作的定义

如何定义写作，不同的人有不同的理解和看法。从语言学的角度来看，写作是一种语言表达活动，它利用文字符号来反映客观事物、表达思想感情、传递知识信息、实现交流沟通。写作是人类语言能力的重要组成部分，它与说话、听说、阅读等活动相互联系、相互影响。写作是一种有目的、有规律、有方法的创造性脑力劳动，它需要运用思维操作技术和书面语言符号，对表达内容进行语境化组织。

从文学的角度来看，写作是一种文化艺术活动，它可以帮助我们把自己的思想、感受、经历、观点等用文字呈现出来，并形成具有美感和价值的文学作品。写作是人类表现无穷创造力的方法之一，它可以创造出各种类型和风格的文学作品，如散文、小说、诗歌、影视剧本、文学评论等。写作也可以帮助我们把自己的想法和创意转化为具体的行动和成果，从而实现自己的目标和梦想。

从生活的角度来看，写作是一种生命审视活动，它可以帮助我们更清晰地认识自己，更深刻地理解自己，更有效地与自己沟通。写作也可以帮助我们提高自己的文化素养和综合能力，增强自己的信心和魅力，拓展自己的视野和知识。

贾平凹等作家曾强调写作对个人表达和思考具有深厚价值。安妮·狄勒德（Annie Dillard）称写作为"生活之自由的最大化"。朱莉娅·卡梅伦（Julia Cameron）认为"写作是一种朴素的生活"。对于斯蒂芬·金（Stephen Edwin King）而言，写作是"更明亮、更愉悦的所在"。从威廉姆·斯特伦克（Jr. William Strunk）到布伦达·尤兰

（Brenda Ueland），作家们都提出了各种建议以鼓励人们写作。所有的说法最终都归结为一个基本的道理：写作是一种创造性的活动，而创意写作则是在写作的基础上更加注重灵感和想象力的发挥。

（二）创意写作的定义

创意写作（creative writing）是一种文学创作活动，它以文字为形式，以作品为载体，通过创造性的方式表达作者的思想和情感。创意写作包括虚构文学创作和非虚构文学创作。前者主要是指小说，而后者则包括散文、随笔、回忆录、传记文学等。创意写作不仅限于文学领域，也涉及其他基于人类创意的文本内容，如公众号文章、歌词创作等。创意写作强调个人创造力和原创性，鼓励作者发挥想象力，创作独特且富有诗意的作品。

在创意写作中，作家可以通过各种形式和风格来呈现自己的作品，无论是短篇小说、诗歌、散文还是小品，每一种形式都能够展现作者的独特风格和创作才华。通过这种方式，作家可以将自己的内心世界和情感表达得淋漓尽致，同时也能够引导读者进行思考和感悟，营造出一种独特的阅读体验。

创意写作不仅表现为艺术创作活动，还是思维训练和情感宣泄的方式。在创意写作的过程中，作者需要用自己的想象力和文字表达能力去构建一个完整的故事世界，这样的创作过程不仅可以激发其大脑的活力，还可以培养出批判性思维和创造性思绪。同时，创意写作也是一种情感宣泄的途径，作家可以通过文字来表达自己的情感和情绪，将内心的矛盾和困扰倾诉于纸上，达到一种情感上的解脱和宣泄。

总的来说，创意写作是一种能够让灵感得以释放、想法得以表达的文学形式，它不仅可以激发个人的创造力和想象力，还可以开阔读者的思维视野，让人们在文字的海洋中感受无限的乐趣和启示。在这个充满创新和变革的时代，它可以让作者和读者在一个纷繁复杂的世界中找到共鸣和连接，传递思想和情感，启发灵感和启示。无论是作为创作者还是读者，我们都可以通过创意写作，开启心灵的奇妙之旅，探寻文学的无限可能。

二、创意写作的要素

写作水平是可以通过练习提升的，作家是可以通过后天培养的。创意写作强调，写作不仅仅是一种天赋，更是一种可以通过后天不断练习和培养的技能。很多人可能认为写作能力是作者与生俱来的，但实际上，写作能力也是可以通过勤奋练习和不断积累提升的。通过不断的阅读、思考、实践和反思，作者可以逐渐提升自己的写作技巧和创造力，进而创作出更具有想象力和表现力的作品。

在创意写作的过程中，作者可以通过各种方式来激发自己的思维，比如观察周围的事物、思考问题、阅读他人作品、探索不同的创作风格等。这些都可以帮助作者不断地汲取灵感，拓展自己的思维空间，提高自己的表达能力。在实践写作的过程中，从选题、构思、组织到表达，作者也会逐渐培养出对文字的敏感度和审美观，从而更加熟练地运用语言来表达自己的思想和情感。

（一）模仿是最高形式的发现

在写作中，很多人说模仿是原创的坟墓，但很多作家的实际经验证实，结论恰恰相反。创作从来都不是一个整齐划一、循序渐进或者可以预期的过程，写作的世界千变万化，每位作家的风格和创作方式各不相同，而模仿恰恰是一种有效的学习方式。刚开始学习创作时，我们可以选择一些自己敬重的作家作为榜样，模仿他们的写作风格创作思路，通过模仿来学习他们的写作技巧和表达方式。慢慢地，你就开始有了自己的风格和声音，会发现模仿并不是束缚，而是在学习过程中获得启迪和提升的方式。

但在模仿的过程中，创作者应注意以下几点：

第一，深入分析：指不仅要模仿表面的文字，更重要的是理解文章背后的思想和逻辑；

第二，技巧学习：指通过模仿，学习不同的叙述方法、修辞手法和文章结构；

第三，风格发展：指在模仿的基础上，逐渐发展和塑造自己的写作风格；

第四，创新思维：模仿是为了学习和吸收，最终目的是要能够创造出具有个人特色的作品。

总之，模仿是提高写作水平的有效手段之一，但我们模仿的最终目标是学习他人的长处，然后创造出反映个人风格和思想的原创作品。

（二）坚持是最为乏味的有效

创意写作需要通过大量实践和训练来不断提升自己的写作技巧。每个人的创作方式和风格各有不同，但只要通过不断地练习和尝试，就能找到最适合自己的写作方式和声音。创作就像是一项运动，只有通过反复练习和挑战自己，才能达到更高的水平。要想在创意写作领域中脱颖而出，必须付出持之以恒的努力。著名作家余华在谈到自己的写作时，强调了写作的艰辛和写作对个人成长的重要性。他提到，写作没有捷径，需要一篇接一篇地写，通过不断的努力，语言和叙事技巧才会逐渐提高。

有一个初学创作的新手写出了自己的第一稿。他读了一遍，然后哀叹道："这一稿太糟糕了！我这是怎么搞的？"经验丰富的作家也写出了第一稿，他读了一遍，然后说："这一稿太糟糕了。我快要上路了！"

法国著名作家居斯塔夫·福楼拜（Gustave Flaubert）辛辛苦苦地一连写作了三天，突然间他发了一阵脾气，倒在地板上滚来滚去，他把小地毯塞进嘴里，继而以头撞墙，真是苦不堪言。他这样做就是为了推敲那部小说某一页上的某句话。奥斯卡·王尔德（Oscar Wilde）曾经这样谈论自己的创作经历："我花了整整一个上午加了一个逗号进去，然后又花了整整一个下午把它剔除出来。"

约瑟夫·海勒（Joseph Heller）花了十年时间创作《第二十二条军规》（Catch-22）。汤姆·沃尔夫（Tom Wolfe）花了十年时间创作《完美的人》（A Man in Full）。

刻苦训练永远是成为创作者的第一位，前进的道路从来不是平坦的。作家们给练习者提出了许多建议，其中有一条建议是他们全都同意的，那就是"坚持不懈"。定期练习写作，可以是日记、故事、说明文或论文等。挑选自己感兴趣的主题，打开思路，努力用文字表达出来。这样可以提高自己的构思、组织和表达能力。不要停下，不要放弃。无论创作者感觉写作多么寂寞难耐，都要坚持写下去。

（三）品位是最深内涵的彰显

品位对于创意写作来说，是一种必不可少的素质。因为它不仅影响着作品的风格和质量，还关系到作品能否触动读者的心灵。无论是作为读者还是作者，都应该注重品位，去发现文字中的美好和奥秘，让创意在品味中得以升华，让作品在品味中得以永恒。在构思创作时，深入品位可以让作者更好地抓住灵感的脉络，挖掘出更加丰富和深刻的思想。通过品味优秀作品，作者也可以不断从中汲取营养，从而提升自己的写作水平和创作能力。

品位在写作中的作用主要体现在：

选择题材：有品位的作家会选择那些能够引起共鸣、反映人性、探讨深刻问题的题材。

语言运用：精准而富有表现力的语言能够更好地传达作者的意图，打动读者。

情感表达：高品位的写作能够以更加细腻和真挚的方式表达情感，让读者产生共鸣。

思想深度：有品位的作家往往能够在作品中融入深刻的思考，提供独到的见解。

此外，品位也在一定程度上反映了一个人的文学修养和表达能力。一个对作品能够深入品味的人，往往能够看到作者想要表达的更多内容，能够更好地理解作品背后的情感和思想。通过不断地品味和思考，一个人的文学品位也会逐渐提升，让他们在写作和阅读中都能够有更为优秀的表现。

三、创作过程

在创意写作中，作者可以使用手法和技巧创作任何类型，但无论属于何种门类，写作的过程必须是完整的，否则创作的内容就无法引起读者共鸣。

首先，要确定写作的目的和对象。在开始写作之前，作者要明确自己写作的目的是什么，想要传达什么信息，想要达到什么效果，读者是谁，他们是否会对创作的主题感兴趣，他们有什么需求和期待等。这样可以帮助作者选择合适的写作类型、风格、语言等。

其次，选择合适的写作结构。写作结构是指文章的组织方式和顺序，它决定了文章的逻辑性和可读性。根据不同的写作目的和内容，作者可以选择不同的写作结构，如范畴结构、评价结构、时间结构、比较结构、线性结构、因果结构等。一般来说，一个好的写作结构应该遵循自上而下（先总后分），分解事物（把主题分成几个部分），整合相似事物（把相似或相关的部分放在一起），使用转折词（提示文章的方向和关系）等原则。

再次，使用恰当的语言。语言表达是指文章的文字选择和运用，它决定了文章的风格和效果。根据不同的写作对象和情境，我们可以选择不同的语言表达方式，如正式或非正式、客观或主观、简洁或详细等。一般来说，一种好的语言表达方式应该遵循使用准确具体的词汇（避免模糊或错误的词汇），使用多样化的句式（避免单调或重复的句式），使用主动语态（避免被动或冗长的语态），使用平行句式（保持句子成分或结构的一致性）等原则。

然后，保持文章的可读性和美感。文章是否具有可读性是指文章是否容易被读者理解和接受，美感是指文章是否能给读者带来审美享受。增加文章的可读性和美感可以提升文章的吸引力和影响力。为了增加文章的可读性和美感，我们可以采取以下一些方法：利用排版和设计（增加文字周围的空间，突出关键词或短语等），运用可读性工具（使用标题或提要，回顾或总结等），利用修辞手法（使用比喻、拟人、夸张等），利用故事或例子（提升文章的生动性和说服力等）。

最后，检查与修改。检查与修改是写作过程中最细致也是最必要的步骤之一。作者可以对文章进行检查，并消除错误和不足之处。检查与修改的方法有很多，如使用在线的工具检查文章，或者请专业的人士或读者来给作者提出反馈意见和建议等。

四、创意写作的意义

创意写作与人们的日常生活息息相关。如果说传统文学标志着时代文化的高度，那么创造性写作就决定了时代文化的基本特征。这就决定了创意写作未来在国内的发展和定位：既能满足人们日益增长的精神文化需求，又能更好地服务于民族文化发展战略。

创意写作是人类重要的思维训练方式，因为它能够锻炼人们的创造力、批判性思维和解决问题的能力。在创意写作过程中，人们学习如何发散思维，探索不同的想法，并将这些想法转化为有组织的文字。这个过程中，作者不仅提高了语言表达能力，还拓展了思考的深度和广度。在创意写作中，作者需要选择合适的材料、发展独特的风格、构建人物和情节。例如，创意写作训练可以包括从不同角度审视问题、构建复杂的虚构世界、发展连贯的叙述以及创造引人入胜的对话。

创意写作能够培养原创意识的人才，这些人才能够为文化产业提供新鲜的创意和高质量的文化产品。在中国，随着文化产业的层次升级，对于具有创新和原创能力的人才需求日益增长。在高校中开设创意写作课程，不仅能够拓展学生的知识和创意边界，还能提升他们服务于产业社会的能力。创意写作还有助于打造具有中国文化特质的广播、电影、电视作品、文学作品、动漫游戏作品以及各类文化产品，提升文化产品的附加值，为当代文化创意产业的持续发展提供保障。这些作品和产品不仅丰富了市场，也提升了国家文化软实力和中华文化的国际认知度和认同度。

第一章

诗歌

诗歌的发展历史源远流长。在文学发展史上，相对于其他各种文学体裁来说，诗歌作为一种独立的文学样式，出现较早，几乎在人类语言诞生之初就已经产生了。同时，诗歌也被视为一种文化艺术形式，许多文人雅士都会阅读并欣赏一些著名的作品，并从中学习不同的文学技巧。这些技能可以帮助他们更好地理解世界，并且有助于提高其审美水平和写作水平。

第一节 诗歌的概念

关于诗歌的概念，众说纷纭。

在西方，诗歌的诞生可以追溯到公元前 5 世纪的古希腊，当时诗歌被认为是一种艺术形式，与音乐和绘画一起并称为艺术领域的三大表现形式。从古希腊时期到如今，诗歌一直是西方文化中不可或缺的一部分。在不同的历史时期，有许多著名的诗人和作品流传下来。在长期的创作、修改和流传过程中，诗歌逐渐形成了一种独特的艺术形式、文化传统和文明风貌，并在世界范围内产生了广泛的影响。黑格尔如此定义诗歌：诗，语言的艺术，是第三种艺术，是把造型艺术和音乐这两个极端，在一个更高的阶段上，在精神内在领域本身里，结合于它本身所形成的统一整体。

在我国，诗歌的诞生可以追溯到上古虞舜时期，它最初为人们劳作时的呼号，后与音乐和舞蹈结合在一起，成为人们生活中的伴唱。在整个中国文学发展史上，诗歌的历史久远、成果丰硕、影响深远。春秋时期，我国第一部诗歌总集——《诗经》中的大部分句式是齐整的四言，中间夹杂少量的杂言。东汉末年，以《古诗十九首》为代表的诗歌以五言为基本句式。建安时期，以"三曹"和"七子"为代表的诗人除了用五言形式进行诗歌创作外，还积极推动七言诗的创作。齐梁时期，沈约的"四声八病"之说促进了格律诗的产生。唐代盛行律诗和绝句，优秀的诗人和佳作源源不断，诗歌无论是在内容体式上，还是在艺术成就上，都取得了巨大的成功。晚唐五代时期产生了词这种新的诗歌表达方式。到宋代，大量文人士大夫参与到词的创作中，诞生了无数精品佳作，形成了豪放派和婉约派这两种不同的创作风格。元代，散曲成为当时主流的诗歌形式。到了近现代，随着新文化运动的开展，中国白话新诗诞生了。1920 年，胡适出版了中国第一部白话新诗集——《尝试集》。随后，郭沫若的诗集《女神》问世，掀开了中国新诗的序幕。直到如今，大量优秀的诗人和经典的诗歌涌现出，中国当代诗坛群星荟萃，呈现出欣欣向荣之态。

漫长的诗歌史容纳了无数的诗人和作品，也使人们对诗歌产生了不同的理解。《毛诗序》有云："诗者，志之所之也。在心为志，发言为诗。情动于中，而形于言；言之不足，故嗟叹之；嗟叹之不足，故咏歌之；咏歌之不足，不知手之舞之足之蹈之也。"这段话表明诗歌诞生之初与音乐和舞蹈是分不开的，诗歌主要是用来抒情言志的。唐代诗人白居易在《与元九书》中这样定义诗："诗者：根情，苗言，华声，实义。"他认为感情是诗的根，语言是诗的苗，声律是诗的花，内涵是诗的果实，它们不可分割。现代诗人何其芳认为诗是一种最集中地反映社会生活的文学样式，它饱和着丰富的想象和感情，常常以直接抒情的方式来表现，而且在精练与和谐的程度上，特别是在节奏的鲜明上，它的语言有别于散文的语言。

虽然对于诗歌的具体解释不同，但人们普遍认为，诗歌是由诗人创作的，他们通过观察和感受生活，将自己的内心体验转化为具有韵律和节奏感的语言，并且通过具体而形象的事物来表达个人情感、哲学观念、文化价值观和社会态度等。综合以上观点，本书对诗歌定义如下：诗歌是以意象为基本单位，用奇特的想象，以及具有鲜明节奏和韵律感的语言，高度概括地表达个人情感、哲学观念、文化价值观和社会态度的文学体裁。例如，闻一多的《火柴》：

> 这里都是君王底
> 樱桃艳嘴的小歌童：
> 有的唱出一颗灿烂的明星，
> 唱不出的，都拆成两片枯骨。

第二节 诗歌的类型

诗歌作为一种艺术形式，以其独特的表现形式和丰富的艺术题材而受到广大读者的喜爱。根据不同的角度和划分标准，诗歌有不同的分类方法。本节对诗歌的表现内容、结构形式和题材风格进行了分类，以期帮助读者深入了解诗歌的多样性和艺术性。对不同类型诗歌进行研究，可以更好地理解诗人的情感和欣赏诗歌的魅力，并为从事诗歌创作的人提供一些启示和指导。

一、按照诗歌的表现内容和写作特点分类

从表现内容和写作特点来看，诗歌主要分为抒情诗和叙事诗两大类。

（一）抒情诗

抒情诗是一种以情感抒发为基础的诗歌类型，是诗歌中最为常见的类型。它以自我抒发或叙述他人情感为主要内容，通过抒发情感、表达思想、描绘景物等方式，展现诗人的人生体验和内心感受，从而引发读者的共鸣。

抒情诗是汉民族诗歌最主要的体裁形式。在我国古代，抒情诗的创作是从汉乐府发端的，它以"感于哀乐，缘事而发"为主要特点。这类诗歌都是以反映社会生活，抒发人民疾苦、志向和愿望为主题而创作的。

中国抒情诗创作的一个重要传统，就是以民间歌曲为基础，经过文人加工改造而成。在我国古代文学史上，以《诗经》《楚辞》为代表的民间歌曲与文人诗歌共同形成了我国诗歌艺术的两大传统。中国抒情诗歌自产生以来，便与民间歌曲有着不解之缘。我国民间歌曲创作经历了一个漫长而曲折的发展过程，我国抒情诗也经历了从宫廷贵族诗歌到民间歌谣，再到文人诗歌的发展过程。

抒情诗创作的主要目的是表达个人情感和思想，它强调语言的表现力和情感的丰富程度，同时也注重对客观事物的深刻理解和对自身情感的表现。它的主要特点是情感真挚、细腻、生动，注重语言表达的准确性和严密性，注重修辞手法的使用，以达到良好的表达效果，从而增强诗歌的艺术表现力和感染力。例如，李白的《将进酒》：

> 君不见黄河之水天上来，奔流到海不复回。
>
> 君不见高堂明镜悲白发，朝如青丝暮成雪。
>
> 人生得意须尽欢，莫使金樽空对月。
>
> 天生我材必有用，千金散尽还复来。
>
> 烹羊宰牛且为乐，会须一饮三百杯。
>
> 岑夫子，丹丘生，将进酒，杯莫停。
>
> 与君歌一曲，请君为我倾耳听。
>
> 钟鼓馔玉不足贵，但愿长醉不复醒。
>
> 古来圣贤皆寂寞，唯有饮者留其名。
>
> 陈王昔时宴平乐，斗酒十千恣欢谑。
>
> 主人何为言少钱，径须沽取对君酌。
>
> 五花马，千金裘，
>
> 呼儿将出换美酒，与尔同销万古愁。

抒情诗可以表达爱情、友情、家国情怀等多种情感，以韵律的变化、意象的运用等方式，展现出诗歌的美感和情感力量。不同的人对抒情诗的主题和情感有不同的理解和感受。比如，有些人可能喜欢抒发内心的情感和思想，而有些人则可能更喜欢表达对自然、社会和他人的爱、恨或哀伤等情感。选择不同的题材就会形成不同种类的抒情诗，如闺怨诗、思乡诗、爱情诗、山水田园诗、送别诗等。

（二）叙事诗

叙事诗是通过叙述事件或故事情节来表达诗人的思想和情感。它以故事性和叙事性为特点，常常以故事的情节为线索，通过描述具体的人物、场景、情节等来构建一个完整的故事，并展现出故事中的情感冲突与意义。叙事诗可以讲述历史传奇、神话传说、个人经历等，它融入了故事性和戏剧性的元素，引导读者进入一个丰富的故事世界，并通过故事情节的展开传达出更深层次的思考和理解，使读者深入体验其中的情感与意义。

叙事诗是把生活中的某种典型事件，通过描写人物经历、语言、行动等，并对其加以丰富和深化，从而揭示生活的本质，表现人物性格或思想感情的诗歌样式。它要求刻画的人物形象生动，具有鲜明的个性；情节曲折，波澜起伏；语言生动自然，富有表现力。例如，瑞典诗人阿斯本斯特罗姆的叙事短诗《乡村的丁香》：

> 夏日的第一天，紫丁香。
> 村民们羞涩地避开——
> 还没有习惯美。
> 夜来时悄悄走出，
> 笨拙地折了几枝。

叙事诗是诗歌中最具民族特色的一种类型，可分为"史诗性"和"抒情性"两大类。

史诗性叙事诗是把历史事件、历史人物写成诗篇，反映社会历史面貌，揭示社会发展规律。例如，古希腊的《荷马史诗》，以及中国古代的《木兰诗》和《孔雀东南飞》，中国现代诗人李季的《王贵与李香香》等。

而抒情性叙事诗是指在描写人物活动和事物发展过程中抒发感情，通过人物语言、行动、心理活动等描写来表现人物性格。如白居易的《琵琶行》《长恨歌》等。

二、按照诗歌的结构形式分类

从结构形式来看，诗歌可以分为格律诗、自由诗、散文诗、民歌、流行歌词等类型。

（一）格律诗

格律诗是指按照一定的音韵规则（如平仄、押韵、对仗等）和诗句长度来组织诗歌的形式。这种形式的诗歌，其篇幅长短、音韵节奏都有一定的规律性，多为五言或七言诗，既讲究平仄格律，又讲究押韵，有些还要注意对仗，以此给诗歌以节奏感和韵律感，使得诗歌更具有音乐性和艺术性。

中国古典诗歌大都属于格律诗。最早的格律诗可以追溯到《诗经》，其结构及用韵规则大体一致，形式基本上是齐整的四言诗。东汉末年的《古诗十九首》已经是结构形式比较成熟的五言诗。严格意义上的格律诗主要是指盛行于唐代的律诗和绝句，其结构整饬严格，诗有定句，句有定字，且讲究声调、对偶和押韵。绝句每首四句，每句五个字或七个字，称为五言绝句（如王维的《相思》："红豆生南国，春来发几枝"）或七言绝句（如王昌龄的《出塞》："秦时明月汉时关，万里长征人未还"）。律诗每首八句，每句五个字或七个字，称为五言律诗（如王勃的《送杜少府之任蜀州》："海内存知己，天涯若比邻"）或七言律诗（如杜甫的《蜀相》："出师未捷身先死，长使英雄泪满襟"）。律诗对平仄声调要求尤其严格，其基本要求是：平平仄仄平平仄，仄仄平平仄仄平。例如，杜甫的《登高》：

风急天高猿啸哀，渚清沙白鸟飞回。

无边落木萧萧下，不尽长江滚滚来。

万里悲秋常作客，百年多病独登台。

艰难苦恨繁霜鬓，潦倒新停浊酒杯。

格律诗中还有一种排律，它以律诗的格式加以铺排和加长，也讲究对仗和押韵。兴起于五代时期，盛行于宋代的词，以及流行于元代的散曲也属于格律诗的变体。

现代新诗中也有一些格律诗，如闻一多的《死水》、徐志摩的《再别康桥》等。这些现代格律诗，基本上都是以闻一多提出的诗歌的"三美"（音乐美、绘画美和建筑美）作为创作理念。

（二）自由诗

自由诗是指不受格律规则约束，以自由的形式来表达诗人的思想与情感的诗歌形式。它强调对语言和形式的自由运用，更加注重诗意的表达与感染力。

西方诗歌大都采用自由诗的形式进行创作。其中十四行诗体流行较广，影响较深，它在传播过程中不断与其他国家的文学融合发展，逐渐成为各民族文学中非常重要的组成部分。学界普遍认为，盛行于西方的十四行诗体可以追溯到文艺复兴时期意大利，著名诗人彼特拉克创造性地运用了十四行诗的体裁，使之成为欧洲诗歌中的一种新诗体。他的代表作《歌集》大部分都采用了十四行的诗歌形式。之后，十四行诗在世界范围内得到广泛的流传与发展。英国的莎士比亚、法国的波德莱尔、俄国的普希金等优秀诗人，流传下来的大量经典诗歌，都是十四行诗的形式。例如，《莎士比亚十四行诗》第十八首：

能不能让我来把你比作夏日？

你可能更加可爱，更加温婉；

狂风会吹落五月里开的好花儿，

夏季的日子未免又太短暂；

有时候苍天的巨眼照得太灼热，

他那金彩的脸色也会被遮暗；

每一样美呀，总会离开美而凋落，

被时机或者自然的代谢所摧残；

但是你永久的夏天决不会凋枯，

你永远不会失去你美的仪态；

死神夸不着你在他影子里踯躅，

你将在不朽的诗中与时间同在；

只要人类在呼吸，眼睛看得见，

我这诗就活着，使你的生命绵延。

中国的自由诗诞生于新文化运动时期。胡适主张将白话词语入诗，实现诗体解放，并尝试创作白话诗——出版了中国现代第一部白话新诗集《尝试集》。随后，郭沫若的诗集《女神》问世，掀开了中国自由新诗的序幕。自此，自由诗成为中国现当代诗歌的主要形式。

（三）散文诗

散文诗是介于散文和诗歌之间的一种文体，它既有散文的叙事和记述特点，又有诗歌的音乐性和感染力。散文诗是指以散文的方式来表达情感，但在词句和句式的运用上，更加注重节奏和韵律感，给人以诗的美感的一种诗歌形式。散文诗是近现代才出现的一种文学样式。在中国，散文诗的一个典型就是鲁迅的散文诗集《野草》。在外国，影响力较大的散文诗集是泰戈尔的《新月集》、纪伯伦的《沙与沫》等。

散文诗的特点是：以散文为主要表达手段，语言形式灵活自由。它的内容是一种介于散文和诗歌之间的"小品"，一般篇幅短小、结构自由、节奏明快、风格清新。在表现手法上，散文诗主要以象征、隐喻、联想和想象等方式来传达作者的感情。散文诗属于自由诗体，一般以"段"为单位，每段一般以一种修辞手法为主。散文诗既可独立成篇，也可和其他体裁的作品融合在一起，成为一篇完整的作品。例如，刘湛秋的《公共汽车上》：

每天坐车，每天拥挤，无穷的争吵，各种各样的气味……

习惯了，就是一样。眼睛仍像活泼的星光，搜寻着友好的微笑和舒展的皱纹。

一辆辆公共汽车，装满了各种各样的人，装满了我们的生活。在这里，我们摇晃着，拥挤着，提着篮子，背着挎包。在摇晃中，有我们买粮买菜的盘算，有我们对工作的思考，有我们匆匆来去对明天的追求。

拥挤，拥挤，热热闹闹地生活，热热闹闹地拥挤！能拥挤，总还是自由自在的吧！自由地上车、下车，比一个人关在"牛棚"里不拥挤，可能有一千倍的幸福。

（四）民歌

民歌是一种流传于民间的歌曲形式，它以简洁明快的音乐旋律和真实自然的语言表达来反映人们的生活和情感。民歌的艺术题材常常涉及劳动人民的生产、生活、情感、习俗，以及家国情怀等与普通人息息相关的内容，具有浓郁的乡土气息和民族特色。

民歌是民间的歌谣，它的特点是口头创作，流传于民间。它的内容很广泛，有生产劳动、爱情生活、社会习俗等，也有歌颂劳动人民和新社会的。民歌的形式多种多样，主要有山歌、号子等。

山歌是一种在民间广泛流传的小调，主要是指人们在田间劳作时即兴演唱的歌曲，是我国劳动人民创造出来的一种独特而优美的歌唱艺术，它的内容广泛而丰富，情感真实而质朴，结构短小，节奏鲜明，通俗易懂，便于传唱。例如，广西民歌《刘三姐》就是用山歌对唱的形式来表达对生活的热爱。

号子是劳动人民在长期的斗争生活中创造出来的一种具有浓厚生活气息、充满乐观精神和鲜明个性特征的艺术形式。早在原始社会时期，人们为了对抗恶劣的自然环境，在从事集体劳动时，为了步调协调、节奏一致，创造出了号子这种诗歌形式，同时号子也能起到缓解疲劳以及激发劳动热情的作用。它是我国劳动人民在生产和生活中所采用的最常见、最生动、最典型的艺术形式之一，在我国民族文艺中占有重要地位。号子总是伴随着集体劳动（如打鱼、伐木、拉纤、搬运等），以劳动中的呐喊和吆喝为主要特征，曲调短促而高亢，如国家级非物质文化遗产"川江号子"。

（五）歌词

歌词是歌的一种，包括词和曲两个部分。词是歌词的基础，它是一种用韵的音乐文学形式。在我国，歌词产生于原始社会时期，到了唐朝已经成为我国文化宝库中的重要组成部分。中国古代有许多著名的诗人、词人，他们的词作在中国文学史上占有重要的地位。词学大师王国维曾说："词以境界为最上""有境界则自成高格，自有名句"。由于歌词具有音乐美、文学美、节奏美等特点，它在音乐、文学、雕塑等方面都有重要价值。在现代生活中，歌词在人们生活中扮演着越来越重要的角色，是人们表达感情的重要手段之一。不少中国现代新诗被谱成歌曲进行传唱，并成为经典。例如，胡适的《兰花草》，李叔同的《送别》。也有一些当代流行音乐的歌词，如崔健的《一无所有》，罗大佑的《现象七十二变》等，它们被视为中国当代诗歌经典被收录。

歌词不像诗那样追求格律的整齐和形式的完美，而是更注重情感的抒发。流行歌词，或称流行音乐歌词，则是指 20 世纪七八十年代以来在中国大陆广泛流行的歌曲，是现代音乐创作的一种新形式，也是大众文化的一种重要组成部分。它的产生和发展与流行音乐密不可分，是这一时期中国社会生活中出现的一个重要文化现象。

流行歌词以流行音乐的节奏和旋律为基础，通过歌词的表达来传递写词人的情感和思考。流行歌词的主题广泛，可以涉及爱情、友情、人生哲理等各种题材，常常以简洁直观的语言表达出人们的情感和思想。它具有四个基本特征：其一，歌词往往需要搭配相应的编曲一同演唱；其二，通常以单句形式出现；其三，歌词一般由具有一定知识水平和艺术修养的人创作，他们用歌词反映社会生活中的某些现象和问题；其四，由于演唱时间较短，所以歌词表现出来的形式也比较简单，具有很强的随意性。此外，流行歌词往往用口语化的语言来创作，通俗易懂、朗朗上口。它的存在，满足了大众对艺术追求的需要，是人们精神生活中不可或缺的重要内容。

三、按照诗歌的题材风格分类

从题材风格来看，诗歌可以分为爱情诗、哲理诗、山水田园诗、怀古诗、咏物诗、军旅诗、送别诗、思乡诗、讽喻诗等。

（一）爱情诗

爱情诗是最为广泛流传和深受人们喜爱的一种诗歌形式。爱情诗以表达人们对爱情的渴望和深情厚意为主题，通过诗人的笔触，将爱情的美妙与伟大展现得淋漓尽致。

爱情诗的创作源远流长，古代时期，诗人们就以各种形式表达了对爱情的追求和赞美。例如，唐代诗人李商隐的《无题》（其二）中写道：

飒飒东风细雨来，芙蓉塘外有轻雷。

金蟾啮锁烧香入，玉虎牵丝汲井回。

贾氏窥帘韩掾少，宓妃留枕魏王才。

春心莫共花争发，一寸相思一寸灰。

这首诗表现了诗人对爱情的向往和渴望，却又害怕再次遭遇挫折、受到伤害的复杂而微妙的感受。

而在现代，爱情诗的创作也呈现出多样化的风貌。诗人们通过自己的亲身经历和感悟，将爱情的喜悦、痛苦、甜蜜和苦涩等情感真实地展现在读者面前。爱情诗的创作不仅仅是对爱情的赞美和追求，更是对人性的探索和思考。通过描绘爱情的点滴细节和情感变化，诗人们展现了人类内心世界的复杂和多样性。爱情诗不仅仅是一种文学形式，更是一种情感的宣泄和思想的表达。例如，著名诗人顾城在《远和近》中写道：

> 你
> 一会看我
> 一会看云
> 我觉得
> 你看我时很远
> 你看云时很近

这首诗以简洁而富有哲理的语言，表达了情侣之间的猜疑，体现了爱情的复杂性，具有一种唯美而感伤的古典气息。

（二）哲理诗

哲理诗是诗中包含有丰富的人生哲理，而又言简意赅的诗歌。它多用简洁精练的语言表达深刻的人生哲理，表现出诗人对生活本质的认识和感悟。例如，苏轼的《题西林壁》中"不识庐山真面目，只缘身在此山中"一句就富含人生哲理，后成为人们的惯用语，用来形容由于对客观事物的认识尚不全面，故不识事物其真正本质。又如，英国诗人威廉·布莱克的哲理短诗《天真的预言》：

> 一粒沙中看世界，
> 一朵花里见天堂，
> 无限握于你掌中，
> 永恒刹那间珍藏。

（三）山水田园诗

山水田园诗是中国古代文学中最为重要的一种诗歌体裁。"山水田园"在这里指的是中国传统文化中对于自然风景和农村生活的描绘。这种诗歌形式强调对大自然的热爱和对田园生活的向往，表达了诗人对于和谐自然之美和宁静乡村生活的向往。例如，王维的《山居秋暝》：

> 空山新雨后，天气晚来秋。
> 明月松间照，清泉石上流。
> 竹喧归浣女，莲动下渔舟。
> 随意春芳歇，王孙自可留。

这首诗写出了秋雨初晴后傍晚时分山村的旖旎风光，流露出了诗人寄情山水、怡然自得的愉快心情，以及对隐居山林生活的依恋和向往之情。

（四）怀古诗

怀古诗是诗人表达对过去时光的怀念，或者对古代的人和事物的留恋之情的一种诗歌形式。这类诗歌常常借助于回忆和想象，通过描述古代人民的生活、历史事件和传说来表达对过去的感念和赞美。例如，杜甫的《咏怀古迹》（其三）：

> 群山万壑赴荆门，生长明妃尚有村。
> 一去紫台连朔漠，独留青冢向黄昏。

画图省识春风面，环佩空归月夜魂。

千载琵琶作胡语，分明怨恨曲中论。

这首诗描写了诗人遥望昭君村时，对昭君空有绝世之姿却不为君王所知，最终远嫁大漠的悲剧命运的感慨。同时也流露出了诗人对自己志大才高却颠沛飘零的命运的感伤和哀痛之情。

（五）咏物诗

咏物诗是一种以赞美和描写某一特定事物或物体为主题的诗歌形式。这类诗歌常常通过对具体形象的描绘来表达对事物的深切感受，从而展示出对事物本质的理解和赞美。例如，崔颢的《黄鹤楼》：

昔人已乘黄鹤去，此地空余黄鹤楼。

黄鹤一去不复返，白云千载空悠悠。

晴川历历汉阳树，芳草萋萋鹦鹉洲。

日暮乡关何处是？烟波江上使人愁。

这首诗是歌咏黄鹤楼的千古绝唱。崔颢在描写黄鹤楼时，借用意象，行文华丽。先写"昔人已乘黄鹤去，此地空余黄鹤楼"，他将虚幻的黄鹤形神兼备地刻画出来，人们向往黄鹤，因为黄鹤代表着灵性与神秘。而黄鹤楼在黄鹤不在的情况下，在江南的波澜壮阔中昼夜不停地矗立着，其遗址，就像一项曾经发生过的历史事件，永远不会完全消逝。"黄鹤"二字再三出现，气势奔腾直下，却让人察觉不到它的重叠。诗歌前四句虚写，给人以渺不可知的感觉，后四句实写诗人楼中所见所感，虚实对比，烘托出登楼者的愁绪，也使文势波澜起伏，引人入胜。

（六）军旅诗

军旅诗是中国文学中一种重要的诗歌类型，主要描写军人在战场上的英勇豪情和忧国奉献的精神。这种诗歌形式常常通过描绘战争场景、歌颂英雄事迹和表现军事功绩来表达对军人的崇敬之情和对国家的忠诚。例如，王翰的《凉州词》：

葡萄美酒夜光杯，

欲饮琵琶马上催。

醉卧沙场君莫笑，

古来征战几人回。

这首诗描绘了军旅生活中的一个片段——军中欢宴畅饮的场面，表现了戍边战士悲伤愤慨却又旷达豪爽的思想情感。

（七）送别诗

送别诗是一种表达离别之情的诗歌形式。它通常出现在离别的场合，如朋友之间的分别、亲人的离世等。送别诗通过细腻的语言和深情的描写，表达出诗人对被送别者的思念和祝福。这种诗歌常常以哀戚和感伤的情绪为主，通过对离别的痛苦和无奈的描绘，引起读者的共鸣和思考，如近代李叔同的《送别》"长亭外，古道边，芳草碧连天……"

送别诗中也有旷达的类型，如"海内存知己，天涯若比邻"（王勃的《送杜少府之任蜀州》）；有豪壮的类型，如"莫愁前路无知己，天下谁人不识君"（高适的《别董大》）；还有高兴的类型，如"李白乘舟将欲行，忽闻岸上踏歌声"（李白的《赠汪伦》）。

（八）思乡诗

思乡诗是一种表达对家乡思念之情的诗歌形式。它通常出现在离乡背井、远离家乡的人们心中。思乡诗通过对家乡的描绘和回忆，表达出诗人对故乡的眷恋和思念之情。这种诗歌常常以怀旧和温和的情绪为主，通过对家乡的美景、乡音、乡情的描绘，勾起读者对故乡的回忆和思念。例如，余光中的《乡愁》：

小时候
乡愁是一枚小小的邮票
我在这头
母亲在那头

长大后
乡愁是一张窄窄的船票
我在这头
新娘在那头

后来啊
乡愁是一方矮矮的坟墓
我在外头
母亲在里头

而现在
乡愁是一湾浅浅的海峡
我在这头
大陆在那头

这首诗围绕"乡愁"展开联想和想象，通过"邮票""船票""坟墓""海峡"这四个新颖独特的意象来承载"乡愁"，同时又遵循时间顺序，层层推进，抒发了荡气回肠的复杂乡愁。

（九）讽喻诗

讽喻诗是把社会现实生活中不合理的东西和不正当的行为直接反映到诗歌中来，以达到抨击现实、揭露社会弊端、鞭挞丑恶现象和追求理想社会生活的目的。例如，白居易的《卖炭翁》：

卖炭翁，伐薪烧炭南山中。
满面尘灰烟火色，两鬓苍苍十指黑。
卖炭得钱何所营？身上衣裳口中食。
可怜身上衣正单，心忧炭贱愿天寒。
夜来城外一尺雪，晓驾炭车辗冰辙。
牛困人饥日已高，市南门外泥中歇。
翩翩两骑来是谁？黄衣使者白衫儿。
手把文书口称敕，回车叱牛牵向北。

一车炭，千余斤，宫使驱将惜不得。

半匹红纱一丈绫，系向牛头充炭直。

诗歌前半部分写烧炭卖炭的老人生活十分困苦，但仍怀揣希望；后半部分写替皇上采买的宫人将老人辛苦烧出的准备换衣食的千余斤炭拉走，让老人的希望彻底破灭。诗歌对宫市的控诉沉痛而有力。

<h1>第三节　诗歌的特征</h1>

诗歌在我国有着几千年的历史，并随着社会生活的不断发展而演化着。然而无论时代怎样变化，它都有着自己独特的艺术特征。诗歌是作者通过想象和联想，运用语言文字来表达自己对生活的感受、体验和看法，以反映生活、反映时代的一种艺术形式。它以其强烈而独特的抒情、概括而凝练的语言、丰富而奇特的想象、巧妙而新颖的修辞、和谐而鲜明的韵律等特点，深受人们的喜爱。本节将从这些方面探讨诗歌的独特特征与魅力，并通过分析经典诗歌作品来进一步说明其创作风格和艺术特色。

一、抒情强烈而形象

诗歌是用来表达情感的一种艺术形式。它以一定的社会生活为基础，用艺术的语言来反映现实生活，抒发自己对生活的感受和体验，从而达到抒发感情、陶冶情操、教育人民的目的。抒情是诗歌最突出的艺术特征。

所谓抒情，就是作者对客观事物的爱憎等情感的表达。中国古代诗人认为，诗歌的关键在于"发于情"，即抒发情感。因而，中国古代诗歌特别重视情感的抒发。当然，这种感情也并非不分对象和场合、不分时间和地点、不受约束地任意抒发。它有一个必要的前提条件：就是必须有客观事物为基础，才能抒发感情。否则，诗歌的抒情就会走向空想、臆造、虚妄乃至荒诞了。所以，诗人们都十分注意对自然景物的描写，在表达情感时，常常借助于想象和联想把自己的感情融入自然景物中去。这就是中国诗歌强烈而形象的抒情特点。这种抒情可以分为情景交融和托物言志两种。

（一）情景交融，以景抒情

情景交融，以景抒情，是中国古代诗歌的一大特点，它是指诗人通过对自然景物的描绘来表达自己的思想感情或寄托自己对生活的感受和体验。情景交融的基础是建立在作者与客观事物之间的情感联系上，这种联系有时是由作者直接表述出来的，如直接抒发作者对客观事物的爱憎之情；有时是由诗人借助想象和联想来间接表述出来的，如借助景物或想象来表达作者对客观事物的爱憎之情。但无论哪一种情况，都要求诗人要与客观事物建立起情感联系。

借景抒情不能游离于客观事物之外，只有通过对客观事物及其变化过程的描绘和表现，才能使读者在作者所描绘的景物中获得相应的感受，这就是"情随事迁"。例如，李白的《独坐敬亭山》"众鸟高飞尽，孤云独去闲"二句，既描写了环境和景物，又抒发了诗人孤独寂寞、无依无靠的情感。而杜甫的《登高》二首则将登高与个人身世联系在一起，从"风急天高猿啸哀"到"无边落木萧萧下"，通过描写秋天江上的秋风、江水、树林和白鸟，抒发了诗人对现实的愤慨和对人生的感慨，表达了作者对自己身世、遭遇的深切感受。所以说，情景交融是以景抒情的重要条件。因此，诗人必须学会将自身的情感与自然景物紧密地联系在一起。

（二）托物言志，以物富情

托物言志，以物富情，就是指通过对特定事物的具体特征的描摹来抒发情感，表达作者独特的思想感受。在诗歌创作中，诗人往往把自己的情感隐藏在特定的事物之中，等待读者去发掘。这种方法在古代诗歌中运用得最为广泛。例如，李煜的《虞美人》："问君能有几多愁？恰似一江春水向东流。"词中李煜以"一江春水"来比喻他连绵不断的深愁，显得生动而贴切。又如，贺铸的《青玉案》中写愁也是如此：

凌波不过横塘路，但目送、芳尘去。锦瑟华年谁与度？月桥花院，琐窗朱户，只有春知处。

飞云冉冉蘅皋暮，彩笔新题断肠句。试问闲愁都几许？一川烟草，满城风絮，梅子黄时雨。

贺铸在词中用三个比喻句将抽象的"愁"变得形象而生动，通过喻体"一川烟草"表现愁之多，"满城风絮"表现愁之广，"梅子黄时雨"表现愁之连绵不绝，读来令人击节赞叹。

二、语言概括而凝练

诗歌是语言的高度浓缩和提炼，是最凝练、最传神的语言艺术。诗歌的语言形式简洁而概括，讲究用凝练的语言描绘出一幅幅动人的画面，抒发出真挚浓郁的情感。因而，诗歌在创作上要用最少的语句表现出最丰富的内容和情感，做到以少胜多。

其一，诗歌语言要求准确精练，不能模棱两可。诗歌是用来表现情感的，而情感又是最难用文字准确表达的。所以诗人在语言上总是力求准确精练，这也是诗歌的最基本要求。

其二，诗歌语言要求凝练含蓄，不能直抒胸臆。用含蓄的语言表达出来有两个意思：一是说诗歌中的句子、章节都应该简练含蓄；二是说诗歌用语要简练含蓄。

中国古代诗歌基本都能做到言有尽而意无穷，且诗人大都非常讲究炼字、炼句。如"春风又绿江南岸"一句，"春"既有"草木萌发"的意思，又有"草木茂盛"的意思，但诗人却用"绿"字来表现这个动态的过程，说明诗人在写诗时用词含蓄而考究。此外，诗人往往也会用一些比较委婉的字眼来表达自己内心的感情。比如，"草色遥看近却无"，诗人"遥看"时只见到一片朦朦胧胧的草，近看却几乎看不到草的颜色。诗歌用语非常含蓄、隐晦，但却让读者想象出了一幅草木萌发的动人景象。

中国现代白话新诗对字句没有严格的限制，篇幅也可长可短，但语言同样讲究凝练。诗人在使用词汇、句子、段落时往往会反复琢磨、推敲很久，而且会采用一些含蓄隐晦的语言来表达自己想要表达的思想感情。这样读者在阅读过程中就需要反复地咀嚼、品味，才能体会诗人的情感，才会被诗歌所吸引、打动。例如，塞风的《赠诗神》：

黄河，长江
我两行混浊的眼泪……

全诗非常简短，只有十二个字，却蕴含着丰富的情感和艺术表现力。这首诗将长江和黄河当作自己的两行长泪，以此来为自己的不幸恸哭，为千千万万个拥有同样悲惨命运的人恸哭，甚至为饱经沧桑的中华民族而恸哭。

三、想象奇特，比喻巧妙

想象是诗歌创作的重要手段，它是作者创作诗歌时调动各种心理要素，以形象为主体，依据事物本身的特征，从生活经验中摄取素材，在大脑中形成一定的形象，然后将这些形象在内心创造出来的。想象是人类特有的一种高级思维活动，对诗人创作来说也是必不可少的。它能使诗歌变得丰富而饱满，使作品具有较强的艺术感染力。

具体来说，想象可以分为再造想象和联想想象。再造想象是根据某一事物来设想另一事物；而联想想象则是把两个或两个以上的对象联系起来。诗歌创作时必须有再造想象和联想想象。再造想象是根据一定的生活经验，从生活中选取某一具体的事物作为自己创造诗的对象；而联想想象则是把对某个事物有特殊感受和印象的相关事物联系起来，形成新意象。

想象是人们对客观事物在头脑中经过分析、综合、比较、概括而创造出新形象的心理过程。想象可以把人的生活经验和社会经验进行联系，使人的认识深化，从而引起联想。例如，李白的《早发白帝城》："朝辞白帝彩云间，千里江陵一日还。"这两句诗通过联想把眼前的景物和诗人对未来的憧憬联系起来，形象而生动地描述出了诗人盼归的迫切心情以及归家路途的轻松和愉悦之情。又如杜牧的《泊秦淮》："烟笼寒水月笼沙，夜泊秦淮近酒家。"这两句诗通过"烟"和"月"的描写使读者想象到诗人夜泊秦淮河一带的所见所感，从视觉上给人以朦胧之感，从听觉上给人以幽静之感。

在诗歌中，修辞手法的使用也是很广泛的。运用修辞手法，可以使诗歌语言具有一定的表现力，增强诗歌语言的表达效果。比如，用比喻、拟人、夸张等手法可以把抽象深奥、难以捉摸的事物写得具体形象，使读者在阅读过程中感觉形象鲜明，容易理解。

众多的修辞手法中，诗歌使用最多的要数比喻。比喻这种修辞手法是以具体事物来说明抽象事物。比如，《诗经·小雅·采薇》中的"昔我往矣，杨柳依依；今我来思，雨雪霏霏"，用"杨柳依依"来比喻自己离别家乡的依依不舍之情；用"雨雪霏霏"来比喻自己在外漂泊不定的思乡和惆怅之情。

在诗歌中运用比喻时要注意以下几点：

其一，要有合适的喻体。选用恰当的喻体可以使诗歌更生动、形象、深刻、新颖，给人留下深刻印象。例如，贺铸的《青玉案》中通过喻体"一川烟草"表现愁之多，"满城风絮"表现愁之广，"梅子黄时雨"表现愁之连绵不绝。

其二，在运用比喻的时候，要有一定程度的想象和夸张，这样才能表现出事物鲜明的特征或诗人独特的感受。例如，岑参的《白雪歌送武判官归京》中的"忽如一夜春风来，千树万树梨花开"将白雪想象成梨花，巧妙地将寒冬的场景转化为明媚的春光。又如，李白的《望庐山瀑布》中"飞流直下三千尺，疑是银河落九天"就使用了比喻的手法，将庐山瀑布比作了银河，突出瀑布"长"的特点，让人仿佛置身星空，有超然物外之感。

其三，要注意比喻对象与被比喻事物之间的关联。比喻通常是将人们生活中不常见到的事物或者是抽象的事物，转化为人们生活中经常见到的事物或是具体的事物，从而加深读者的理解和认识。例如，李煜的《虞美人》中，将他抽象的深愁比喻成人们经常见到的江水。如果反过来，将江水比喻成愁苦，就失去了比喻的价值。此外，比喻的两个事物之间，要有一定的关联性。例如，曹植的《七步诗》中，"豆"和"豆萁"两者就像是兄弟一样，同根而生，根据这个相似的特性，诗人在诗中发出了"本是同根生，相煎何太急"的感慨。

以上这些修辞手法都是诗人在写诗时经常使用的。诗歌通过使用比喻等修辞手法来达到突出主题、塑造形象、抒发情感、深化意境的目的。要想写好一首诗，诗人就需要不断地学习和积累各种修辞手法的运用方法。这样才能更好地表达出诗人想要表达的思想感情。

四、节奏鲜明，韵律和谐

诗歌的语言要求凝练含蓄，并不意味着就是语言单调，而是需要讲究节奏、韵律，要有一定的音韵美。诗歌的音韵美与音乐艺术是有密切关系的。音乐是用音符来表情达意的，而诗歌则是用语言来表情达意的。音乐是有声的语言，而诗歌则是无声的语言。节奏和韵律美可以使诗歌富有音乐美，从而给人以美的感受。一首诗中如果缺少了节奏和韵律，就会让人感到索然无味、枯燥乏味。节奏与韵律在诗歌中还起着另一种重要作用，它可以增强语言的表现力，使诗歌具有强烈的艺术感染力和吸引力。

诗歌的节奏是指诗句中语音的长短、强弱、轻重、缓急等有规则的变化，带给人的一种张弛有度的审美感觉。诗歌的韵律是指诗句中语音的押韵规律。诗歌的节奏感和韵律感是通过诗句中的停顿、平仄和押韵表现出来的。

（一）停顿

诗歌的停顿是指在诵读诗句时可以在音节上短暂停歇的基本单位。诗歌一般在两个意群之间进行停顿。诗句中，那些长短不一的交错停顿就形成了诗歌语言上的节奏感。

中国古代诗歌中，七言诗一般每句停顿四次，五言诗则每句需要停顿三次。例如，唐代诗人王维的《相思》在诵读时每句需要停顿三次：

> 红豆——生——南国，春来——发——几枝？
> 愿君——多——采撷，此物——最——相思。

中国现代新诗，由于诗句长短不一，在音节停顿上就没有古诗那样齐整，但也有规律可循。新诗通常采用对称的诗节，或者反复、排比等修辞手法来表现诗歌的节奏感。例如，舒婷的《致橡树》：

> 我/如果/爱你——
> 绝不像/攀援的/凌霄花，
> 借你的/高枝/炫耀自己；
> 我/如果/爱你——
> 绝不学/痴情的/鸟儿，
> 为绿荫/重复/单调的歌曲。

（二）平仄

中国古代汉语里，汉字有阴平、阳平、上声、去声四种声调。其中阴平、阳平为平声，平声音节较长且平稳。上声、去声为仄声，仄声音节较短有升降。中国古代诗人在长期的诗歌创作中发现，如果诗句中平声和仄声交替出现，可以形成错落有致的节奏感。例如，唐代诗人王之涣的《登鹳雀楼》：

> 白日依山尽，（平仄平平仄）
> 黄河入海流。（平平仄仄平）
> 欲穷千里目，（平平平仄仄）
> 更上一层楼。（仄仄仄平平）

（三）押韵

诗歌的押韵是指在诗歌的创作过程中，将其中的一些句子里面的最后一个字，使用韵母相同或相近的字，造成一种和谐优美的声韵效果，从而增强诗歌的节奏感和音乐感。

中国古代诗歌十分讲究押韵，对韵的平仄以及韵的位置，都规定得非常严格。现代新诗的押韵，相对来说就比较自由和灵活，全诗可以都选用一个韵，也可以中途换不同的韵，只要读起来音韵和谐、朗朗上口就行。例如，现代诗人袁可嘉的《沉钟》：

> 让我沉默于时空，
> 如古寺锈绿的洪钟，
> 负驮三千载沉重，
> 听窗外风雨匆匆；
>
> 把波澜掷给大海，
> 把无垠还诸苍穹，
> 我是沉寂的洪钟，
> 沉寂如蓝色凝冻；
>
> 生命脱蒂于苦痛，
> 苦痛任死寂煎烘，
> 我是锈绿的洪钟，
> 收容八方的野风！

此外，韵律和谐还体现在诗句结构上，如对仗、排比、反复等。比如戴望舒的《雨巷》这首诗就运用了反复句式，首尾呼应，构成了一种回环的旋律和流畅的节奏，像一首小夜曲，富有极强的音乐美，同时也加重了诗人迷茫的心境。

第四节　诗歌的创作

诗歌的创作是一项比较复杂的工作，需要诗人细致地观察生活，积累丰富的情感，阅读大量优秀的作品，还要学习前人的创作经验。诗人要写好一首诗，除了要掌握诗歌的一些基本知识外，还要在诗歌的主题、角度、载体、材料、结构、技巧等方面下功夫。

一、明确主题，选好角度

诗歌是一种情感的表达，它主要通过描绘一幅画卷来传达作者的情感。诗歌要想打动读者，就需要在思想情感上引起共鸣，首要的一点就是要确定诗歌想要表达的主题思想和情感，而确定诗歌的主题时需要找准合适的观察角度作为诗歌创作的切入点。

（一）提炼诗意

诗要有"意"，意是指诗歌的主题或思想内容。诗歌的立意直接影响它的表达效果。诗歌的立意要追求以下几点：

一是诗歌的立意要鲜明突出。一首诗的主题应当明确、鲜明、突出，做到言简意赅。因为只有鲜明突出的主题才能把作者所要表达的思想感情展现出来，吸引读者的注意力，才能引起读者的思考和联想，使诗歌的艺术魅力得到充分展现，从而引起读者的共鸣。主题不明确，诗歌就会显得空洞无力。例如，毛泽东的《沁园春·雪》一词中的"江山如此多娇"就体现了诗意，表达了作者对祖国大好山河的热爱之情和赞美之情。又比如，《塔楼上的钟》一诗的立意鲜明而又突出，作者谭旭东主要围绕着对汶川大地震灾区人民遭受到的沉重苦难的悲悯之情来创作的。

二是诗歌的立意要新颖独特。这就要求我们在诗歌创作中要选择新颖、独特的主题来创作诗歌，切忌"老生常谈"和"陈词滥调"；切忌用老套、陈旧和令人乏味的主题来写诗歌；切忌以雷同或相似的主题来写诗歌。例如，唐代诗人王勃的《送杜少府之任蜀州》：

> 城阙辅三秦，风烟望五津。
> 与君离别意，同是宦游人。
> 海内存知己，天涯若比邻。
> 无为在歧路，儿女共沾巾。

自古以来，离别总是充满着悲伤和忧愁，因此文学作品中描写离愁别绪的诗歌大都显得凄苦低沉。王勃这首诗却立意新颖而独特，将离别之情写得洒脱而豪放。尤其是"海内存知己，天涯若比邻"一句推己及人，从对朋友、对自己的宽慰，推及天下所有志同道合的人，成为流传千古的经典名句。

三是诗歌的立意要深刻隽永。诗歌要想打动读者，除了主题鲜明突出，立意新颖独特之外，还需要追求阔大的艺术境界和深刻的思想内涵。例如，卞之琳的《断章》：

> 你站在桥上看风景，
> 看风景的人在楼上看你。
> 明月装饰了你的窗子，
> 你装饰了别人的梦。

这首诗歌篇幅短小却意蕴丰富、深刻隽永。诗歌前三句为实写，通过"你""桥""人""月""窗"等意象织成一幅清新优美的画卷。最后一句则由实写转向虚写，透过眼前的表象看到了宇宙、人生的另一番境界，即世间万物是对应存在的，也是紧密相连的。整首诗充满了哲学意味。

诗歌立意的提炼有多种途径，最主要的就是我们要阅读优秀的作品，从中汲取营养，学习创作经验。

我们在阅读优秀的诗歌作品时，要了解诗歌的内容、结构、语言和风格，对诗歌有一个大致的印象。阅读诗歌时要注意诗歌中的一些关键词，如节奏、意象、押韵等。同时，还要注意诗歌中一些比较典型的句子，如"我对这土地爱的深沉"等，这些句子能帮助我们更好地理解诗歌的内容和主旨。另外，在阅读诗歌时还要注意其写作手法和修辞手法，比如反复、比喻、排比等。这些修辞手法都能为我们所用，让诗歌显得更有气势、更有力量。此外，阅读优秀的诗歌作品还可以帮助我们开阔视野、增长见识、丰富想象力，同时提高我们的写作水平，因为这些名家的作品往往语言优美、意境深远、立意新颖。

诗歌是一种艺术，它需要通过人们的联想去把握诗的意境，只有通过联想才能把作者的思想感情表达出来。诗人在写作时也要靠联想，要从诗歌中吸取营养。比如，杜甫的《登高》写出了诗人登高的所见所感，杜甫通过描写眼前的萧瑟之景表达了其内心的情感。比如，李白的《梦游天姥吟留别》这首诗是通过描写李白在游览天姥山时所看到的壮丽景色，来表现自己对权贵的蔑视和对自由生活的追求。通过这些我们可以学习到很多的写作知识和写作手法。

我国古代诗人创作诗歌的经验很多，值得我们学习和借鉴。比如，杜甫的《春夜喜雨》中"好雨知时节，当春乃发生。随风潜入夜，润物细无声"，诗人抓住了春天的特点来表现对春雨的喜爱之情；苏轼的《念奴娇·赤壁怀古》中"大江东去，浪淘尽，千古风流人物"，诗人抓住了历史人物的英雄豪迈之气来表现对历史的感慨；李白的《将进酒》中"君不见黄河之水天上来，奔流到海不复回"，诗人抓住了黄河那汹涌澎湃、滔滔不绝的气势来表达对人生的感慨之情；白居易的《琵琶行》中"大弦嘈嘈如急雨，小弦切切如私语"，诗人抓住了琵琶女弹奏琵琶时声调和节奏的变化来表现琵琶女技艺的高超和描述其不幸人生经历。

（二）选好角度

角度就是诗歌写作的切入点，是诗歌创作中最关键的问题。诗人在确定一个主题或构思一首诗时，一定要抓住这个主题或构思中最能打动人、感染人的点，以此为切入点进行诗歌的创作。

一般来说，诗人在构思一首诗时，应该以新奇、深、大等为切入点来进行创作。所谓新奇，就是新颖别致、独辟蹊径、不落俗套；所谓深，就是深入挖掘、含义隽永、韵味无穷；所谓大，就是要有宏大的气势。

独辟蹊径就是诗人在构思一首诗时，从新的角度来考虑问题，或者从别人没有发现的角度来构思和写作。独辟蹊径最能体现诗人的胆识和智慧。历史上有很多著名诗人都喜欢从别人没有发现过的角度来进行构思和创作，如李白的"抽刀断水水更流，举杯消愁愁更愁"，杜甫的"安得广厦千万间，大庇天下寒士俱欢颜"，还有"横看成岭侧成峰，远近高低各不同""春去花还在，人来鸟不惊""山重水复疑无路，柳暗花明又一村"等。

诗歌是一种语言的艺术，它的语言具有很强的音乐性和节奏感，这就需要诗人对语言进行深入的挖掘。有了深入的挖掘，诗歌才能具有很强的艺术感染力。诗人在进行诗歌创作时，应该尽量地使诗歌的语言具有音乐美、节奏美和韵律美，可以将诗人对生活、对社会的体验、认识、思考融入诗歌当中，使诗歌具有一定的深度。如果一个诗人在诗歌创作中不能深入地挖掘自己所描写的事物，那么他所创造出来的诗歌也很难给人一种深层次的感觉。诗人在进行诗歌创作时，应该尽量地写出自己内心深处最真实、最感人、最震撼人的东西。如果诗人将自己对社会、对生活、对人生等方面认识和思考融入自己的诗歌中去，那么他所创造出来的诗歌就会令人回味无穷。

诗人也要善于从现实生活中寻找诗歌创作的切入点，以大气魄、大视野为切入点进行创作。诗歌创作必须要有"大"，既可以是诗人自身的眼界之大，也可以是人类的眼界之大，还可以是宇宙之大。诗人只有将自己的视野放得更大、更广、更远，才能发现诗歌创作中更多的艺术美感。

当然，诗人在诗歌创作过程中，除了要注意诗歌的切入点之外，还必须要注意对诗歌主题的把握。也就是诗人在对诗歌主题进行把握时一定要考虑到这个主题是否具有普遍性和代表性。如果一首诗歌只能写某一个人或某一件事的话，那么这样的诗歌就不具备普遍意义和代表性。但如果这个主题是写给广大人民群众的话，这样的诗就是具有典型性和代表性的。所以说，作为一名诗人在创作诗歌时一定要有大气魄、大视野，只有这样才能写出真正具有时代特征和现实意义的诗歌作品来。

二、找准载体，精选材料

诗歌的主题就是诗歌所表现的内容或思想感情。主题是诗的灵魂，是诗歌思想感情的集中体现。诗人要想写好一首诗，就需要选择适当的载体来表现诗歌的主题，同时围绕诗歌的主题精心挑选材料。

（一）找准载体

在诗歌的创作中选择合适的载体很重要。诗歌类型有很多种，每种都有其独特的风格和特点，如果诗歌选择了不恰当的载体，会严重影响诗歌的表达效果。

选择何种诗歌类型进行创作，是一项非常个人化的决策，取决于个人的喜好、情感和创作风格。当然也需要诗人掌握一些关于常见诗歌类型的基本知识。当诗人进行诗歌创作时，就可以根据个人兴趣和创作灵感来选择合适的诗歌类型。

如果诗人想要表达个人情感和内心思想（比如喜爱、厌恶、悲伤、喜悦、思念、孤独、感伤等），可以选择抒情诗作为创作载体。如果诗人想要讲述一个故事或事件（包含角色、情节和冲突），以此唤起读者的想象力，使其沉浸在故事之中，可以选择叙事诗作为创作载体。如果诗人比较擅长某种形式的诗歌，可以从格律诗、自由诗、散文诗、民歌、流行歌词等不同形式的诗歌类型中选取自己最擅长和喜爱的载体进行创作。如果诗人偏爱某种题材的诗歌，则可以从爱情诗、哲理诗、山水田园诗、怀古诗、咏物诗、军旅诗、送别诗、思乡诗、讽喻诗等各种不同题材风格的诗歌类型中选择最能表现个人风格的载体进行创作。

不同类型的诗歌有不同的表达方式和技巧，选择适合自己创作风格的诗歌类型，可以帮助诗人更好地展现创意和表达感受。以上仅是一些常见的诗歌类型，诗人甚至可以根据自己的创作意愿和兴趣爱好，创造出具有独特个人风格的诗歌类型。无论选择哪种类型，重要的是要发挥自己的想象力和创造力，用诗歌去表达内心的感受和思想。

（二）精选材料

诗人在创作时要从生活中精心挑选最适合诗歌主题的材料，使之成为诗歌的有机组成部分，从而使诗歌具有强烈的艺术感染力。诗歌选择材料时要注意以下几点：

其一，要紧紧围绕诗歌的主旨选择最适当的材料。因此，诗歌在表现生活、反映时代、抒发感情时选择材料要精挑细选，不要选择与诗歌主题无关的内容或思想感情。例如宋代词人蒋捷的《虞美人·听雨》：

> 少年听雨歌楼上，
>
> 红烛昏罗帐。
>
> 壮年听雨客舟中，
>
> 江阔云低，断雁叫西风。
>
> 而今听雨僧庐下，
>
> 鬓已星星也！
>
> 悲欢离合总无情，
>
> 一任阶前，点滴到天明。

这首词选材精当，意蕴深远。词中选取三幅听雨的画面来表现其对人生的万千感慨。第一幅少年听雨图，表现人在年少时，不谙世事，纵情声色；第二幅中年听雨图，表现人到中年后，生活困顿，奔波劳碌；第三幅老年听雨图，表现人至暮年时，寂寞孤单，看破红尘。

其二，要选择新颖别致、耐人寻味、富有诗意的材料。选材新颖别致有两种情况，第一种情况是选用新鲜、独特、不为大家所熟知的材料。在生活中，许多新鲜事物不断涌现出来，诗人将其作为写作的源泉就能写出新意。比如，大自然中五彩缤纷的花、动物世界里千姿百态的鸟、多姿多彩的花草树木等，它们都可能成为诗人写作材料中栩栩如生的形象；又如，古诗中"大漠孤烟直，长河落日圆"，用"大漠孤烟""长河落日"这样不常见的意象组合成为诗人写作材料中精彩动人的诗句，从而抒发出诗人对祖国大好河山无限热爱之情。第二种情况是指在选用大家都熟悉、经常写作的材料时，用不同的方式去表达诗人独到的感受和体验，从而写出与众不同、引人入胜的作品来。比如，在古今中外的诗歌中，爱情题材的诗歌总是百写不厌，如何推陈出新，就需要在选材上下功夫。例如，汪静之的诗歌《伊底眼》在选材上就别出心裁：

> 伊底眼是温暖的太阳；
>
> 不然，何以伊一望着我，
>
> 我受了冻的心就热了呢？
>
> 伊底眼是解结的剪刀；
>
> 不然，何以伊一瞧着我，
>
> 我被镣铐的灵魂就自由了呢？
>
> 伊底眼是快乐的钥匙；
>
> 不然，何以伊一瞅着我，

我就住在乐园里了呢？

伊底眼变成忧愁的引火线了；

不然，何以伊一盯着我，

我就沉溺在愁海里了呢？

诗歌的选材途径众多，诗人应细致观察生活，积累丰富的思想情感。

诗歌创作是对现实生活的再创造，现实生活中有许多东西值得诗人去仔细观察，细细品味。一件事情、一个现象、一个人物，都有可能成为诗歌创作的材料，就看你有没有深入生活，对生活中的事物进行细致的观察和深刻的体验。例如，写"梅花"时，如果只是简单地用"墙角数枝梅"来表现梅花的高贵品质和高洁的品格，就显得枯燥单调了。如果我们能注意观察一下它"凌寒独自开"的情景，再结合诗人对梅花高洁品质的理解来写，就会使梅花在读者心目中产生更加深刻、饱满的形象。比如写"春天"时，如果只是用"古木阴中系短篷"这样的句子来表现就显得枯燥乏味了。如果我们能从"沾衣欲湿杏花雨，吹面不寒杨柳风"等特征鲜明的事物中挖掘出春天的美好来进行描写，就会使这一美好形象在读者心目中变得更加生动、更加丰满。再如写"杨柳"时，如果只是简单地用"万条垂下绿丝绦"来表达这一美好形象，就显得过于单调了。如果我们能结合诗人对杨柳的理解和想象"不知细叶谁裁出，二月春风似剪刀"来写，就会使杨柳这个意象在读者心目中变得更加生动、更加美丽。生活是丰富多彩的，只要我们有一双善于观察的眼睛和善于思考的头脑，就能发现生活中各种各样的美。

诗歌的情感是由具体事物引起的，它的情感体验不是外部直接给予的，而是来源于生活本身，来源于人们对生活的观察、体验和感悟。因此，要创作出一首优秀的诗歌，诗人就要不断丰富自己的情感体验，积累丰富的情感素材，这些素材可以从两个方面来获取。

其一，诗人理解生活、思考生活。诗人只有通过细致观察生活、感受生活、理解生活、思考生活，才能对事物有真切的感受和真切的体验，才能把自己真实感受和体验表达出来。只有通过自己的思考，才能产生新思想、新观念，才能赋予诗歌新的内涵。

其二，诵读大量经典诗歌，感悟诗歌之美。大量阅读是写好诗歌的前提和基础，阅读和背诵经典诗歌可以培养我们对诗歌独特见解和深刻感受。这就要求我们在平时多读一些古今中外优秀的诗歌作品，如《诗经》、唐诗宋词等，这些优秀作品包含着丰富动人、意蕴深刻的情感体验是值得我们去学习和借鉴的。与此同时，在长期积累情感素材的过程中，诗人也要善于感悟诗歌之美，只有这样才能不断丰富自己的情感体验，从而创作出丰富动人、意蕴深刻的作品来。

三、布局谋篇

布局谋篇是指诗歌在创作过程中是如何安排结构的。诗歌的结构是指诗歌的各部分之间的相互关系，以及各部分之间在思想内容上的主次关系，在表现形式上的层次关系。它包括各部分之间的组合关系和各部分之间的前后照应关系等。

一首诗是否具有艺术魅力，在很大程度上取决于它的结构是否合理。如果一个作品结构松散、层次不清，即使内容再精彩，也只能是一首平庸之作。一般来说，诗歌在结构安排上应做到每一层次之间应有明显的逻辑联系（如递进关系、照应关系等）。

一首完整的诗歌一般由标题和诗行组成。诗歌是按照一定的规律组织语言，把思想感情表达出来，表达的基本单位就是诗行。诗行，又叫诗句，它包含一行诗中的字数，其体现出诗句的长短、行间的距离，以及句与句之间的联系等。起、承、转、合就是诗行结构的基本方式。

诗歌创作必须结构严谨、层次清晰，这是诗歌创作中的一条重要规律。诗歌是语言的艺术，不能像散文那样想到什么就写什么，诗歌创作必须有一定的逻辑顺序。一首完整的诗应该有起、承、转、合四个部分。"起"就是开始、起笔，"承"就是承接上文，"转"就是转折，"合"就是结束、收尾。

起、承、转、合是我国古典诗歌中最常见的诗行结构方式。整首诗由起、承、转、合四个部分构成一个完整的诗歌结构，每个部分都有一个中心句或中心意象，形成首尾呼应之势。起、承、转、合使诗歌抑扬顿挫、富于变化，读起来跌宕起伏、引人入胜。例如，唐代诗人李白的《静夜思》和《赠汪伦》：

静夜思

床前明月光，疑是地上霜。

举头望明月，低头思故乡。

赠汪伦

李白乘舟将欲行，忽闻岸上踏歌声。

桃花潭水深千尺，不及汪伦送我情。

这两首诗的结构都采用了"起、承、转、合"式。诗歌的第一句均为"起"，乃诗之开篇；诗歌的第二句均为"承"，由首句引发；诗歌的第三句均为"转"，另言他物；诗歌的第四句均为"合"，自然收束全诗。

（一）诗歌的标题要有吸引力

诗歌的标题具有诱导读者阅读的作用，要使读者一看标题就产生阅读兴趣。在诗歌的创作中，为了使读者对诗歌有一个清晰的印象，标题往往具有很重要的作用。它是诗歌的眼睛，透过标题，读者可以了解到作者的创作意图和诗歌的大致内容。诗歌标题的拟定有以下几种方式：

1. 点明诗歌的主旨

李白的诗歌《蜀道难》，标题就直接点明了全诗的主旨，全诗紧紧围绕着蜀道奇险、难行来展开描述，起到了激发读者阅读兴趣的作用。"蚕丛及鱼凫，开国何茫然""剑阁峥嵘而崔嵬，一夫当关，万夫莫开""青泥何盘盘，百步九折萦岩峦"等诗句，营造了一个神秘、幽深、险峻的世界，引起读者的关注和好奇。

2. 点明诗歌的对象

唐代著名诗人崔颢所作《黄鹤楼》一诗，题目就直接点明诗歌描述的对象。诗中描写了诗人登上黄鹤楼后所看到的长江美景："晴川历历汉阳树，芳草萋萋鹦鹉洲。"黄鹤楼坐落在汉阳附近的长江南岸，这里风景秀丽、景色宜人，是个理想之地，而黄鹤楼周围有一大片碧绿青翠的芳草，和白鹭成群的江流湖光构成了一幅美丽动人的画面。

3. 点明诗歌的缘起

唐代诗人王维的《九月九日忆山东兄弟》，诗歌的标题直接将诗人写诗的缘由点出来：诗人在重阳节思念自己在山东的兄弟。

4. 补充诗歌的内容

此类诗歌的标题和内容是一个有机的整体，读者欣赏诗歌内容时须结合标题才能领悟诗歌的真谛，标题起到了补充诗歌内容的作用，如北岛的诗歌《生活》，读者需把内容"网"与标题"生活"结合起来阅读，才能领会诗人所表达的思想内涵。

5. 用"无题"为标题

如果诗人所作诗句情感复杂、意境朦胧却又委婉含蓄，诗人索性就以"无题"为名，让读者自行体味诗中未尽之意。唐代李商隐有许多诗歌就是以"无题"为名，现代有些诗人也喜欢写"无题"诗。

想要写出好的诗歌标题，可以这样进行训练：作者在创作诗歌之前，可以找一些经典的诗歌作品，先把这些诗歌的题目遮掩住，然后认真品读诗歌，阅读完毕后，自己再试着构思这些诗歌的标题，最后拿自己写的诗歌标题和原诗标题进行对比，细加揣摩，找出差距，并进行改进。

（二）诗歌的开头要有气势

古人写诗，多采用起、承、转、合的结构。起，也叫开笔，即第一句或第一个字，它在诗歌中起着统领全篇的作用。诗歌的开头一定要强势，要么直奔主题，要么善于造势。

很多诗歌在开头时就开门见山，直接表明诗歌的情感或主旨。例如，俄国诗人普希金的著名诗作《假如生活欺骗了你……》就是如此。再比如，苏轼的《水调歌头·明月几时有》，这首词是借明月表达对亲人的思念之情，情感非常浓厚。词的第一句"明月几时有，把酒问青天"就以问答的方式把读者的目光吸引住了，后面的词句也都围绕着这个主题展开。这首词的开头展现了这样一个场景：月夜，苏轼看到天上明月皎洁，圆而明亮，此时的明月给人一种美好、宁静、温馨之感，传达出苏轼对亲人的思念。整首诗只讲了这一个场景，就已经把作者的情感表达出来了。开头第一句就已经奠定了全词的情感基调，把读者拉进作品中去了。

还有些诗歌在开篇就制造出磅礴的气势来征服读者，让读者沉醉其中，不能自拔。比如，李白的《将进酒》：

君不见黄河之水天上来，奔流到海不复回。

君不见高堂明镜悲白发，朝如青丝暮成雪。

人生得意须尽欢，莫使金樽空对月。

天生我材必有用，千金散尽还复来。

诗歌开篇造势，且一波三折。第一句就以壮阔的词句、雄浑的意境征服了读者，紧接着第二句就转移到了诗人对岁月流逝、壮志难酬的悲哀和遗恨，进而表现出人生应当及时行乐的思想，但无论经受怎样的打击都应当对人生充满希望，乐观地生活。苏轼的词《念奴娇·赤壁怀古》的开头"大江东去，浪淘尽、千古风流人物"也是气势磅礴，浩浩荡荡。

（三）诗歌的中间过渡和转折要自然

诗行中间的过渡和转折，是诗行结构的一个重要方面，也是诗人通过起、承、转、合来达到谋篇布局的目的。过渡和转折处理得好，会使诗歌显得自然流畅；如果过渡和转折处理不好，就会使诗歌衔接突兀，难以卒读。比如唐代诗人刘禹锡的《秋词·二首》"晴空一鹤排云上，便引诗情到碧霄"的诗句紧紧衔接开头两句"自古逢秋悲寂寥，我言秋日胜春朝"，用比喻的手法描写秋天的景色：秋天的天空像一只展翅飞翔的白鹤，云像一只排山倒海而来的巨龙。接着以"山明水净夜来霜，数树深红出浅黄"承上启下地写出了秋天不同于春天的特点：晴空万里，一碧如洗；秋风送爽，清凉宜人；层林尽染，万紫千红。这一转折过渡自然合理，把秋天从春天和夏天中区别出来。

在中国古代诗歌中，起、承、转、合是最常见的诗行结构方式。诗人通常在诗句中，用"承"和"转"来将一个意象过渡到另一个意象，即用"承"来衔接上一个意象，用"转"来引出下一个意象。这种诗行结构方式在中国古代诗歌中非常普遍，如《诗经·国风》中的《小雅·鹿鸣》"呦呦鹿鸣（起），食野之苹（承）。我有嘉宾（转），鼓瑟吹笙（合）。"

（四）诗歌的结尾要耐人寻味

诗歌的结尾，也叫"合"，指自然收束全诗。它在诗歌的创作中也非常重要，一般有以下两种情况：

其一，诗歌在结尾处对前面所写内容进行呼应或者是总结概括。例如，闻一多的《一句话》：

> 有一句话说出就是祸，
>
> 有一句话能点得着火。
>
> 别看五千年没有说破，
>
> 你猜得透火山的缄默？
>
> 说不定是突然着了魔，
>
> 突然青天里一个霹雳
>
> 爆一声：
>
> "咱们的中国！"
>
> 这话教我今天怎么说？
>
> 你不信铁树开花也可，
>
> 那么有一句话你听着：
>
> 等火山忍不住了缄默，
>
> 不要发抖，伸舌头，顿脚，
>
> 等到青天里一个霹雳
>
> 爆一声：
>
> "咱们的中国！"

这是一首感人肺腑的爱国诗。诗歌以"咱们的中国！"收尾，感情炽热，铿锵有力，总结前文，余味无穷。

其二，诗歌在结尾处抒情或议论，引发读者的思考。例如，白居易的《长恨歌》，诗歌的结尾就是议论抒情：

> 在天愿作比翼鸟，在地愿为连理枝。
> 天长地久有时尽，此恨绵绵无绝期。

四、磨炼技巧

诗歌是一种很讲究韵律、节奏和意境的文体，它不仅要求语言优美、精练、深刻、含蓄，而且要求语言表达要有音乐性和节奏感，要有感染力。这样才能使读者获得一种美的享受和教育。因此，诗人必须掌握一些基本规律和技巧，才能创作出一首好的诗歌。下面本书就从灵感、意象、修辞、语言、修改等方面谈谈如何磨炼诗歌写作的技巧。

（一）捕捉灵感

本书中的灵感是指作家在进行文学创作过程中突然出现的一种豁然开朗的心理现象。它突然而来，但又会随时溜走，给人们一种茅塞顿开的感觉，能使停滞不前的创作取得突破性的进展。它不可言说，却又客观存在着，古今中外的许多文学大家都对灵感进行过细致入微的描述。灵感是文学创作的"灵魂"，也是诗歌创作的"起点"。灵感并不是凭空而来的，而是在大量阅读和思考的基础上产生的。因此，我们要通过阅读和思考，不断地培养和捕捉灵感，这样才能在创作中及时抓住创作灵感。

培养灵感要从多读、多写、多练做起。要养成广泛阅读的习惯，不仅要读文学作品，还要读各种类型的其他作品。俗话说"读书破万卷，下笔如有神"，就是说读书可以使人开阔视野、增长知识、陶冶情操，同时还可以启发和激发灵感。培养灵感还要善于思考，对生活中的各种现象要进行细心观察和认真思考。英国诗人布莱克就在这首《天真的预言》中描述过"一粒沙中看世界，一朵花里见天堂"。其实生活中的事物都有着内在的联系。要善于发现这些联系，寻找这些联系，这样才能形成灵感的源泉。这就要求我们要多观察和多思考身边发生的事或现象，使自己获得丰富的生活积累，从中捕捉到新的灵感。

当然我们也不能机械地把看到、听到、想到过的东西都记下来。在我们生活中还有许多"巧合"或"机缘"都会成为我们创作中灵感产生的重要条件。因此，在平时的生活中，我们应该注意观察周围发生的事或现象，并用心去分析、研究；还应经常阅读文学作品和其他知识书籍，不断地积累丰富自己的知识结构；还要积极参加社会实践活动，这样才能不断提高自己分析问题、解决问题的能力和水平。所以说培养和捕捉灵感要从培养观察能力和感受能力入手。

要想写出好诗，诗人就要有敏锐的观察能力。观察能力是诗人先观察生活中那些平凡事物、自然现象、社会现象等事物，再根据自己对事物的理解和认识，用艺术的语言把这些事物生动地描写出来，也就是对所观察到的事物进行提炼、概括、加工后，用诗的语言表达出来的一种能力。诗人只有具备敏锐的观察能力，有一双善于发现美的眼睛，才能通过细致的观察，从平凡中发现不平凡，从细微之处发现生活中的美好事物和美好情感，并用诗的语言表达出来。如此，才能把生活中那些自然、社会现象等写得生动感人，才能写出好诗来。

要想写出好诗，诗人还要有丰富而又细腻的感受能力。诗歌的情感都是从作者内心产生出来的，任何诗歌都是作者心灵感受的结果。感受是诗中情感形成和产生的源泉。诗人有了敏锐的感受能力，才能对事物有深刻而又细腻的体会，才能从中挖掘出情感。诗人只有能敏锐地捕捉事物中蕴含着的独特、丰富而又细腻的特点，才能使诗歌充满生机与活力。例如，"万里悲秋常作客，百年多病独登台"这两句诗表面上看是写诗人秋天客居他乡，非常悲苦寂寞，但实际上诗人通过这两句诗表达了自己对人生无常、生命短促、世事艰难的感慨。正是因为诗人有着丰富而细腻的感受能力，对自己所看到、听到、想到的一切事物都非常敏锐地进行捕捉，才能从日常生活中发现美、感受美，才能使诗歌具有强烈而真挚的情感。

（二）选择意象，营造意境

诗歌讲究意象，追求意境。所谓意象就是寄托了诗人主观情思的客观事物。所谓意境则是诗人的主观思想与情感，通过与客观事物的交汇、融合，而创造出来的一种情景交融的具有强烈艺术感染力的境界。

意境，是一首诗的灵魂。一首好诗，必定有一个好的意境。这意境可以是客观景物，也可以是主观感受。意象是构成诗歌意境的基础，诗人在构思时就要善于选择意象。意象就是诗中的物象和情象的组合，它直接决定着意境的形成。例如，马致远的《天净沙·秋思》，这首散曲精心选取了十二个意象："枯藤""老树""昏鸦""小桥""流水""人家""古道""西风""瘦马""夕阳""断肠人""天涯"。这些意象组合在一起，就营造了一个在外漂泊无依的游子思乡的凄清意境。再如，王维的《山居秋暝》：

> 空山新雨后，天气晚来秋。
>
> 明月松间照，清泉石上流。
>
> 竹喧归浣女，莲动下渔舟。
>
> 随意春芳歇，王孙自可留。

这首诗运用了白描的手法，通过"空山""新雨""秋""明月""松""清泉""石""竹""浣女""莲""渔舟"等意象，组合成了一幅山居秋暝图，写出了山水之间的清幽、宁静、自然，同时也营造了一种让人怡然自乐的意境，读后使人回味无穷。这首诗中，月和山是诗歌中最重要的意象。明月和松林组成了一幅和谐宁静的画面，诗人借这一画面表现自己在生活中所感受到的山林之乐；泉水清澈透明，潺潺作响；明月照耀下，月光照在松枝上、清泉上、溪石上，给人带来一种清幽宁静之感。

在诗歌创作过程中，诗人通常通过联想和想象来选择意象和营造意境。

诗人通过联想，把客观事物联系起来，赋予它们以丰富的内涵，构成新的意象，从而创造出新的意境。例如，王安石的《泊船瓜洲》第一句以"京口瓜洲一水间"起兴，联想到第二句"钟山只隔数重山"。"京口瓜洲"是江南水乡的地名，"钟山"却是诗人所处时代的古都南京的地名，所以这两句诗从不同角度写江南水乡。第三句用"春风又绿江南岸"作对比，突出了江南水乡春天万物复苏、生机勃勃的景象。第四句用"明月何时照我还"作结，突出了诗人对家乡和故乡的思念之情。这首诗抓住景物特征展开联想，借景抒情，把江南水乡的景色和作者的情感巧妙地结合起来，创造出一个"明月何时照我还"的思乡意境。全诗语言清新自然、意境优美，给人以美的享受。

想象是创造意境的重要手段。在诗人的笔下，物象是有生命的，意象之间有着内在的联系。在特定环境中，物象可以转变为情象，使意象得到升华。如苏轼的《水调歌头·明月几时有》中"但愿人长久，千里共婵娟"句中的"婵娟"一词是指月亮，而且是"满月"，诗人由月想到了人间，想到了家人、亲人和朋友。这样，读者就在月光笼罩下感受到了亲人团聚、友情长存的愉快心情。

想象还可以使意象生动形象。例如。李白的《静夜思》中"举头望明月，低头思故乡"句中的明月不仅仅是诗人所见、所想和所闻的景物，而且也是他的思乡之情的寄托。这两句诗由月亮这个意象表达出了诗人思乡之情。这种想象在诗人笔下变成了一种亲切、自然、贴切和富有灵气的形象。

（三）讲究修辞

运用各种修辞手法，能使诗歌的语言具有更丰富的艺术表现力，增强诗歌的音乐美、意境美和形象美，从而提升诗歌的表现力和感染力。

对比是一种把两种不同性质或不同作用的事物进行比较，以突出事物的特点的修辞手法。如骆宾王的《咏鹅》中的诗句"白毛浮绿水，红掌拨清波"，就是把白、绿、红三种颜色放在一起进行对比，突出了鹅的特征。

比喻是一种以具体事物来说明或描绘抽象事物的修辞手法。它是诗歌常用的修辞手法，诗人用我们所熟悉的事物或情感来比喻所要表达的事物或情感。上文已详细讲述，此处不再赘述。

夸张是一种对事物作某种程度上的夸大或缩小的修辞手法。例如，北朝民歌《木兰辞》中"万里赴戎机，关山度若飞"是对战争胜利的夸张，东汉佚名作者的《古诗十九首·行行重行行》中"胡马依北风，越鸟巢南枝"则是对北方游牧民族生活习惯的夸张；杜甫的《春望》中"感时花溅泪，恨别鸟惊心"则是对诗人感受的夸张。李白诗歌中经常使用夸张，如"蜀道之难，难于上青天""白发三千丈，缘愁似个长""危楼高百尺，手可摘星辰"……

排比，即有规律地重复若干内容相同或相近的词语，形成排比句式，以此来增强诗歌的气势。我国古代诗歌中，诗经里绝大多数诗歌都是采用排比和反复的修辞手法来增强诗歌的艺术感染力。现代新诗也常用这种修辞，比如余光中的《乡愁》每段的句式大致相似，构成排比的效果。

反问是将肯定的意思用疑问句表达出来的一种修辞手法。如曹植的《七步诗》中"本是同根生，相煎何太急"，王翰的《凉州词》中"醉卧沙场君莫笑，古来征战几人回"，杜甫的《赠花卿》中"此曲只应天上有，人间能得几回闻"等都是反问句式，诗人借此表达对现实人生的不满之情，以及对黑暗社会的愤懑之情。

反复是指反复地说一种意思或事物。例如，戴望舒的《雨巷》：

撑着油纸伞，独自
彷徨在悠长，悠长
又寂寥的雨巷，
我希望逢着
一个丁香一样地
结着愁怨的姑娘。

她是有

丁香一样的颜色，

丁香一样的芬芳，

丁香一样的忧愁，

在雨中哀怨，

哀怨又彷徨。

诗中就是反复描写"丁香一样""哀怨""彷徨"等，渲染出一种朦胧感伤的意境。

除此之外，还有对偶、设问、双关、拟人、象征、用典等修辞手法，它们都可以在诗歌中使用来增强语言的艺术表现力和感染力。要想使自己写出来的作品有美感，就要善于运用各种修辞方法来表达事物，运用一些修辞手法来增强语言的表现力，从而增强诗歌的表达效果。

（四）锤炼语言

一位好的诗人，应该是一个很会锤炼词句的人，因为只有不断锤炼，才能使语言具有音乐美，才能使诗歌具有丰富的表现力。诗人如果不会锤炼词句，不善于运用各种修辞方法，就写不出好诗来。因为诗词语言的选择是很有讲究的，要选那些脍炙人口、具有典型性、艺术性、感染力强的词语，来表达最深刻的思想内容。

炼字、炼句是指通过斟酌、锤炼字、词、句，达到文字优美的艺术效果。诗歌在语言表达上要讲究精练、生动。所以，写好诗歌最重要的一点，就是要加强语言的锤炼。一个字，一个词，在诗中都有着特定的含义，需要认真体会，仔细推敲。例如，贾岛在创作《题李凝幽居》写到"鸟宿池边树，僧推月下门"时，对到底用"推"还是"敲"举棋不定，神思不属时冲撞到了韩愈，韩愈得知原委后与贾岛一同讨论，最后定下了"敲"字。如果对诗句中重要的词不加以锤炼，而随便去用，就会影响诗的艺术效果。所以诗人在创作时要特别注意使用恰当而准确的词语，让自己的诗歌变得鲜活而灵动，充满生命力，从而提升整首诗的艺术水准。例如，王安石在创作《泊船瓜洲》中"春风又绿江南岸"的时候，曾经改动了十几次，从到、过、入、满等十多个动词中，最后选定了"绿"字来表现春天到来后，江岸一片新绿的景物变化。

好的句子能使诗歌更加生动形象，增强诗歌的表现力。诗人在创作时也要注意对句子进行锤炼。如"朱门酒肉臭，路有冻死骨""海内存知己，天涯若比邻""野火烧不尽，春风吹又生"……这些句子都经过了诗人反复锤炼，都是高度凝聚诗人情思的关键诗句，也是全诗的诗眼，使诗歌更加生动形象、富有艺术感染力。

好的诗句都是经过千锤百炼而来，中国古代的诗人都非常重视锤炼字、句。例如，唐代诗人卢延让在他诗歌《苦吟》中说道：

莫话诗中事，诗中难更无。

吟安一个字，捻断数茎须。

险觅天应闷，狂搜海亦枯。

不同文赋易，为著者之乎。

唐代诗人贾岛是苦吟派的代表诗人，他非常重视锤炼字句，曾经花很长的时间来寻觅佳句，他在诗歌《题诗后》这样写道：

两句三年得，一吟双泪流。

知音如不赏，归卧故山秋。

除了锤炼语言外，诗歌还需要有丰富的想象力和创造性思维能力。要想写出好诗，就要通过联想和想象，把日常生活中那些生动、感人、耐人寻味的事物找出来，并进行艺术加工。这样才能使诗歌具有思想内容和艺术魅力。

（五）修改完善

诗歌创作并非一蹴而就的，诗人初步创作之后，这需要不断地对其进行修改和完善。通过反复的审视和修改，作品将更加精细化和精确化。

修改完善，是写好诗歌的重要环节，也是提高诗歌质量的重要手段。修改，不仅是对已写的诗歌加以删节、调整、润色，而且是对自己创作的诗歌进行全面的检查。

检查内容有：诗歌中是否有错漏的字，有没有语法或修辞上的错误；诗歌中是否有不妥当的语句，是否有重复多余之处；诗歌是否符合韵律要求；诗歌中是否出现了不恰当的典故；诗歌中是否出现了不协调或不相协调之处。

反复不断地修改，能够提升我们的思维能力、语言表达能力，提高文章的品鉴水平，为我们积累丰富的创作经验，全面提高自身写作的综合能力。

思考与练习

一、单项选择题（在下列每小题列出的四个备选答案中，只有一个是符合题目要求的，请将其选出，并将选项前面的代码填写在题后的括号内。选错、多选或未选均不得分）

1. 作为一种独立的文学样式，_____是最早出现的。　　　　【　　】

A. 散文　　　　　　　　　　B. 诗歌

C. 小说　　　　　　　　　　D. 戏剧

2. 在西方，诗歌的诞生可以追溯到_____时期。　　　　【　　】

A. 古希腊　　　　　　　　　B. 古罗马

C. 古印度　　　　　　　　　D. 中世纪

3. 在我国，诗歌的诞生可以追溯到_____时期。　　　　【　　】

A. 上古　　　　　　　　　　B. 春秋

C. 战国　　　　　　　　　　D. 秦朝

4. 我国第一部诗歌总集是_____。　　　　【　　】

A.《春秋》　　　　　　　　　B.《楚辞》

C.《古诗十九首》　　　　　　D.《诗经》

5. _____出版了中国第一部白话新诗集《尝试集》。　　　　【　　】

A. 鲁迅　　　　　　　　　　B. 郭沫若

C. 胡适　　　　　　　　　　D. 陈独秀

6. 唐代诗人_____在《与元九书》中这样定义诗："诗者：根情，苗言，华声，实义。" 【　】
   A. 李白　　　　　　　　　B. 杜甫
   C. 韩愈　　　　　　　　　D. 白居易

7. _____有"感于哀乐，缘事而发"的特点。 【　】
   A. 爱情诗　　　　　　　　B. 咏物诗
   C. 哲理诗　　　　　　　　D. 抒情诗

8. _____把社会现实生活中不合理的东西和不正当的行为直接反映到诗歌中来。 【　】
   A. 叙事诗　　　　　　　　B. 讽刺诗
   C. 哲理诗　　　　　　　　D. 咏史诗

9. 叙事诗是通过叙述_____来表达诗人的思想和情感。 【　】
   A. 个人经历　　　　　　　B. 人物活动
   C. 历史传奇　　　　　　　D. 故事情节

10. 格律诗是指按照一定的_____规则和诗句长度来组织诗歌的形式。 【　】
   A. 平仄　　　　　　　　　B. 音韵
   C. 押韵　　　　　　　　　D. 对仗

11. 自由诗是指不受_____规则约束，以自由的形式来表达诗人的思想与情感的诗歌形式。 【　】
   A. 格律　　　　　　　　　B. 押韵
   C. 音韵　　　　　　　　　D. 平仄

12. _____是人们对客观事物在头脑中经过分析、综合、比较、概括而创造出新形象的心理过程。 【　】
   A. 想象　　　　　　　　　B. 联想
   C. 对比　　　　　　　　　D. 再造

13. 诗歌的_____是指诗句中语音的长短、强弱、轻重、缓急等有规则的变化。 【　】
   A. 停顿　　　　　　　　　B. 平仄
   C. 节奏　　　　　　　　　D. 押韵

14. 诗歌的停顿是指在诵读诗句时可以在_____上短暂停歇的基本单位。 【　】
   A. 意群　　　　　　　　　B. 语音
   C. 词语　　　　　　　　　D. 音节

15. 只有鲜明突出的_____才能把作者所要表达的思想感情展现出来，吸引读者的注意力。 【　】
   A. 角度　　　　　　　　　B. 主题
   C. 材料　　　　　　　　　D. 结构

16. _____就是诗人在构思一首诗时，从新的角度来考虑问题，或者从别人没有发现的角度来构思和写作。 【　】

A. 独辟蹊径 　　　　　　　　　B. 深入挖掘

C. 含义隽永 　　　　　　　　　D. 不落俗套

17. _____就是寄托了诗人主观情思的客观事物。　　　　　【　　】

A. 意境 　　　　　　　　　　　B. 意象

C. 物象 　　　　　　　　　　　D. 情象

18. _____是一种以具体事物来说明或描绘抽象事物的修辞手法。　【　　】

A. 比喻 　　　　　　　　　　　B. 对比

C. 象征 　　　　　　　　　　　D. 拟人

19. 马致远的《天净沙·秋思》营造了一种_____的意境。　　　【　　】

A. 怡然自得 　　　　　　　　　B. 清新自然

C. 游子思乡 　　　　　　　　　D. 清幽宁静

20. 王翰的《凉州词》中"醉卧沙场君莫笑，古来征战几人回?"是____句式。

【　　】

A. 象征 　　　　　　　　　　　B. 设问

C. 比喻 　　　　　　　　　　　D. 反问

二、多项选择题（在下列每小题列出的五个备选答案中，有二至五个是正确的，请将其选出，并将选项前面的代码填写在题后的括号内。选错、多选或未选均不得分）

1. 诗歌诞生之初与_____是分不开的。　　　　　　　　　　【　　】

A. 建筑 　　　　　　　　　　　B. 舞蹈

C. 音乐 　　　　　　　　　　　D. 绘画

E. 祭祀

2. 诗歌是一种高度概括地表达_____的文学体裁。　　　　　【　　】

A. 内心情感 　　　　　　　　　B. 个人情感

C. 哲学观念 　　　　　　　　　D. 文化价值观

E. 社会态度

3. 从表现内容和写作特点来看，诗歌主要分为_____。　　　【　　】

A. 抒情诗 　　　　　　　　　　B. 爱情诗

C. 哲理诗 　　　　　　　　　　D. 叙事诗

E. 咏物诗

4. 从结构形式来看，诗歌可以分为_____。　　　　　　　　【　　】

A. 格律诗 　　　　　　　　　　B. 自由诗

C. 散文诗 　　　　　　　　　　D. 民歌

E. 流行歌词

5. 诗歌的节奏感和韵律感是通过诗句中的_____来表现出来的。【　　】

A. 语音 　　　　　　　　　　　B. 语言

C. 停顿 　　　　　　　　　　　D. 平仄

E. 押韵

6. 诗歌立意的要求有_____。　　　　　　　　　　　　　　　【　　】

A. 鲜明突出　　　　　　　　　　B. 新颖独特

C. 深刻隽永　　　　　　　　　　D. 情感真挚

E. 语言优美

三、填空题

1. 诗歌主要是用来_____的。

2. 诗是一种最集中地反映_____的文学样式。

3. 抒情诗通常以诗人的_____为基础。

4. 哲理诗是诗中包含有丰富的人生哲理，而又_____的诗歌。

5. 抒情就是作者对_____的爱憎感情的表达。

6. 诗歌的押韵可以造成一种和谐优美的_____。

7. _____就是诗行结构的基本方式。

8. 诗人通常通过_____来选择意象和营造意境。

四、名词解释

1. 诗歌

2. 讽刺诗

3. 叙事诗

4. 格律诗

5. 民歌

6. 押韵

7. 诗歌的结构

8. 对比

五、简答题

1. 简述叙事诗及其特点。

2. 举例说明抒情诗有哪些题材？

3. 举例说明何为托物言志，以物寓情。

4. 在诗歌中运用比喻时要注意些什么？

5. 诗歌的立意要追求什么？

6. 诗歌选择材料时要注意什么？

7. 诗歌安排结构时要注意什么？

六、论述题

1. 从结构形式来看，诗歌可以分为哪些类型？请举例说明。

2. 诗歌的节奏感和韵律感是通过什么表现出来的？请举例说明。

3. 在诗歌的创作过程中，如何通过运用修辞手法来增强诗歌的表现力和感染力？请举例说明。

七、写作题

品读下面的诗歌，学习诗人运用超常的联想和奇特的想象，创作一首小诗。

登控鲤亭望孤山

释德洪（惠洪）

大江自吞空，中流涌孤山。

欲取藏袖中，归置几案间。

散文

何为散文？散文是一种文学体裁。这时笔者不免想起这样一句对散文的描述："形散而神不散。"这里用到的"形散"二字，主要从散文的题材角度概括其特点。散文采用的题材范围极其广泛，没有统一的限制，表现方法各不一样，相对于其他文学体裁而言，更为自由，不拘一格，不受所在空间和时间的限制。散文的描写对象，既可以写人，又可以叙事，还可以写景。散文的内容可以是真人真事，也可以虚拟加工，还可以是议论、褒贬某事某人。散文行文自由，可以任意挥洒，文采飞扬，结构分合自如，给人以艺术的美感，抒情写意，激发读者无限的情感。

为什么又说散文"神不散"呢？散文的"神"，主要是从散文的主旨、主题和立意方面说的。虽然散文看起来比较自由，但是散文行文的线索应该前后连贯，无论散文的题材多么广泛，写作中用到的表现手法多么灵活，其所要表达的主题必须明确，作者要表达的中心思想必须突出，有明显的侧重点。

第一节 散文的界定

随着文学的发展，散文的名称、概念、含义和范围也在不断地发生变化。文学理论界关于散文的界定具有多样化的特点，仁者见仁，智者见智。

一、散文的含义综述

文学界许多代表人物都曾试图去对"散文是什么"进行相关探索和阐述。下面列举一些具有代表性的观点。

现代作家、文学家、散文家冰心没给"散文"下一个明确定义。在《关于散文》中，她用到了排除法，去指出哪些不属于散文的范畴，未包含其中的就被归入散文一类。她说，散文不是诗歌、小说、歌曲、戏剧、长篇报告。她说："散文却可以写得铿锵得像诗，雄壮得像军歌，生动曲折得像小说，活泼尖利得像戏剧的对话。"①

文学巨匠巴金与冰心对于散文的观点有类似之处，巴金在《谈我的"散文"》中依然用到了排除法去定义散文。他提出，只要不是诗歌，又没有故事，也不曾写出什么人物，更不是专门发议论讲道理，却又不太枯燥，而且还有一点点感情，像这样的文章我都叫作散文②。

《辞海》也用到了排除法，它认为诗歌以外的所有文学体裁，不押韵、不重排偶的散体文章就算散文。

童庆炳在《文学理论教程》中提出，散文有广义与狭义之分。他对于广义的散文的定义同样用到了排除法，他认为散文既包括诗歌以外的一切文学作品，也包括一般科学著作、论文、应用文章。狭义的散文即文学意义上的散文，是一种文学样式，散文与诗歌、小说、剧本等并列。散文的类型可包括抒情散文、叙事散文、杂文、游记等。文学散文题材广泛，结构自由，抒写真实感受③。

刘海涛在《文学写作教程》一书中，这样定义散文：散文是一种文学文体，主要目的是反映社会生活，题材丰富，表现手段丰富，可抒情写意，自由地展现主体个性风格④。

陈剑晖从事散文理论研究，在中国现当代散文研究方面，是一位代表性人物。其在《中国现当代散文的诗学建构》中定义散文：散文是一种文学样式，融记叙、抒情、议论为一体，集多种文学形式于一炉，它以广阔的取材、多样的形式、自由自在的散文文句，以及优美和富于形象性、情感性、想象性和趣味性的表述，诗性地表现了人的生存状态和心灵状态，它是人类精神的一种实现方式⑤。

《大英百科全书》对散文的定义相当松弛，给予散文以很大的边界，它认为散文的特点是：不是用诗歌、戏剧、小说来表示。

二、散文的界定

从各位名家、著名学者等对散文的界定可以看出，给散文下一个明确的定义很难做到严谨、准确，并且得到文学界的普遍认可。从《大英百科全书》的定义来看，西方语境也对散文给予了一定的自由度和弹性。散文文体边界意识的模糊。

但为了便于我们读者了解散文的特点，学习散文的写作要领，综合名家们对散文的解释和定义，本书做出如下归纳：

散文是我国古代就已出现的一种文学体裁，有着悠久的发展历史。

散文是一个包容性强的文体种类。其结构灵活、取材甚为广泛、篇幅可长可短，它能充分体现作者的实感真情，读起来具有较强语言美感。散文是以记叙、描绘、抒情、议论为基本特征的一种文体。

散文与诗歌、小说、戏剧并称文学四大文体。散文与另外三大文体显著的不同之处：

① 宫玺. 冰心七十年文选［M］. 上海：上海文艺出版社，1996：671-672.
② 巴金. 巴金全集第20卷［M］. 北京：人民文学出版社，1993，531.
③ 童庆炳. 文学理论教程［M］. 北京：高等教育出版社，2015：217.
④ 刘海涛. 文学写作教程［M］. 北京：高等教育出版社，2005：121.
⑤ 刘军. 如何给散文一个确切的定义［N］. 光明日报，2019-11-13（14）.

散文与诗歌的不同。从对优秀诗歌的审美角度看，诗歌的美更多源自节奏感，语言精练、音调和谐、节奏鲜明、句式工整，讲究有韵文，押韵且有一定的节奏。而散文非常自由，无这类诗歌行文的约束，不追求句式的工整，语言的节奏感，也没有字数限制。

散文与小说的不同。小说注重故事情节，为了故事的吸引力，讲究情节的跌宕起伏，可以通过虚构情节来呈现极强的故事性，讲究人物、情节和环境三要素。散文里的情节常常不完整，不需要呈现丰富和跌宕的故事情节，也不一定要出现故事人物。

散文与戏剧不同。戏剧包含演员、剧本、剧场、观众四要素，冲突性是戏剧最鲜明的特点，剧本的情节内容主要由人物表演台词来完成。散文不像剧本那样强调对话性，也不需要冲突性的剧情与人物，平淡朴实的文字，也一样能激发读者的共鸣。

第二节　中国散文的演变概述

中国散文历史悠久，其在时间长河中，逐渐繁茂兴盛。它源于深厚的民族历史文化，源于中华民族在生活中日积月累产生的体会，在情感交融、语言艺术、修辞方法、思想光芒、思维方式的演变中，经过一代又一代中华儿女的传承与发展。散文似一壶老酒，愈加浓厚，愈久弥香；散文又似一杯清茶，入口温婉，细腻悠长。

中国散文起源于上古人类生活中表情、达意、记言、记事、沟通的需要。在文字产生之前，口耳相传是先民之间传说故事的主要方式，那时散语和韵语两种基本语体就已经形成。人们开始使用文字，用来记录事件、记录首领言行、传递信息和表达情感，诗歌和散文的两种文体逐渐形成。

散文在中国文学史上能诗歌并驾齐驱。论中国散文在世界文学上的地位，季羡林也曾给予了中国散文地位极高的评价。对于散文的发展历程，陈剑晖做出了这样评价：散文是中国文学的"正宗"和"文类之母"，在古代曾经历了"先秦散文""唐宋八大家"和"晚明小品"的灿烂辉煌；在20世纪的二三十年代，散文小品曾被周作人称为"文学发达之极致"，鲁迅也认为其成就在小说、诗歌和戏剧之上。及至20世纪90年代，散文随笔的一路走红更是令小说、诗歌和戏剧黯然失色①。

下面，本书将以散文发展的时间先后顺序为轴线，来介绍散文具有代表性的几段演变历程。

一、古代散文

古代散文，从历史时间发展的顺序，可以划分为以下四个发展阶段，分别是先秦两汉时期、魏晋南北朝时期、唐宋时期和元明清时期。

（一）先秦两汉时期

我国古典散文的发端和奠基阶段是先秦散文阶段。两汉是继先秦散文之后的一个继续发展和提高的阶段。先秦散文是上古之人在经过长期孕育、加工中，逐渐发展而成。

---

① 陈剑晖. 中国现当代散文的诗学建构［M］. 江西：江西高校出版社，2004.

在可考的先秦文献中,《诗经》是比较规范的古代诗歌的源头,《尚书》是散文的初始代表之作。二者的共同历史特点,就是从口头文学转化为书面文学。《尚书》即上古之书,是对古代事迹著述的汇编,有六种应用文体,内容大多是有关政治的一些言论和史事,涉及政治、宗教等诸多领域,呈现记言、记事的特征,它是中国古代散文已经形成的标志。《尚书》在语言方面虽深奥且难读,而实际上历代散文家都从中汲取了许多养分。从《尚书》开始,散文就与诗歌分道扬镳,并行发展,逐渐衍生出记叙、说理、抒情的各式文章和各种文体,后来到春秋战国时期散文开始蓬勃发展。之后,相继出现了《春秋》《左传》《国语》《战国策》等著名历史散文和《老子》《论语》《孟子》《庄子》等论说文章①。

春秋战国时期,天下大乱,格局分裂,动荡的时局导致当时知识分子思想相当活跃,议论性文章盛行。虽然这一时期纯粹的文学散文极少,但是当时很多文章都带有丰富的文学性。春秋战国时期的诸子百家散文,其作品题材广泛,内容丰富,在民间广为流传。当时的散文有议论、叙述、抒情、描写等多种表现形式。在散文史上,必须要有先秦散文的一席之位,它成为后世散文写作的榜样。

在汉代,各体散文陆续生成,趋渐完备。这一阶段的散文,以记叙散文和说理散文为主,另有众多其他体式。西汉时期,一大批优秀的散文作家诞生。思想家贾谊把汉代政论体散文的创作推向一个新的高度,《过秦论》是贾谊政论体散文的代表作,讲究词语,多用修饰。晁错是另一位较重要的汉初政论散文家,其代表作为《论贵粟疏》。西汉后期的散文家董仲舒和刘向,他们的散文篇幅虽小,但叙事生动,也是很有成就的。西汉散文丰富多彩,还有许多重要作家的作品。《淮南子》是汉代皇室贵族淮南王刘安主持并招致门客编成的,字数多达十几万字,是西汉的一部大著述。

西汉是中国古代散文继先秦之后的又一个繁荣期。这一时期的散文中充斥着文史哲交融的智慧,是古代先贤言说与思想光芒的积淀,创立了汉语文章的基本体制、主要体裁、篇章结构、表达方法和修辞技巧,尤以百家争鸣、众体皆备、文质相称、异彩纷呈而奠定中国散文思想艺术的发展基础,成为后世推崇和传承的古文经典②。

(二)魏晋南北朝时期

魏晋南北朝时期,是我国古代散文的一个重大演进时期,这一时期是散文分化的转型期,各体散文基本完备。这一时期出现大量以抒情、写景为主的文章,一些帝王也成为散文作者,他们大力提倡散文写作,使得散文的文学地位大大提高。散文一跃成为艺术作品,不但可以供人欣赏,还具有其独特的美学价值。

这一时期,散体呈现出自由多样的特点,行文率意,在书札、杂记、论辩、说理等多种文体中各具特色,发挥所长。例如,东晋文学家陶渊明,在文学史上他创作的散文不逊色于他的诗歌。他的散文有散淡田园之风,有众多流传甚广的作品,如《感士不遇赋》《晋故征西大将军长史孟府君传》《五柳先生传》《闲情赋》《桃花源记》和《归去来兮辞》。《五柳先生传》是陶渊明的自传文(存争议),陶渊明力图塑造一个真实的自我,透露出强烈的人格个性之美,带有自叙情怀的特点,这种写法是陶渊明首创。《桃

---

① 汪文顶. 中国散文史古今贯通的探索 [J]. 福建师范大学学报(哲学社会科学版),2021(3):84-93.
② 同上.

花源记》借武陵渔人行踪这一主线，联系现实和理想两种境界，通过对桃花源美好生活的描绘，与黑暗社会划清界限，以寄托自己的抱负。《归去来兮辞》是陶渊明不愿同流合污的精神情操的宣言。作品结构紧凑，语言朴素自然，颇为精练，感情真挚，又寓理于情，有很强的感染力。叙述与抒情并重，二者交相辉映。这篇文章注重动静结合的场景切换，创造出一种天然真色之美，叙述了自己辞官归隐后的内心感受，在宁静中领悟出的处世哲学和人生结论，表达了对官场的认识，虽然不免消极，却是发自内心。

曹操，东汉末年军事家、文学家，他的《求贤令》是一篇精品散文力作。文中连用史实和典故，行文似行云流水，写得起伏交幻，语言简明、精练，颇具说服力，突出了曹操"唯才是举"的雄心抱负。文章以历史经验开头，总括写出他对人才的重视。后又引用孔子的论断和齐桓公用管仲的历史故事，增强了说服力。曹丕的散文所含事物面广，字里行间将心绪与情愁表露，情感细腻。例如，《又报吴主孙权书》是曹丕的政治主张的表达与理想的诉说，也是一篇优秀的外交文书。曹植的散文抒情意味很浓，多为抒发悲欢之情，词采流丽。曹植的散文《登台赋》辞畅意达，文采斐然，抒发了对父亲曹操的歌颂与赞美，是一篇千古名篇。

优秀作品欣赏：曹操《求贤令》

自古受命及中兴之君，曷尝不得贤人君子与之共治天下者乎？及其得贤也，曾不出闾巷，岂幸相遇哉？上之人求取之耳。今天下尚未定，此特求贤之急时也。

"孟公绰为赵、魏老则优，不可以为滕、薛大夫。"若必廉士而后可用，则齐桓其何以霸世！今天下得无有被褐怀玉而钓于渭滨者乎？又得无有盗嫂受金而未遇无知者乎？

二三子其佐我明扬仄陋，唯才是举，吾得而用之①。

（三）唐宋时期

唐宋时期是我国散文发展的鼎盛期，散文异军突起，大放光彩，是一个创新发展时期。这一时期涌现出了一大批文人墨客，代表人物众多，如李白、王维、李商隐、韩愈、柳宗元、陈子昂、温庭筠，等等。他们致力于文学创新，在散文美学的角度上，他们建立了新规范。

例如，这一时期的散文在创作中突破了文体陈规旧制的界限，重视语言技巧、文采，即使是枯燥的应用文，也能写成了文学散文，且极具艺术性和美感很强，读起来朗朗上口。杜甫的《进雕赋表》、李白的《上安州裴长史书》都是散文中的精品之作。韩愈是古文运动的代表人物，其散文代表作《师说》讲述了孔子的教育观念。柳宗元是散文诗化的开创者，他的散文作品以诗化散文、意境深远而著称。他们的散文风格虽然有着明显的差异，产生了激烈的争论，但是他们的作品却是异曲同工，不同的作品散发着相同的美感，引人入胜，具有了极高的艺术价值。

北宋欧阳修的《醉翁亭记》是一篇游记散文，结构布局精巧，语言简洁流畅，是一篇千古传诵的经典游记。王安石的散文温婉隽永，他的《伤仲永》是脍炙人口的名

---

① 孙乃沅．干部实用阅读历代短文精品解析［M］．北京市：中共中央党校出版社，2010.

篇，短小精悍，阐述了深刻的人生哲理。王安石也是唐宋八大家之一，他曾经是北宋的宰相，他的作品中体现其政治主张，强调文学的社会价值、政治价值。曾巩是宋代新古文运动的倡导者，他主张文道结合，其作品《寄欧阳舍人书》被誉为书简范文，《墨池记》用到记叙、议论的手法，结构谨严、文情并茂。

唐宋古文大家都追求文道合一、文质俱美，既善于融旧铸新，易骈为散，又兼擅多种文体，独创个人文风，在论辩、赠序、游记、杂记、传状、碑志、哀祭和随笔诸类中开拓创新，化笔为文，创获丰硕，登峰造极，抵达古典散文艺术的巅峰①。

（四）元明清时期

元明清时期是中国封建社会的最后三个朝代，这一时期呈现出民族融合、文化交流、西学东渐的一大发展趋势。这一阶段也有不少散文精品，却无法超越唐宋时期，文坛没有出现像唐宋八大家那样的杰出作家。加之戏曲的兴盛，元散曲、杂剧和小说的发展出现盛况，我国古代散文步入衰退时期。

二、现代散文的演变

现代散文是指从五四新文化运动时期开始，白话文成为新型散文的主流。随着白话文体的发展，现代散文也产生了变化。

（一）五四新文化运动开辟散文发展新格局

随着"五四"文学革命和思想革命的到来，现代散文受到外来新思潮和新文体的冲击，开始出现了一系列的变革。打破古文的桎梏，彻底实现文体解放，思想变革在语言变革中体现出来，以现代语言代替文言文。这一时期各种散文文体出现，开辟了中国散文发展的新篇章。抒情散文、杂文随笔和报告文学的并驾齐驱，也增强和提升了散文艺术的表现力、创造力和冲击力。

五四时期的新文学运动，是对传统文化进行的一场大规模的批判和改造。这种改造表现在两个方面：一是在文学观念上，作家们开始抛弃旧文学中带有封建主义色彩的"文以载道"观念，提倡一种自由、民主、科学的现代意识；二是在文学风格上，开始向现代小说靠拢，他们追求平民化、大众化、世俗化的小说风格。

鲁迅在《随感录四十二》中说："我以为这'文'字只可以做两个解：一是写作时所用的工具；二是读文章时所用的工具。"这里所说的"文"即散文，也就是人们通常所说的"文章"，因为现代散文既有实用功能，也有审美功能，所以它也就成了中国现代文学史上最早出现的文体之一。与此相对应，现代散文在风格上也经历了一个逐渐演变的过程。鲁迅说，从五四以来，中国散文渐渐走入一种新阶段，这个阶段可以说是大乱之后又大治；乱可以叫人灰心，治也可以叫人奋起；我看这两种现象都是一种自然。鲁迅这里所说的"乱""治"和"自然"都是指现代散文所具有的两种特点：一是散文本身具有明显的"杂文化"特征；二是现代散文在一定程度上呈现出一种自由、民主、科学的新风貌。

（二）反对文言文，提倡白话文

从语言表达形式来看，现代散文更多地采用白话文的表达方式。比如，鲁迅的散文

① 汪文顶. 中国散文史古今贯通的探索［J］. 福建师范大学学报（哲学社会科学版），2021（3）：84-93.

中虽有大量的文言成分，但鲁迅善于运用白话文的修辞手法来描写和叙述事物、人物和事件，使得作品更加通俗易懂。周作人也采用这种手法创作了许多散文作品。

（三）内容更加丰富多样，形式也更加自由活泼

从内容来看，现代散文更加关注现实人生，直接对社会问题提出批评和见解。比如，鲁迅的《狂人日记》《药》《阿Q正传》等文章都是用犀利的笔调揭露和批判旧社会，具有鲜明的政治针对性和批判锋芒。这些作品都是文学创作中的杰作。鲁迅在《社戏》中写到了少年闰土、闰土的父亲等人物形象；在《社戏》中写到了童年时代在故乡看社戏的情形；在《记念刘和珍君》中写到了作者对同学们英勇就义、刘和珍被杀害时"大家都失声痛哭"等情形；在《社戏》中还写到了作者对故乡人民真挚的感情等。这些描写都是通过人物、景物、事件来表现的，使作品具有更强的感染力和表现力。

这次变革虽然举着反传统的旗帜，却是对古典散文传承与发扬，在古代散文的语言艺术、体式格调等方面进行改革，却保留了通过文章寄托忧国忧民、心系家国的文化传统，开启了白话散文的新局面。

三、当代散文的发展

当代散文越发发展为一个包容乃大的文体种类，取材广泛、结构灵活、篇幅不长、能够自由抒发真情实感，而又具有较强的语言美感。受时代风云和观念革新的影响，散文的文体特征和内部分类出现新的变化。比如，以纪实为主，兼有政论，而且篇幅较长的散文又名"报告文学"，以批评性议论为主的散文又叫"杂文"。这类散文一是对现实问题和现实生活进行描写和叙述；二是对个人精神状态和生命历程进行探索与反思。

进入20世纪90年代，中国文坛散文开始走俏。散文文体的这种边界意识的模糊或许并不是一件坏事，可以为散文的发展提供足够的空间。当代散文创作队伍空前的壮大，体现在一大批学者、小说家、诗人、评论家加入其中，创作队伍注入新鲜血液，散文变得更充满活力。

20世纪90年代的散文还有一个新特点——长篇大作的出现，这一时期有不少超过万字的散文。比如，作家史铁生的《病隙碎笔》是一篇长篇哲思抒情，充满了正能量的人生笔录。《秋天的怀念》的语言平淡、文字朴实，全篇饱含真情，是用心灵在写作。余秋雨的散文，更是具有大气的特点。余秋雨的散文集《文化苦旅》风行于文学界，凭借山川景色来寻求文化灵魂和人生真谛，带着读者穿梭于了千百年历史之中，该散文集获得多项文学大奖，创下了严肃散文的发行纪录。余秋雨的散文创作，将景物与历史结合。这些作品显示了作家丰厚的文化感悟力和艺术表现力，借助散文，带着读者一起完成了对历史、传统和现实的认同①。

---

① 陈华积. 文化散文研究资料［M］. 南昌：百花洲文艺出版社，2018.

根据不同的分类角度，我们可以把散文分成不同类别。下面本书将从散文传播媒介以及散文的内容和表现形式两种不同的角度，探讨散文的分类。

一、根据传播媒介分类

多媒体、互联网高速发展的时代，传播手段和媒介进一步发展和分化。在传统纸质散文的基础上，随着新的表现形式和传播媒介的发展，产生了广播散文、电视散文和网络散文等表现形式。

（一）纸质散文

纸质散文是以纸质平面媒介（包括报纸、书籍等实体出版物）为表现形式、传播媒介、传播途径的散文，这是最为传统的一种形式。纸质散文能够给予读者真实体验感，这是其他新型媒介所无法给予的。纸质散文还具有一定的收藏价值。

（二）广播散文

广播散文以声音为传播媒介，可以用到配乐、演讲等表现形式，艺术形式也更为丰富。这种形式出现得较早，相对于纸质散文来说，它突破了平面传播、直观文字传播的局限。广播散文的传播对节目主持人、朗诵者的要求比较高，要求其具备标准的发音、高水平的语言表达能力。同时，较好的艺术感悟、情感的体会也至关重要。这种形式更能直观地给听众以精神生活的享受，产生心灵的共鸣。

（三）电视散文

电视散文是在运用电视这一媒介，向读者传递情感和信息的散文。电视散文有如下特点：

第一，电视散文的主要表现形式是电视影像。电视散文虽然也有片头、片尾和字幕，但主要还是以电视画面为主，以解说词为背景。电视散文诗、电视散文等都是创作方法。

第二，电视散文以叙事为主。电视散文具有较强的纪实性和故事性。它是把故事作为主要内容来叙述的一种文体。"情"是贯穿其中的主要线索，情节发展为"情"服务，它的表达方式是"叙述—描写—抒情—议论"。

第三，电视散文具有较强的口语化特征。电视散文不像文学作品那样讲究语言技巧和文学表现力，它主要采用口语化的叙述方式，即用普通大众能够理解、能接受的语言来叙述，所以电视散文具有大众化特点，因而它容易被广大群众所接受。

（四）网络散文

网络散文是网络时代的产物，网络散文是指通过互联网进行发表的散文，是伴随着互联网而出现的一种新型散文形式。它以新媒体为载体，以网络为平台，以现代传播方式为手段，是一种现代网络文学形式。与传统散文相比，它突破了空间和时间的限制，打破了作者与读者之间的隔阂，在网上就可以完成创作和交流。

网络散文具有较强的开放性、互动性、即时性。它以一种新的方式展现出来，给人以耳目一新之感，能够充分满足广大网民的精神文化需求，是一种具有极强生命力和极大影响力的文学形式。网络散文以其新颖独特、观点鲜明、个性突出、内容丰富、信息容量大等特点而广受网友青睐。

网络散文通过互联网实现作者与读者之间的直接交流沟通和互动。从一定程度上来说，它比传统散文有了更广阔的发展空间。这种互动性既包括读者对作者文章内容或观点提出意见和看法，又包括作者对读者提出意见和看法。

二、根据散文内容和表现形式分类

按照散文作品基本的内容和表现方式分类，散文分为记叙性（记人、叙事、写景、状物）散文、抒情性散文和议论性散文三类。但三种类型的划分并非绝对，只是相对而言，因为许多作品是把叙事、抒情和议论有机地结合在一起，只不过侧重点有所不同而已。

（一）记叙性散文

记叙性散文首先是散文，从属于记叙文，它是以记叙、描绘为主要表达手段，以人、事、景、物为主要内容，可以是记人、叙事、写景或状物任取其一，也可以几者兼具。这类文章多见于现代散文。

记叙性散文可以某件事件为中心，如许地山的《落花生》、何为的《第二次考试》、林语堂的《冬至之晨杀人记》；或以事件几个片断的剪辑表达出生活的戏剧性。例如，杨绛的《干校六记》、琦君的《髻》。鲁迅的《从百草园到三味书屋》则贯穿了两大场景——百草园和三味书屋，在结构上形成跨越和对比，表现出一个儿童的成长过程和心理变化。

记叙性散文也可以把人物作为写作的中心，突出人物的性格特征，通过表现人物的行为、语言、性格和内心世界来丰富人物形象，如鲁迅的《藤野先生》、巴金的《怀念萧珊》；记叙性散文也有以自然景物为中心，描写个人的生活感受，如何其芳的《雨前》、徐志摩的《我所知道的康桥》等①。

记叙性散文也可以写景状物，顾名思义，即描写景物和事物的散文。它是一种重要的文学体裁，广泛运用于各类记叙文中。它的特点是：作者在叙述过程中，不但描写了景物的形状、色彩、声音、气味等现象，而且通过景物的特征表现人、事、理。具体来说，这类文章是运用联想、想象，对景物进行具体描述和描绘。这种方法的好处是：可以使读者通过对景物的直观感受来理解文章内容；同时还可以激发读者对大自然的热爱之情，给人以美的享受。因此，写景状物散文在记叙文中占有相当大的比重，比如徐迟的《黄山记》。

（二）抒情散文

抒情散文，顾名思义是重在表达作者情感，又称"心灵之文"。抒情散文中，作者会用到打比方、拟人、象征等修辞手法，或托物抒情，或借景抒情，或直抒胸臆、或触景生情，情感真挚，用文字表达对生活的感悟、对人生的思考、对国家的赞美、对社会

① 葛红兵，许道军. 大学生创意写作 ［M］. 北京：高等教育出版社，2005.

黑暗面的怒斥等情感。

抒情散文是最富有诗情与画意的散文，它以独特的情感体验和艺术手法，在形象思维与抽象思维之间、文学与非文学之间、思想与情感之间、理性与感性之间建立起一座沟通的桥梁。抒情散文既具有一般散文所共有的特点，如叙述的生动性，描写的细腻性，抒情的个性化等；又有自身特点，如它具有比一般散文更丰富的思想内容和强烈而集中的情感表达。

在阅读抒情散文时，抓住文章作者的写作主旨，这是读懂这类散文的关键。写景抒情类散文，在写景中抒情，情景交融。这类散文作者虽然把大量的文字用到了对景的刻画上，但是景物并不是文章的核心。抒情散文是一种"具体思维与抽象思维"相结合而产生出来的一种文体。

《一日的春光》是冰心写的一篇脍炙人口的散文，写于1936年。文中作者抒情的句子有："我要尽量地吞咽今年北平的春天""九十天看看过尽——我不信了春天！""坦然中是三分悼惜，七分憎嫌，总之，我不信了春天。""喜悦地仰首，眼前是烂漫的春，骄奢的春，光艳的春……"[①] 抓出文章中上述抒情的句子后，上下文联系起来品味，文章的主题就跃然纸上。文章字里行间，表达了作者渴望春天，期盼祖国春天到来的情感。

（三）议论散文

议论散文是指以议论为主要表达方式，用"散文"的写作体裁来发表"议论"，它是议论文，笔法却是散文。它不像一般议论文关键点在理性和逻辑，而是着重表达情感，通过抒情来说理，具有抒情性、形象性和哲理性的多重特点，兼具的清晰的思辨性和猛烈的情感性。议论散文的特征有别于其他类型的散文。议论性是指它以说理为主，作者在构思结构和描述人物、事物时要紧密围绕中心论点，从不同角度、不同层次来证明自己的观点。议论散文中所提出的观点或是作者自己对某一社会现象的看法，或是认识到某一事物的规律，并且一个重要的特点是：文章在发表观点时抒发了作者的强烈的情感或是情怀，如周作人的《生活的艺术》、林语堂的《人生的乐趣》等。

第四节 散文的特征

散文题材包罗万象的，上至宇宙世界万物，下至草木虫鱼，都能成为散文表现的内容。读一篇优美的散文，犹如品一杯美酒，置身户外美景之中，让人心旷神怡，轻松愉悦，或是思绪万千。散文可以抒发作者的真情实感，表达作者对社会、对生活、对人生的独特感受为其写作特征。这就是散文的艺术魅力所在。那么，散文到底有什么特点呢？

一、文字描述的形象性

散文是一种形象性极强的文体，它不像小说那样讲究人物性格、情节的描写，也不

---

① 冰心. 一日的春光［M］. 南京：江苏文艺出版社，2009：286.

像诗歌那样讲究节奏和韵律，而是通过描写生活中的人、事、景、物，抒发作者对生活的独特感受。所以散文要求作者必须具有敏锐的观察能力和丰富的生活积累，把自己的思想感情融化在生动具体、丰富多彩的生活画面中去。同时还要有熟练运用语言文字的能力。散文是通过对事物形象生动的描绘来抒发作者对生活中各种人和事的深刻感情的一种文体。

论文章的形象性，朱自清的《荷塘月色》是代表之作，文中对荷塘、荷叶、荷花的细节描述，构思精巧，语言用词清新，仿佛从字里行间就能闻到荷花的清香，看见荷叶的新绿，写景细致入微，文笔形象生动，让读者身临其境，画面感十足。曲曲折折的、田田的、亭亭的、层层的、袅娜地、羞涩地、一粒粒的、密密的、凝碧的、脉脉的、远远近近、高高低低……，全文大量使用修辞手法，把静景写动，动中又有静，每一个词语都是画龙点睛之笔。

优秀作品欣赏：朱自清《荷塘月色》片段

曲曲折折的荷塘上面，弥望的是田田的叶子。叶子出水很高，像亭亭的舞女的裙。层层的叶子中间，零星地点缀着些白花，有袅娜地开着的，有羞涩地打着朵儿的；正如一粒粒的明珠，又如碧天里的星星，又如刚出浴的美人。微风过处，送来缕缕清香，仿佛远处高楼上渺茫的歌声似的。这时候叶子与花也有一丝的颤动，像闪电般，霎时传过荷塘的那边去了。叶子本是肩并肩密密地挨着，这便宛然有了一道凝碧的波痕。叶子底下是脉脉的流水，遮住了，不能见一些颜色；而叶子却更见风致了。

月光如流水一般，静静地泻在这一片叶子和花上。薄薄的青雾浮起在荷塘里。叶子和花仿佛在牛乳中洗过一样；又像笼着轻纱的梦。虽然是满月，天上却有一层淡淡的云，所以不能朗照；但我以为这恰是到了好处——酣眠固不可少，小睡也别有风味的。月光是隔了树照过来的，高处丛生的灌木，落下参差的斑驳的黑影，峭楞楞如鬼一般；弯弯的杨柳的稀疏的倩影，却又像是画在荷叶上。塘中的月色并不均匀；但光与影有着和谐的旋律，如梵婀玲上奏着的名曲。

荷塘的四面，远远近近，高高低低都是树，而杨柳最多。这些树将一片荷塘重重围住；只在小路一旁，漏着几段空隙，像是特为月光留下的。树色一例是阴阴的，乍看像一团烟雾；但杨柳的丰姿，便在烟雾里也辨得出。树梢上隐隐约约的是一带远山，只有些大意罢了。树缝里也漏着一两点路灯光，没精打采的，是渴睡人的眼。这时候最热闹的，要数树上的蝉声与水里的蛙声；但热闹是它们的，我什么也没有[①]。

二、情感真挚且丰富

散文是一种情感性很强的文体，作者在写作时往往会融入自己丰富而细腻的情感。因此，散文的作者用自己独特而细腻的情感去感受生活、认识社会、感悟人生，并在此

---

① 朱自清. 朱自清散文精选 [M]. 北京：北京教育出版社，2020.

基础上形成独特感受和认识。优秀的散文写得情真意切、感人至深、催人泪下、发人深省。抒情性散文即使描写的是自然风物，也蕴含对社会深刻的认识和对人、对事的思想感情。

散文不能为了抒情而去矫揉造作、故弄玄虚，感情要真挚动人，才能触及读者灵魂深处从而产生共鸣。读者感同身受的是身边的琐事、小事。如《桃花源记》正是因为真实所以才感动了后人。散文要率意而为，方能挥洒自如，体现"率真"二字。

冰心是一位散文、诗歌、小说皆擅长的作家。冰心在《荷叶·母亲》这篇散文中借景抒情、托荷叶赞母。虽然写到的是雨打红莲、荷叶护莲的场景，联想到的却是母亲对子女陪伴一生的呵护。文中把子女比喻成了红莲，把母亲比喻成荷叶，由此景——荷叶保护荷花，生此情——母亲爱护自己的子女。散文中的雨，暗指人生路上必经的风雨，唯有慈母一生庇佑自己。《荷叶·母亲》写出了母爱的平凡，又体现了母爱的浑厚与伟大。

优秀作品欣赏：冰心《荷叶·母亲》片段

父亲的朋友送给我们两缸莲花，一缸是红的，一缸是白的，都摆在院子里。

八年之久，我没有在院子里看莲花了——但故乡的园院里，却有许多；不但有并蒂的，还有三蒂的，四蒂的，都是红莲。

九年前的一个月夜，祖父和我在园里乘凉。祖父笑着和我说："我们园里最初开三蒂莲的时候，正好我们大家庭中添了你们三个姊妹。大家都欢喜，说是应了花瑞。"

半夜里听见繁杂的雨声，早起是浓阴的天，我觉得有些烦闷。从窗内往外看时，那一朵白莲已经谢了，白瓣儿小船般散漂在水面。梗上只留个小小的莲蓬，和几根淡黄色的花须。那一朵红莲，昨天还是菡萏的，今晨却开满了，亭亭地在绿叶中间立着。

仍是不适意！——徘徊了一会子，窗外雷声作了，大雨接着就来，愈下愈大。那朵红莲，被那繁密的雨点，打得左右敧斜。在无遮蔽的天空之下，我不敢下阶去，也无法可想。

对屋里母亲唤着，我连忙走过去，坐在母亲旁边——一回头忽然看见红莲旁边的一个大荷叶，慢慢地倾侧了下来，正覆盖在红莲上面……我不宁的心绪散尽了！

雨势并不减退，红莲却不摇动了。雨点不住的打着，只能在那勇敢慈怜的荷叶上面，聚了些流转无力的水珠。

我心中深深地受了感动——

母亲啊！你是荷叶，我是红莲，心中的雨点来了，除了你，谁是我在无遮拦天空下的荫蔽①？

第二章 散文

---

① 荷叶·母亲［M］//冰心. 冰心全集第一册［M］. 福州：海峡文艺出版社，1994.

三、结构自由

散文结构不仅体现为散文的外在的段落与段落之间的组织方式，而且包括作者的意识、情感、思想，以及写作手法如何糅合后凸显主题的方式。优秀散文作品的结构形态，应该是主观和客观嫁接的桥梁、作者和读者的融通的沟渠。台湾学者郑明俐的《现代散文构成论》一书，将散文结构分为"类型结构""形式结构""情节结构""体势结构""思维结构"五大类①。

散文的结构可以写得很自由，也可以写得很严谨，还可以写得很松散，这是"形"，只要能够很好地把散文的"神"表达出来就行。鲁迅的《春末闲谈》看似在文字上东扯西拉的，但是思想却相当深刻，东拉西扯并不是想到什么写什么，而是有着主旨上的内在联系，只是从表面上看较为随意而已②。散文结构并不是必须按照时间的顺序，或者是事件的发展过程来写作，但是一定要有一条主线贯穿其中，而且要在写作之前就做好谋篇布局，有头有尾、连贯完整。

第五节 散文的写作方法

散文越来越深受读者喜爱，写好一篇散文要从选题、立意、构思、结构、修辞手法运用等方面进行突破。

一、选好题材

散文的题材多种多样，不同题材的散文在表达上也会有不同的特色。虽然散文题材多，但实际上，写好一篇散文却并不容易。题材应该符合作者的兴趣和特长。因为兴趣是最好的老师，写作时选择感兴趣的或是熟悉和擅长的题材，能让你在写作时信手拈来。

同时，题材选择也应该具有一定的时代性和社会性，能够引起读者的共鸣和关注。题材可以来源于生活的点滴，也可以来源于历史的传奇，还可以来源于想象。题材要有新意和深意，避免陈旧和平庸。散文作为美文，除了具有艺术性和观赏性，也可以具备传播正能量，对社会大众的教化功能。

二、确立主题

主题是散文的中心思想，它体现了作者对题材的看法和态度。主题应该明确而不模糊，深刻而不肤浅，独特而不偏激。主题要有感染力和说服力，能够激发读者的思考和感受。主题要有适度的广泛性和普遍性，避免过于狭隘和个人化。立意是行文的出发点，也是行文的终点。同一题材的文章立意不同，会运用到不同的表达方式，从而达到的效果和影响力也截然不同。一篇散文的立意就是通过全文的内容所表现出来的主题思

---

① 陈剑晖. 论散文结构［J］. 南京师范大学文学院学报，2005（2）：24-30.
② 葛红兵，许道军. 大学生创意写作［M］. 北京：高等教育出版社，2005.

想和写作意图。立意是作者写作的灵魂和灵感的火花。

一篇文章的主题就像军队的首领，没有统帅的军队就是一群乌合之众，军队就似无头苍蝇，缺乏统一指挥，形散且神更散。文章写作前不思考立意，无论堆砌多么丰富的材料，无论修辞手法如何变换，也是杂乱无章、枯燥乏味且干瘪。对于散文来说，它既不凭借曲折生动的故事情节引人入胜，又不依靠塑造鲜明突出的典型人物形象打动人心，也不像诗歌一般对韵、富有节奏、朗朗上口，它只是描写平淡的某事某物、抒发某种感情、阐述某种思想。所以，散文要求有高瞻远瞩的思想，有新鲜的感受，深刻的见解，也要求能用凝练的笔墨把这些表现出来[①]。由此可见，对于散文写作来说，立意是最为重要、最为首要的。

那么一篇好的散文应该如何立意呢？立意的形成有多种方式和渠道。有的是在偶然当中获得的灵感冲击；有的是生活中日积月累和长期酝酿的结果；有的是通过刻苦钻研寻求才得以发现。无论是通过哪一种途径获得立意，都需要经过一个提炼和升华的过程。

（一）体验生活，独具慧眼

立意来源于生活的体验，用眼睛去发现生活当中的大小事。培养自己独具慧眼，以小见大，从不同角度去思考问题的能力，改变常规的思维方式去洞察万事万物，才能在立意上出奇制胜、思维深邃。

我们还应培养观察能力，处处留心，积累写作素材，做一个为了写作时刻准备之人。

（二）站在时代的高度

散文的立意要求作者能够站在时代的高度，从独特的角度来观察人生，发现平常生活背后的哲理和规律。善于选择老百姓所关心的时事，体会人民对美好生活向往的心情，关注人民的期盼，关注时代的变化，关注维护社会公平正义，或提出高明的见解，或抒发高尚的情操，或表现崇高的精神境界，或代表人民的心声。

杨朔曾说过，散文能通过一个有意义的生活片段，反映出这个时代的侧影，一篇出色的散文，应具有时代的色彩。说到立意的高度，茅盾的《白杨礼赞》是一篇通过描写白杨却体现出高尚情怀的佳作，富有时代性和战斗性。文章通过礼赞"树中的伟丈夫"，表达解放斗争中所不可缺的朴质、坚强、力求上进的精神，鞭笞那些"看不起民众，贱视民众，顽固倒退"的人们[②]。

显然散文这样的艺术作品不同于公文文件，不应该是赤裸裸地进行说教，而应该以潜移默化的方式吸引读者，让读者先感受到散文的艺术美、内涵美，再去感化读者。优秀的散文作品是读者读完以后，自然而然地体会到文章美好的立意。

（三）以小见大，从平凡中挖掘不平凡

散文写作在立意上应从大处着眼，在写作上应从小处落笔。描写平凡的生活中的事情，表现大而深刻的主题。这种手法，往往通过描写具体、平凡、平淡的事物、事件，透过现象看本质，透过小事看大道理。

---

① 胡露珠. 浅谈散文的立意与意境 [J]. 文学教育（上），2013（9）：95.

② 同上.

许多优秀的散文作品看似写的只是日常生活、自然风光，描写人物的一言一事，刻画一景一物，但是作者却能深挖题材，见微知著，从平凡中发现不平凡，深谙人生哲理和人情世故，表达家国情怀。

例如，柳宗元的《捕蛇者说》以蛇开篇，按照产蛇、募蛇、捕蛇，到捕蛇者的顺序步步递进，先事后理，因前果后，脉络清晰，层层递进，过渡相当自然。作者以"蛇毒"为陪衬，最后得出结论：赋敛之毒有甚于蛇毒，深刻地揭示了"苛政猛于虎"的重大主题。

《散步》是当代作家莫怀戚创作的一篇散文。此文全篇就写了全家三辈人的一次散步这件日常生活中的小事，文笔温润，不紧不慢地叙述着散步过程中的对话，最后用一句"好像我背上的同她背上的加起来，就是整个世界"，抒发了生活中方见浓浓亲情的人生道理，小时候需要妈妈，妈妈老了后也需要我。清华大学教育研究院窦桂梅在《窦桂梅教你阅读》一书中这样分析《散步》一文：散步是人们生活中极其平常的休闲方式，细腻的笔触，浓浓的情感，为我们描绘出一幅温馨美好的阖家欢乐图。这不仅是一个视角，也是一个美丽的世界①。

优秀作品欣赏：莫怀戚《散步》

我们在田野散步：我，我的母亲，我的妻子和儿子。

母亲本不愿出来的。她老了，身体不好，走远一点就觉得很累。我说，正因为如此，才应该多走走，母亲信服地点点头，便去拿外套。她很听我的话，就像我小时候很听她的话一样。

天气很好。今年的春天来得太迟，太迟了。有一些老人挺不住。但是春天总算来了。我的母亲又熬过了一个冬季。

这南方初春的田野，大块小块的新绿随意地铺着，有的浓，有的淡；树上的绿芽也密了；田野里的冬水也咕咕地起着水泡。这一切使人想起一样东西——生命。

我和母亲走在前面，我的妻子和儿子走在后面。小家伙突然叫起来："前面也是妈妈和儿子，后面也是妈妈和儿子。"我们都笑了。

后来发生了分歧：母亲要走大路，大路平顺；我的儿子要走小路，小路有意思。不过，一切都取决于我。我的母亲老了，她早已习惯听从她强壮的儿子；我的儿子还小，他还习惯听从他高大的父亲；妻子呢，在外面，她总是听我的。一霎时我感到了责任的重大，就像民族领袖在严重关头时那样。我想找一个两全的办法，找不出；我想拆散一家人，分成两路，各得其所，终不愿意。我决定委屈儿子，因为我伴同他的时日还长。我说："走大路。"

但是母亲摸摸孙儿的小脑瓜，变了主意："还是走小路吧。"她的眼随小路望去：那里有金色的菜花，两行整齐的桑树，尽头一口水波粼粼的鱼塘。"我走不过去的地方，你就背着我。"母亲对我说。

这样，我们在阳光下，向着那菜花、桑树和鱼塘走去。到了一处，我蹲下来，

---

① 窦桂梅. 窦桂梅教你阅读 ［M］. 长春：吉林大学出版社，2015.

背起了母亲，妻子也蹲下来，背起了儿子。我的母亲虽然高大，然而很瘦，自然不算重；儿子虽然很胖，毕竟幼小，自然也轻。但我和妻子都是慢慢地，稳稳地，走得很仔细，好像我背上的同她背上的加起来，就是整个世界①。

三、布置结构

结构是散文的骨架，它决定了散文的形式和组织方式，写作时要善用结构技巧。结构应该合理而不混乱，紧凑而不零散，完整而不残缺。结构要有层次和变化，能够展现散文的发展和转折。结构要有开头、中间、结尾三个部分，分别起到引入、发展、收束的作用。开头要吸引读者的注意力，中间要阐述主题的内容，结尾要总结全篇的意义。散文的特点就是结构自由，形散神聚，一篇短小的文章中可贯通上下五千年，激扬文字，指点江山，可记录眼前琐事，思绪却纵横千万里。优秀的散文可以做到妙笔生花。作者在写作上，或含蓄深沉，或直抒胸臆，或浓墨涂抹，或轻描淡写，或如话家常，或心系家国大事。文章开头和结尾，实为点睛之笔。

（一）开头要新颖别致

在散文写作中，如何写好开头是非常重要的一点。散文的开头可以说是千变万化的，有各种写法。好的开头能引人入胜，吸引读者产生继续读下去的热情，激发读者产生强烈的好奇心。一篇好的散文也需要有具有吸引力的，能引发读者联想的标题。好的开头，犹如才露尖尖角的小荷，却能吸引蜻蜓立上头。想写一篇好的散文，可以从开头入手。

例如，沈从文的《常德的船》开头"常德就是武陵，陶潜的《续搜神记》上《桃花源记》说的渔人老家，应当摆在这个地方。"② 一下子就勾起了读者的好奇心。有的散文有一个"小清新"的开篇，宛如夏日傍晚吹来的夹着稻花香的凉风，又宛如登山途中遇见一捧甘甜的泉水，饮毕清凉，让读者精神振奋。《春》是朱自清的一篇满贮诗意的散文，作品起始两个"盼望着"的词语重叠，形象地展示了人们对春天的期盼之情。"东风来了，春天的脚步近了"更把春天拟人化，似乎春姑娘正在迈着青春的步伐向我们走来。"一切都像刚睡醒的样子，欣欣然张开了眼。山朗润起来了，水涨起来了，太阳的脸红起来了。"③ 用拟人的手法，展现了春天的可爱、慵懒，又充满生机的样子，万物复苏，吸引读者拜读下文。

描写时间的文章和诗句很多，朱自清的《匆匆》的开头却是别具一格，不落俗套。《匆匆》以三个排比句来描写春景，把燕子再来，杨柳再青，桃花再开，与下一句"我们的日子为什么一去不复返呢？"相映衬，以抒情的设问句式，提出时间是被人"偷了"，还是"自己逃走了"的问题。朱自清用这种清新、巧妙的开篇来吸引读者，引起读者的兴趣，让读者清晰地把握住他的意念流动的脉络④。

① 莫怀戚. 散步 ［M］//义务教育教科书语文七年级上册. 北京：人民教育出版社，2016.
② 利生. 名家散文鉴赏 ［M］. 呼和浩特：远方出版社，2010：192.
③ 朱自清. 朱自清散文精选 ［M］. 北京：中国华侨出版社，2016：33.
④ 吴洁. 谈朱自清散文开头的巧妙 ［J］. 吉林广播电视大学学报，2003（3）：30-31.

优秀作品欣赏：朱自清《匆匆》

燕子去了，有再来的时候；杨柳枯了，有再青的时候；桃花谢了，有再开的时候。但是，聪明的，你告诉我，我们的日子为什么一去不复返呢？——是有人偷了他们罢：那是谁？又藏在何处呢？是他们自己逃走了罢：如今又到了哪里呢？

我不知道他们给了我多少日子，但我的手确乎是渐渐空虚了。在默默里算着，八千多日子已经从我手中溜去，像针尖上一滴水滴在大海里，我的日子滴在时间的流里，没有声音，也没有影子。我不禁头涔涔而泪潸潸了①。

（二）结尾要简洁有力

结尾是对文章内容作一个总结归纳，是对全篇文章进行一个简单、扼要的评价和强调，或是表达作者思想感情、引起读者共鸣，等等。所以，一篇好文章一定要有一个好的结尾。散文写作的结构自由，思维跳跃，而好的结尾就能起到凝神聚气的作用。结尾就是一篇文章的画龙点睛之笔。好的结尾能够扣人心弦，能够点明主题和中心思想，冲击读者心灵，把全文的感情推到高潮。

范仲淹的《岳阳楼记》的结尾是全篇的重心，其结尾以"嗟夫"开启，展现出抒情的意味。"先天下之忧而忧，后天下之乐而乐"成为流传至今的至理名言。"噫！微斯人，吾谁与归"一句结语，掩饰不住作者内心的悲凉之情，令人感叹。表现作者虽身居江湖，心忧国事的胸怀，这才是全篇的重心。

何为的《临江楼记》是当代有影响力的散文佳作，文章结尾作者借物抒怀。写大树容光焕发，树叶的声音在一遍又一遍随风传播那高亢激越的诗篇，用一个象征手法结尾，表达美好的祝愿。

朱自清的《春》描绘了一派眼花缭乱的初春景色东风，描写的景物有：太阳、山、水、小草、树、花、蜜蜂、蝴蝶、泥土、鸟儿、雨、房顶、小路、石桥……描写的动作有：打滚的、踢球的、赛跑的、捉迷藏的、吹牧笛的、撑伞的、劳作的、放风筝的，可谓散也。然而，结尾处以三个充满活力的新鲜比喻，春天像刚落地的娃娃，春天像小姑娘，春天像健壮的青年，一下子把前面描写的"散"进行收拢，点睛一笔，充分地表达春天就是希望这种信念②。

这是鲁迅的《父亲的病》一文的结尾：我现在还听到那时自己的这声音，每听到时，就觉得这却是我对于父亲的最大的错处。作者回忆了父亲临终时的情景，表达的沉痛的自悔，对旧社会封建礼教的痛恨，结尾使主题升华。

杨朔的《荔枝蜜》这样结尾："蜜蜂是在酿蜜，又是在酿造生活；不是为自己，而是在为人类酿造最甜的生活。蜜蜂是渺小的；蜜蜂却又多么高尚啊！……他们正用劳力建设自己的生活，实际也是在酿蜜——为自己，为别人，也为后世子孙酿造着生活的蜜。"这已经点明主题了，但是作者笔锋一转，"这黑夜，我做了个奇怪的梦，梦见自己变成一只小蜜蜂。"③这样绝妙的结尾，抒写的朴素哲理，成为散文结尾的经典之作。

① 朱自. 朱自清散文精选［M］. 北京：中国华侨出版社，2016.
② 朱自清. 朱自清散文精选［M］. 北京：中国华侨出版社，2016：33.
③ 杨朔. 荔枝蜜：杨朔作品精选集［M］. 吉林：吉林人民出版社，2021.

当然，散文的结尾也体现散文创作"无定体"这一规律，亦属多种多样，不过，它在散文创作这种举足轻重的作用则是一样的，作为散文创作的一条美学经验，我们应加以重视，并发挥其优势[①]。

四、善用表现手法

手法是散文的花纹，它决定了散文的表现力和艺术效果。手法应该多样而不单一，恰当而不生硬，自然而不刻意。手法包含修辞技巧、建立文章线索，等等，能够增强散文的美感和语感。

（一）情感线索的创建

散文的一个特点就是形式上讲究散，但是全文却始终有线索贯穿其中，仿佛一根绳子串联着一串珍珠。散文的情感线索是指作者通过对事物的观察和感受，把自己的思想感情、审美情趣、审美理想，以抒情方式表达出来。散文情感线索是作者心灵的体验和内心世界的反映，它有自身的特点。散文情感线索在作者的笔下往往是多方面的。

散文中情感线索的建立是有方法可循的。散文情感线索是作者内心世界的一种外化，这种外化有多种形式。有的直接表现为文章所展现的事物，有的表现为文章所内含的思想感情等。一篇散文可以通过一些具体的细节描写来建立情感线索。写景时要融入自己对生活、对事物的感受和体验，要有真情实感。

例如，《济南的冬天》一文中作者以"冬天"为线索，从三个不同方面展现了济南冬天不同的美。文章不惜笔墨写景，文字描述济南冬天温情，所要表达的作家的主观情感和人生感悟，这才是文章的深意和核心。

中国当代作家史铁生的《我与地坛》是一篇长篇哲思抒情散文。作者就是以地坛为线索，描写了地坛景物和相关人物形象，但地坛只是一个载体，其本质是描写一个绝望的人寻求希望的过程，以及作者对母亲的思念之情。

（二）人物线索的创建

散文中的另一条重要线索就是人物线索。这就要求作者在散文创作中要善于通过对人物形象的刻画来表现文章主题，给读者留下深刻印象。

散文中有许多历史上或现实中的典型人物形象。例如，《鸿门宴》中项羽、刘邦、范增、张良等，他们被人们所津津乐道，是因为他们在文学作品中有典型的人物形象，具有代表性和独特性。例如，朱自清的《背影》中所写的父亲"他戴着黑布小帽，穿着黑布大马褂，深青布棉袍，蹒跚地走到铁轨边，慢慢探身下去"，也是典型的现代人物形象。例如，朱自清的《儿女》中写到"阿毛现在五个月了，你用手指去拨弄她的下巴，或向她做趣脸，她便会张开没牙的嘴格格地笑，笑得像一朵正开的花"，五个月孩童的形象跃然于纸上，十分生动。

（三）景物、行踪线索的创建

散文以景物或者行踪为线索，融情于景，游记则通常以行踪为主线。《雨中登泰山》是李健吾于创作的一篇散文，文章以爬山路上见到的景点为线索，对沿途岱宗坊、坝桥、七真祠、一天门、孔子登临处和天阶等景点进行了一一描述，结构精巧、语言生

---

① 谢春池. 漫谈散的结尾 ［J］. 华侨大学学报（哲学社会科学版），1985（1）：79-81.

动，雨中登山的美妙之处跃然纸上。

（四）展现散文的语言美感

散文既不靠故事和情节取胜，也不靠鲜明的节奏跟协和的音节取胜。那么，散文凭什么吸引读者呢？首先就是要有流畅的语言，每一句话都要展示出汉语的语言精粹。追求音乐性并不只是诗歌的专利，有的时候散文也可以像诗歌那样炼词造句，从而使散文具有诗化的美感。

学写散文，写好后反复诵读、品味、体会，以"格物"的毅力，反复修改，直到改到读不出一点瑕疵。鲁迅先生把汉语的声韵运用得淋漓尽致。他在揭露和控诉军阀暴行的杂文《记念刘和珍君》一文中写下这样的句子：真的猛士，敢于直面惨淡的人生，敢于正视淋漓的鲜血。短短的一句之中，用到两个"敢于"，"面对"与"正视"呼应，"人生"与"鲜血"，"惨淡"与"血淋淋"，再加上整齐的句式，自有诗歌的效果，给读者带来深刻的阅读感受，让人心情起伏跌宕。

游记《火热的吐鲁番》这样写道：王洛宾无疑是不幸的，他生活在一个光明与黑暗交织、温暖与冷漠并存的人间。但是，"苦难中也有美，并且美得真实"。他又是幸福的，因为他把自己美丽的梦想、纯净的心灵、不屈的精神和顽强的躯体都贡献给了音乐。他的歌给各族人民带来欢乐，也赢得各族人民对他的喜爱。"温暖"一词在原稿中是"温情"，后来笔者发现"温情"是名词，"冷漠"是形容词，二者放在一起不般配，念起来不舒服，因此用了形容词"温暖"来代替。第三句中原来只有两个五音节的短语，读起来总觉得气势不够，不能充分表现"西部歌王"精彩而曲折的一生。在仔细研读王洛宾的事迹材料以后，笔者又增加了两个五音节的短语，不仅使人物的面貌得到更全面的展示，也使语气有所强化[①]。

秋葵在汪曾祺笔下亦妙趣横生："在篱落、石缝间……花瓣大、花浅黄，淡得近乎没有颜色，瓣有细脉，瓣内侧近花心处有紫色斑……"秋葵为日常物，在篱落、石缝间自开自落，无人欣赏，但汪曾祺刻意凸显其细脉、花心处紫斑，将其自甘寂寞的楚楚风致凸显出来，在日常中展现出一种别样的美感和意境。注重语言的节奏感是汪曾祺实现散文语言音乐美的重要方式。在《故乡的食物》中，他写腌菜过程："入秋，腌菜，这时青菜正肥。把青菜成担的买来，洗净，晾去水汽，下缸。一层菜，一层盐，码实，即成。"基本都是两字一句或一顿，不仅将腌咸菜的过程写得有条不紊，透出劳动的愉悦，而且铿锵有力，朗朗上口，古雅简洁。写新咸菜的好吃："不咸，细，嫩，脆，甜，无可比拟。"细、脆、咸、甜，一字一顿，既写出新咸菜味道的层次感，而且道出品尝咸菜时惊喜的感受。四字句者，如在《湘行二记》中，写站在岳阳楼上看到洞庭湖上场景："湖中帆船来往，渔歌互答……看浩浩汤汤，横无际涯，北通巫峡，南极潇湘的湖水，远远咸宜，皆可悦目。"登楼远眺，胸襟大开，逸兴遄飞之情溢于言表。在《寻常茶话》中，四字一句将狮峰龙井泡开后的形态展现得淋漓尽致："直立不倒，载浮载沉，茶色颇淡，但入口香浓，直透肺腑，真是好茶！"不仅句式均齐，而且毫不凝滞，极富节奏感[②]。

① 葛红兵，许道军. 大学生创意写作［M］. 北京：高等教育出版社，2005.
② 秦沐. 论汪曾祺散文语言的诗性美［J］. 汉字文化，2023（14）：166–168.

《雨的四季》是刘湛秋于1982年创作的一篇写景抒情散文，作者写出了雨的可爱，表达了对生命、自然的热爱及赞美。先后描画了春雨的清新甜美，夏雨的热烈奔放，秋雨的端庄深情，冬雨的平静纯洁，记叙、描写、抒情熔化于一炉，展现了雨在春夏秋冬不同季节中的不同形象和特点，表达了作者热爱雨、热爱自然、热爱生活的美好情感。

优秀作品欣赏：刘湛秋《雨的四季》

　　我喜欢雨，无论什么季节的雨，我都喜欢。她给我的形象和记忆，永远是美的。

　　春天，树叶开始闪出黄青，花苞轻轻地在风中摆动，似乎还带着一种冬天的昏黄。可是只要经过一场春雨的洗淋，那种颜色和神态是难以想象的。每一棵树仿佛都睁开特别明亮的眼睛。树枝的手臂也顿时柔软了，而那萌发的叶子，简直就像起伏着一层绿茵茵的波浪。水珠子从花苞里滴下来，比少女的眼泪还娇媚。半空中似乎总挂着透明的水雾的丝帘，牵动着阳光的彩棱镜。这时，整个大地是美丽的。小草似乎像复苏的蚯蚓一样翻动，发出一种春天才能听到的沙沙声。呼吸变得畅快，空气里像有无数芳甜的果子，在诱惑着鼻子和嘴唇。真的，只有这一场雨，才完全驱走了冬天，才使世界改变了姿容。

　　而夏天，就更是别有一番风情了。夏天的雨也有夏天的性格，热烈而又粗犷。天上聚集几朵乌云，有时连一点雷的预告也没有，当你还来不及思索，豆粒的雨点就打来了。可这时雨并不可怕，因为你浑身的毛孔都热得张开了嘴，巴望着那清凉的甘露。打伞，戴斗笠，固然能保持住身上的干爽，可光头浇，洗个雨澡却更有滋味，只是淋湿的头发、额头、睫毛滴着水，挡着眼睛的视线，耳朵也有些痒嗦嗦的。这时，你会更喜欢一切。如果说，春雨给大地披上美丽的衣裳，而经过几场夏天的透雨的浇灌；大地就以自己的丰满而展示它全部的诱惑了。一切都毫不掩饰地敞开了。花朵怒放着，树叶鼓着浆汁，数不清的杂草争先恐后地成长，暑气被一片绿的海绵吸收着。而荷叶铺满了河面，迫切地等待着雨点，和远方的蝉声，近处的蛙鼓一起奏起夏天的雨的交响曲。

　　当田野染上一层金黄，各种各样的果实摇着铃铛的时候，雨，似乎也像出嫁生了孩子的母亲，显得端庄而又沉静了。这时候，雨不大出门。田野上几乎总是金黄的太阳。也许，人们都忘记了雨。成熟的庄稼地等待收割，金灿灿的种子需要晒干，甚至红透了的山果也希望最后的晒甜。忽然，在一个夜晚，窗玻璃上发出了响声，那是雨，是使人静谧、使人怀想、使人动情的秋雨啊！天空是暗的，但雨却闪着光；田野是静的，但雨在倾诉着。顿时，你会产生一脉悠远的情思。也许，在人们劳累了一个春夏，收获已经在大门口的时候，多么需要安静和沉思啊！雨变得更轻、也更深情了，水声在屋檐下，水花在窗玻璃上，会陪伴着你的夜梦。如果你怀着那种快乐感的话，那白天的秋雨也不会使人厌烦。你只会感到更高邈、深远，并让凄冷的雨滴，去纯净你的灵魂，而且一定会遥望到在一场秋雨后将出现一个更净美、开阔的大地。

　　也许，到冬天来临，人们会讨厌雨吧！但这时候，雨已经化了妆，它经常变成美丽的雪花，飘然莅临人间。但在南国，雨仍然偶尔造访大地，但它变得更吝啬了。

它既不倾盆瓢泼，又不绵绵如丝，或淅淅沥沥，它显出一种自然、平静。在冬日灰蒙蒙的天空中，雨变得透明，甚至有些干巴，几乎不像春、夏、秋那样富有色彩。但是，在人们受够了冷冽的风的刺激，讨厌那干涩而苦的气息，当雨在头顶上飘落的时候，似乎又降临了一种特殊的温暖，仿佛从那湿润中又漾出花和树叶的气息。那种清冷是柔和的，没有北风那样咄咄逼人。远远地望过去，收割过的田野变得很亮，没有叶的枝干，淋着雨的草垛，对着瓷色的天空，像一幅干净利落的木刻画。而近处池畦里的油菜，经这冬雨一洗，甚至忘记了严冬。忽然到了晚间，水银柱降下来，黎明提前敲着窗户，你睁眼一看，屋顶，树枝，街道，都已经盖上柔软的雪被，地上的光亮比天上还亮。这雨的精灵，雨的公主，给南国城市和田野带来异常的谧静，是它送给人们一年中最后的一份礼物。

啊，雨，我爱恋的雨啊，你一年四季常在我的眼前流动，你给我的生命带来活跃，你给我的感情带来滋润，你给我的思想带来流动。只有在雨中，我才真正感到这世界是活的，是有欢乐和泪水的。但在北方干燥的都市，我们的相逢是多么稀少！只希望日益增多的绿色，能把你请回我们的生活之中。

啊，总是美丽而使人爱恋的雨啊！

叶圣陶早期散文作品代表作《没有秋虫的地方》，艺术构思十分精巧，语言质朴中透露着沉思，耐人寻味，引人细细品读。他写秋不入俗套，不从传统写法以秋天的景入手，而是把秋虫作为文章写作立足点，通过秋虫的"声"，勾画出一幅充满生机的秋天乐园图，表达对乡村生活的喜爱之情。

优秀作品欣赏：叶圣陶《没有秋虫的地方》片段

若是在鄙野的乡间，这时候满耳朵是虫声了。白天与夜间一样地安闲；一切人物或动或静，都有自得之趣；嫩暖的阳光和轻淡的云影覆盖在场上。到夜呢，明耀的星月和轻微的凉风看守着整夜，在这境界这时间里唯一足以感动心情的就是秋虫的合奏。它们高低宏细疾徐作歇，仿佛经过乐师的精心训练，所以这样地无可批评，踌躇满志。其实它们每一个都是神妙的乐师；众妙毕集，各抒灵趣，哪有不成人间绝响的呢。虽然这些虫声会引起劳人的感叹，秋士的伤怀，独客的微喟，思妇的低泣；但是这正是无上的美的境界，绝好的自然诗篇，不独是旁人最欢喜吟味的，就是当境者也感受一种酸酸的麻麻的味道，这种味道在另一方面是非常隽永的。大概我们所蕲求的不在于某种味道，只要时时有点儿味道尝尝，就自诩为生活不空虚了。假若这味道是甜美的，我们固然含着笑来体味它；若是酸苦的，我们也要皱着眉头来辨尝它：这总比淡漠无味胜过百倍。我们以为最难堪而极欲逃避的，唯有这个淡漠无味！所以心如槁木不如工愁善感，迷蒙的醒不如热烈的梦，一口苦水胜于一盏白汤，一场痛哭胜于哀乐两忘。这里并不是说愉快乐观是要不得的，清健的醒是不必求的，甜汤是罪恶的，狂笑是魔道的；这里只是说有味远胜于淡漠罢了①。

---

① 利生. 名家散文鉴赏 [M]. 呼和浩特：远方出版社，2010.

（五）散文留白的创作技巧

留白是中国传统书画中常用的手法，是一种以虚托实、以少胜多的艺术表现手法。它在文学创作中的应用也具有类似的效果。散文中的"留白"就是文章中不直接叙述事件，而采用虚写的方式，为文章留下空白，是为了给读者留下想象和思索的空间。

散文写作不需要面面俱到，而是要根据主题，对想写的内容有所取舍。此外，运用一些富有意味的语句，含蓄地表达，不直接说出内涵，让读者去联想，才能意犹未尽。

《醉翁亭记》中作者一句"醉翁之意不在酒"流传至今。这也为我们创作散文提供了很好的启示：要让文章充满诗情画意、韵味悠长，就要让作品中有"空白"，使读者产生想象和联想的空间。

例如，鲁迅先生在《秋夜》一文中说："在我的后园，可以看见墙外有两株树，一株是枣树，还有一株也是枣树。"给枣树特写镜头，即以奇特的反复激发读者的好奇心。

思考与练习

一、单项选择题（在下列每小题列出的四个备选答案中，只有一个是符合题目要求的，请将其选出，并将选项前面的代码填写在题后的括号内。选错、多选或未选均不得分）

1. 我国古代散文的起点是_____。　　　　　　　　　　　　【　　】
   A. 唐朝　　　　　　　　　　　　B. 三国
   C. 清朝　　　　　　　　　　　　D. 先秦时期

2. 散文的初始代表作是_____。　　　　　　　　　　　　　【　　】
   A.《诗经》　　　　　　　　　　　B.《离骚》
   C.《尚书》　　　　　　　　　　　D.《史记》

3. "散文"这个名称的首次出现是_____一书中。　　　　　【　　】
   A.《鹤林玉露》　　　　　　　　　B.《尚书》
   C.《史记》　　　　　　　　　　　D.《三国演义》

4. 下列属于陶渊明作品的有_____。　　　　　　　　　　　【　　】
   A.《桃花源记》　　　　　　　　　B.《求贤令》
   C.《进雕赋表》　　　　　　　　　D.《醉翁亭记》

5.《求贤令》是_____的作品。　　　　　　　　　　　　　【　　】
   A. 曹操　　　　　　　　　　　　B. 曹丕
   C. 曹植　　　　　　　　　　　　D. 刘备

6. 元明清时期是古代散文的_____时期。　　　　　　　　　【　　】
   A. 衰退　　　　　　　　　　　　B. 起源
   C. 鼎盛　　　　　　　　　　　　D. 大发展

7. 下列不属于鲁迅作品的是_____。　　　　　　　　　　　【　　】
   A.《狂人日记》　　　　　　　　　B.《药》

C. 《阿 Q 正传》　　　　　　　　D. 《背影》

8. 《文化苦旅》的作者是 _____。　　　　　　　【　　】
   A. 朱自清　　　　　　　　B. 徐志摩
   C. 冰心　　　　　　　　　D. 余秋雨

9. 《岳阳楼记》的作者是 _____。　　　　　　　【　　】
   A. 施耐庵　　　　　　　　B. 李白
   C. 杜甫　　　　　　　　　D. 范仲淹

10. 《荔枝蜜》的作者是 _____。　　　　　　　　【　　】
    A. 朱自清　　　　　　　　B. 杨朔
    C. 余秋雨　　　　　　　　D. 余秋雨

11. 《醉翁亭记》有一句流传至今的名句，是下列哪一句 _____。　　　【　　】
    A. 居庙堂之高则忧其民　　　　B. 醉翁之意不在酒
    C. 处江湖之远则忧其君　　　　D. 先天下之忧而忧

12. 散文的结构特点是 _____。　　　　　　　　　　　　　　　　　【　　】
    A. 有固定的格式　　　　　　　B. 自由
    C. 讲究前后对称　　　　　　　D. 遵循一定的规则

二、多项选择题（在下列每小题列出的五个备选答案中，有二至五个是正确的，请将其选出，并将选项前面的代码填写在题后的括号内。选错、多选或未选均不得分）

1. 文学四大文体包括 _____。　　　　　　　【　　】
   A. 散文　　　　　　　　　B. 诗歌
   C. 元曲　　　　　　　　　D. 小说
   E. 戏剧

2. 下列属于陶渊明散文的有 _____。　　　　　　　【　　】
   A. 《醉翁亭记》　　　　　　B. 《桃花源记》
   C. 《五柳先生传》　　　　　D. 《归去来兮辞》
   E. 上安州裴长史书

3. 散文根据表现形式、手段和传播媒介分类，可以分为 _____。　　　【　　】
   A. 纸质散文　　　　　　　B. 广播散文
   C. 电视散文　　　　　　　D. 邮件散文
   E. 网络散文

4. 根据散文内容和表现形式分类，可以分为 _____。　　　　　　　【　　】
   A. 记叙性散文　　　　　　B. 抒情散文
   C. 议论散文　　　　　　　D. 政治散文
   E. 游记散文

5. 台湾学者郑明俐的《现代散文构成论》一书中将散文结构分为 _____。
   　　　　　　　　　　　　　　　　　　　　　　　　　　　　　　　【　　】

   A. 类型结构　　　　　　　B. 形式结构

C. 情节结构　　　　　　　　　　D. 体势结构

E. 思维结构

6. 对散文的情感线索表述正确的有_____。　　　　　　　　【　　】

A. 是作者心灵的体验和内心世界的反映

B. 是作者内心世界的一种外化

C. 散文情感线索在作者的笔下往往是多方面的

D. 有画蛇添足之嫌

E. 以抒情方式表达出来

三、填空题

1. 散文的最大特点就是_____。

2. 散文中的_____是为了给读者留下想象和思索的空间。

3. 散文区别于其他体裁的重要标志是它的_____。

4. 《雨的四季》是_____于 1982 年 6 月创作的一篇散文。

5. 记叙性散文首先是_____，从属于记叙文。

四、名词解释

1. 记叙性散文

2. 网络散文

3. 广播散文

五、简答题

1. 古代散文有哪四个发展阶段？

2. 抒情散文的特点是什么？

3. 议论散文的特点是什么？

4. 电视散文的特点是什么？

5. 散文与诗歌不同之处是什么？

6. 散文与小说不同之处是什么？

7. 散文与戏剧不同之处是什么？

六、论述题

1. 现代散文呈现出哪些变化？

2. 当代散文的发展呈现出哪些变化？

3. 为什么说散文结构自由？请举例说明。

4. 散文的题材筛选与立意应注意什么？

5. 请阐述散文写作时的结构技巧，并举例说明。

第三章

小说

小说是一种以文字叙述故事、塑造人物形象为主要特征的文学形式。它以生活为素材，通过虚构的方式，以故事为载体来再现社会现实，展现出存在的真实性和必然性。小说通过观察和提炼生活，呈现出比现实生活更加深刻的真实。

第一节 什么是小说

与应用文所强调的实事求是不同，在小说创作中，虚构和想象力是被允许，甚至是被鼓励的。甚至在某种程度上，小说中虚构的成分越多，其艺术效果往往也会越好。

一、小说的定义

小说是一种以文字作为媒介，通过创造各种社会生活形象来展现社会生活真实面貌的文学形式。它包含着三个不可分割的基本元素，即人物、情节和背景。在创作过程中，小说以形象思维为主要表述方式。所谓小说的形象思维，指在小说的创作过程中，创作者在脑中对人物、情节和背景进行建构，最终以文字作为媒介进行表达。

其核心目标是通过生动的故事情节和细致的环境描写，深入展现人物内心世界和性格特征，并以此揭示社会生活的多样性和复杂性。

二、小说的形式

现代小说的承载形式指的是其在创作与传播过程中所依附的媒介形态。以下列举了主要的几种现代小说的承载形式。

（一）书籍形式

书籍形式是指以纸质材料为载体的小说，通过印刷或手写的方式制作成书籍。这种形式历史悠久，许多经典文学作品的首要传播形式便是书籍。

然而，书籍形式也存在着明显的不足。例如，占据空间大，不利于随身携带和保存，同时易受到损害和污染。此外，印刷过程也会消耗大量资源，不符合环保原则。

（二）网络电子形式

网络电子形式是指以电子设备为载体，通过互联网或其他数字媒介进行传播的小说形式。近年来，网络电子小说发展迅速，充满了创新性和时代感，吸引了许多新兴作家和读者的关注。

网络电子小说的优点在于便捷且可随时随地阅读和创作，能实现互动和分享，丰富了小说的内容及形式，并降低了出版的成本。然而，网络电子小说的质量参差不齐，缺乏规范的管理和监管，易引发版权纠纷和盗版现象。此外，长时间使用电子设备对读者的眼睛和身体可能产生损害。

（三）影视剧本形式

以影视作品为载体，通过广播、电影、电视、网络视频等媒介呈现的小说形式。这种形式将小说与影视艺术相结合，具有强烈的视觉冲击力和感染力，吸引了许多作家和读者的关注。

影视剧本形式的优点在于能够生动直观地展现小说的故事情节和人物形象，扩大受众范围并开拓市场。然而，其制作过程需要较高的技术和成本投入。另外，影视剧本往往需要改编或删减原著，可能会导致与原著产生差异或背离。

三、小说的特征

当前，随着传媒技术的发展，小说这种文学形式也还在不断地发展与演化，其形式也更加多元化。但无论如何变化，小说的基本特征却是大体一致的，主要有以下几点：

（一）立体地刻画人物性格

在各类文学形式中，小说具备全面、深入、具象反映生活的能力，这一点主要体现在其多元化、细腻的人物塑造上。不论是传统小说还是现代小说，人物形象的塑造都是其构成要素的重中之重。尽管现代小说倾向于淡化情节，但人物形象的塑造却难以被淡化。这些人物形象并不是传统意义上的客观明确的人物，而是以"意识流"为代表的心理状态的人物形象。小说以立体的人物性格描绘为核心，小说中的人物形象栩栩如生，更具现实感。

可以这么说，没有鲜明的人物形象，小说的存在就失去了价值。杰出的小说家总是将塑造人物形象作为首要任务；而优秀的文学作品也总是能刻画出性格鲜明且具有典型意义的人物形象，并透过这些典型形象来反映社会生活和主题思想。

小说因其打破时空限制的叙事方式，可以多维度、多视角地对人物进行刻画。既能正面描绘人物的外貌；又能通过描写人物的语言、行动、神态等侧面描写来展现其性格特点；既可以通过微妙的心理活动来展现人物性格，也可以通过环境描绘、细节描写等来突出人物个性。

另外，由于小说叙事方式的自由，它既能以同一视角展现同一人物，又能以不同视角展现不同人物，甚至可以多视角刻画人物，向读者全方位地展示人物特点。

（二）完整生动地言说故事

小说中的人物性格通常以某个故事为背景，随着故事情节的发展，逐渐展现出来。

高尔基曾指出："情节是性格的历史。"因此，一部作品如果没有生动丰富的情节作为支撑，仅仅依赖心理描写、神态描写、肖像描写等，那么这部作品是无法成功塑造出一个生动的人物形象的，更谈不上吸引读者了。

情节作为小说的重要元素之一，能够将小说的各个部分有机地串联起来，构建出小说的基本框架。即使是以展示人物心灵轨迹为主的小说，也必须具备基本的情节要素。

为了更好地吸引读者并塑造出鲜明的人物形象，小说作品必须构建并叙述一个丰富、生动且曲折多变的故事情节。小说具有较大的容量和丰富的表现手法，其叙事可以采用多种手法。因此，小说的故事情节可以错综复杂，叙事也可以千头万绪，这种构建形成了小说重要的审美体验。完整生动的叙事，能够将读者带入故事情境中，引发读者的情感共鸣。如《水浒传》中"武松打虎"这一片段，讲述了武松打虎的契机、打虎的过程以及徒手打死老虎后猎户和官民的反应，文章将笔墨的重点放在打虎的过程上，既展现了一个险象环生的打虎过程，又体现了武松"如同天上降魔主，真是人间太岁神"的高强武艺和嫉恶如仇的性格特征，同时也为后面为兄报仇的故事埋下伏笔。

（三）描写具体可感的环境

人物和故事的开展离不开特定的舞台环境，这个环境包括了人物所处的社会背景、时代风貌以及人物所处的具体场景。优秀的小说作品通常会通过细腻描绘典型环境来推动情节发展、塑造立体的人物形象，以展现社会生活的多样性和广泛性。

小说是一种反映社会生活的文学体裁，如果没有对社会环境的描绘，小说就会显得空洞和虚幻，无法引起读者的共鸣和认同。通过对社会环境的描绘，小说可以展现出一个具体的时代背景和地域特色，让读者感受到小说的历史性和地域性，也能够增加小说的文化内涵和丰富小说的教育意义。

社会环境不仅是一个客观的存在，也是一个主观的选择，它反映了作者的观点和态度，也影响了人物的性格和命运。通过对社会环境的描绘，小说可以表达出作者对于社会问题和现实矛盾的关注和思考，也可以展现出人物在社会环境中的挣扎和抉择，从而突出小说的主题和思想，传达出作者的情感和价值。

例如，小说《边城》的开篇就详尽地描绘了主角翠翠所生活村落的具体情况：

由四川过湖南去，靠东有一条官路。这官路将近湘西边境到了一个地方名为"茶峒"的小山城时，有一小溪，溪边有座白色小塔，塔下住了一户单独的人家。这人家只一个老人，一个女孩子，一只黄狗。

小溪流下去，绕山岨流，约三里便汇入茶峒的大河。人若过溪越小山走去，则只一里路就到了茶峒城边。溪流如弓背，山路如弓弦，故远近有了小小差异。小溪宽约二十丈，河床为大片石头作成。静静的水即或深到一篙不能落底，却依然清澈透明，河中游鱼来去皆可以计数。小溪既为川湘来往孔道水常有涨落，限于财力不能搭桥，就安排了一只方头渡船。这渡船一次连人带马，约可以载二十位搭客过河，人数多时则反复来去。渡船头竖了一枝小小竹竿，挂着一个可以活动的铁环，溪岸两端水槽牵了一段废缆，有人过渡时，把铁环挂在废缆上，船上人就引手攀缘那条缆索，慢慢的牵船过对岸去。船将拢岸了，管理这渡船的，一面口中嚷着"慢点慢点"，自己霍的跃上了岸，拉着铁环，于是人货牛马全上了岸，翻过小山不见了。渡头为公家所有，故过渡人不必出钱。有人心中不安，抓了一把钱掷到船板上时，管渡船的必为一一拾起，依然塞到那人手心里去，俨然吵嘴时的认真神气："我有了口量，三斗米，七百钱，够了。谁要这个！"[①]

作者沈从文对当地的远离现代文明的自然村落风光进行了详尽的描绘，这种世外桃源般的环境解释了翠翠及其他登场人物淳朴善良天性的根源，让读者更能理解作品中各个人物的行为动机，同时作家细腻隽永的文笔也给读者带来了别样的审美体验。

小说这三个方面的基本特征互相联系，缺少其中任何一个元素，小说都无法成立：刻画人物必须借助于情节的充分展开，情节的发展必须由人物推动，而详尽环境描写则给人物活动、情节展开创造了具体的背景。这三者相辅相成，共同构成了小说世界。

四、小说的写作技巧

小说是一种文学体裁，它通过塑造鲜活的人物形象，编织完整的故事情节，描绘逼真的环境背景，表达深刻的主题思想，展示巧妙的创意想象，来反映和审视社会生活。因此，我们在欣赏小说时，应该从以下几个方面进行分析和评价：

（一）人物塑造

人物是小说的灵魂，也是作者的思想感情的载体。为了揭示人物的性格特征、思想倾向、价值取向等，我们应从多方面入手。

首先，要注重观察人物的外貌特征，这不仅包括外表形象，还涉及言行举止、穿着打扮等方面。这些细节能够反映出人物的个性和生活习惯，进一步推测其内心世界。其次，要关注人物的语言行为。通过人物之间的对话和交流，我们可以了解到他们的性格特点、身份地位以及彼此间的关系。而人物的行为则能反映出他们的价值观和道德观念，帮助我们全面了解他们。最后，要把握人物的心理活动。通过描写人物的内心独白、情感变化等，读者可以更深入地了解他们的想法和动机，进一步理解其行为背后的原因。同时，我们也要注意到人物与其他人物和环境的关系，这有助于我们理解人物性格形成的原因和背景。

不同类型小说中的人物也有不同的刻画方式，比如典型人物、类型人物、象征人物等。典型人物通常具有普遍性，代表了一定社会群体的共同特征。类型人物则更加注重某个性格特点的表现，常用于塑造性格单一突出、较脸谱化的形象。而象征人物则通过具体的形象来象征某种观念或情感，具有更强的抽象性和寓意性。

此外，我们还要注意作者对人物的态度和评价。作者可能会通过描写人物的成长历程、悲欢离合来展现其情感倾向和价值判断。

（二）情节构成

情节是小说的骨架，也是作者的思想意图的表现。在把握情节的发展过程和内在逻辑时，我们要关注情节的主线和副线、明线和暗线等。主线通常是指故事发展的主要线索，而副线则是围绕主线展开的次要情节。明线则是直接展现故事情节的发展过程，而暗线则是隐藏在情节背后的线索，需要读者进行推理和猜测。同时，情节中所包含的矛盾冲突和高潮转折等要素也是我们需要关注的重点。矛盾冲突能够推动情节发展，使故

① 沈从文. 边城［M］. 武汉：武汉出版社，2013.

事更加曲折有趣。而高潮转折则是整个情节中最具吸引力和紧张感的部分，能够让读者产生强烈的情感共鸣。

在区分不同类型的小说中情节的不同特点时，我们应关注悬疑小说、历史小说、科幻小说等。

悬疑小说通常以解开谜团为主线，通过设置悬念和反转来吸引读者。历史小说则注重对历史事件的描写和还原，让读者了解历史背景和人物故事。科幻小说则以想象力和科学为基础，探索未来世界和未知领域。此外，我们还要注意作者对情节的安排和处理。作者可能会通过倒叙、插叙等叙事手法来打破线性叙事结构，使情节更加丰富多样。

（三）环境描绘

环境是小说的背景，也是作者的思想视野的反映。在观察环境的地理位置、历史时代、社会风貌、自然景观等方面时，我们要注意环境与人物和情节的关联和影响。环境的地理位置和社会风貌能够反映出故事发生的时间和地点，帮助读者建立背景印象。而自然景观则可以起到烘托气氛、增强情感体验的作用。同时，我们还要关注环境的历史时代背景对故事情节的影响，以及环境中所包含的文化内涵和教育意义等。

而在现实主义小说、魔幻现实主义小说、寓言小说等不同类型的小说中，环境描写的作用也有所不同。例如，现实主义小说中的环境通常是对现实世界的写照，具有较高的真实感和可信度。魔幻现实主义小说中的环境则是现实与幻想的结合体，呈现出神秘、奇幻的氛围。寓言小说中的环境则具有象征意义，比如以动物形象来展现人类社会的种种现象等。

（四）主题思想

主题是小说的灵魂，也是作者的思想立场和价值判断。在把握主题在小说中的表现形式和表达方式时，要厘清主题与人物、情节、环境等要素之间的关系和作用。

主题通常贯穿整个故事情节，是作者所关注和思考的核心问题。通过分析主题的表现形式和表达方式，我们可以理解故事背后的深层含义和社会问题。此外，主题所反映出来的社会问题和现实矛盾通常展现了作者所关注和思考的现实问题以及对哲学命题的追问。

不同类型和风格的小说中的主题所具有的不同特点和意义。比如，批判现实主义小说通常以揭露社会弊端为重点，通过对社会现象的描写和分析来反映现实问题。浪漫主义小说则更注重个性的表现和情感的抒发，追求理想主义和人性的自由与解放。先锋派小说则更加关注形式和技巧的创新，试图通过实验性的文学手法来拓展文学的表现领域和审美边界。

（五）创意想象

创意想象是文学创作中不可或缺的一部分，尤其是小说这种文学形式。创意想象不仅体现在作者的构思和情节设计上，还体现在作者运用各种文学技巧和手法上。在欣赏小说时，我们应该注重感受作者展示出来的新颖独特的构思和想象，如他们在情节安排、人物塑造、环境描写等方面所运用的技巧和手法。这些创意想象不仅使小说具有更强的艺术感染力和审美价值，还能够拓宽读者的视野，让读者领略到不同的文学风格和特色。

在不同类型和流派的小说中，创意所表现出来的特色和风格也有所不同。例如，现代派小说注重表现人物的内心世界和精神状态，强调象征主义和意识流等手法；后现代派小说则注重解构和颠覆传统叙事手法，追求更加多元化和开放性的故事情节；新小说派则注重运用不同的叙述方式和表现手法，追求更加真实和生动的文学效果。这些不同的创意和实践不仅展示了作者对文学的追求和创新精神，也丰富了小说的表现力和艺术风格。

总之，创意想象是小说的生命力和灵魂，是作者的思想创造力和艺术才华的体现。在欣赏小说的过程中，我们应该注重感受作者所展示出来的新颖独特的构思和想象，以及其所运用的各种文学技巧和手法，来领略不同类型和流派小说的艺术魅力和审美价值。同时，我们也应该注意区分不同类型和流派的小说中创意所表现出来的不同特色和风格，以及作者对创意的追求和实践。

总之，阅读和欣赏小说，应当根据小说的审美特点把握故事情节，分析人物形象，品味环境描写的作用。此外，还要把握不同作家的语言风格和特殊表现手法，最大限度地提高审美能力，以求在享受阅读愉悦的同时，在提高审美能力、道德情操等方面也能获得最大的收益。

第二节　中国小说的起源与发展

"小说"一词最早出现在《庄子·外物》中，原指与道术无关的琐碎言论。自《汉书·艺文志》提出"小说源于稗官，一般民众在街头巷尾、茶余饭后的谈资和道听途说的产物"这一观点后，古代"小说"的含义是笔记文体，与我们现代的小说含义存在显著的差异。中国古代小说的起源可谓源远流长。

一、古典小说时期

我国传统小说的起源可以追溯到遥远的先秦时期，当时已经出现了一些充满想象力和创造力的神话传说和寓言故事，例如《山海经》和《穆天子传》等。这些作品不仅具有深厚的历史文化底蕴，同时也包含了许多小说的元素，可以说是小说的雏形或滥觞。

进入魏晋南北朝时期，我国的小说开始初步形成，并逐渐发展壮大。这一时期的小说主要有两大类：志怪小说和志人小说。志怪小说主要记载了一些神仙方术、鬼魅妖怪、佛法灵异等故事，这些故事不仅让人们感受到了奇幻和神秘的魅力，同时也反映了当时的社会心态和文化背景。干宝的《搜神记》就是志怪小说的代表作之一，它汇集了许多神仙鬼怪的故事，情节离奇，想象力丰富。

而志人小说则主要记载了一些名士的趣闻轶事，这些故事不仅让人们感受到了名士的风采和魅力，同时也反映了当时的社会风貌和文化氛围。刘义庆的《世说新语》就是志人小说的代表作之一，它汇集了许多名士的言行举止和趣闻轶事，语言简练，生动形象。

这些不同类型的小说是我国文学宝库中不可或缺的一部分，它们不仅具有很高的文学价值，同时也为我们了解和研究当时的社会历史和文化背景提供了宝贵的资料。

唐代是我国文言小说发展成熟的时期，这一时期的文言小说被称为"传奇"。在这一时期，小说得到了极大的发展，首先是这些传奇小说不仅在取材上贴近现实生活，而且细腻生动的描写展现了完整的故事情节和具有代表性的人物形象。更重要的是，这类小说具备了完整的小说世界的三要素：人物、情节和环境，使得读者能够深入地感受到故事的各个层面。唐代传奇小说的题材多种多样，其中最为常见的是爱情类、侠义类、志怪类和历史类。比如，王度的《古镜记》、白行简的《李娃传》、沈既济的《枕中记》等，都是不同题材的代表作。这些作品不仅在当时广受欢迎，在后世也流传甚广，成了中国文学宝库中的璀璨明珠。这些传奇小说不仅展示了唐代社会的风貌，也反映了当时人们的思想感情和审美追求。

宋元时期是我国古代白话小说趋于成熟的阶段，这一时期出现了一种独特的文学形式——话本。话本原是民间说书艺人们讲述故事所用的底本，是随着民间口头文学的发展而兴起的文学形式。在宋元时期，话本已经发展成为一种独立的文学样式，并被广泛应用于社会各阶层。话本可以分为四种类型：小说、说经、讲史（平话）和合生。这些类型的话本各有其特点，但最受欢迎的是小说和讲史。宋代的话本开始直接向短篇白话小说转变，而讲史话本在元代则被称为"平话"，到了元末明初，逐渐发展成为长篇章回小说。

明代是我国古典小说发展的高峰期。在这个时期，出现了许多文人模拟宋元话本创作的白话短篇小说，其中以冯梦龙编纂的"三言"（《喻世明言》《警世通言》《醒世恒言》）和凌濛初的"二拍"（《初刻拍案惊奇》《二刻拍案惊奇》）为代表。这些作品既继承了宋元话本的叙事传统，又有所创新和发展，展现了明代白话小说的独特魅力。

明代也是我国古典长篇章回小说的重要发展阶段。其中，罗贯中的《三国演义》和施耐庵的《水浒传》被视为古典小说的两部巨著。这些作品不仅具有很高的文学价值，而且对后世文学的发展产生了深远的影响。此外，吴承恩的《西游记》也是明代古典小说的代表作品之一，被誉为中国古典文学的"四大名著"之一。这些作品奠定了明代古典小说的基本特征，开创了我国长篇小说创作的先河。

清代是我国文学发展史上一个极为重要的时期，在这一时期古典小说的发展更是达到巅峰。在这个时期，涌现了许多优秀的作家和作品，其中最具代表性的就是曹雪芹的《红楼梦》、吴敬梓的《儒林外史》以及蒲松龄的《聊斋志异》。这三部作品不仅被公认为清代文学的杰作，更是被誉为中国古典小说的巅峰之作。

曹雪芹的《红楼梦》是一部反映封建社会衰败和人性的悲剧作品。它以贾宝玉、林黛玉等人物为主线，通过细腻的笔触和深刻的社会洞察力，揭示了封建社会的种种弊病和人性扭曲的现象。同时，这部小说也具有极高的艺术价值，其情节跌宕起伏，人物形象栩栩如生，语言优美动人，被誉为"千古绝唱"。

吴敬梓的《儒林外史》则是一部以知识分子为主要描写对象的小说，通过一系列生动的故事情节和人物形象，深刻地揭示了封建社会知识分子的心灵困境和社会病态。这部小说在艺术表现上也有很高的成就，其结构巧妙，笔触犀利，语言幽默风趣，是中国文学史上一部不可多得的佳作。

蒲松龄的《聊斋志异》是清代文学家蒲松龄创作的一部文言短篇小说集，同样被誉为古国古典小说的巅峰之作。这部作品以谈狐说鬼的形式，描绘了一系列超自然的故事，这些故事反映了作者对社会现实的深刻批判和对人性的深入探讨。

除了这三部杰作外，清代还有许多其他优秀的古典小说，其中最为著名的就是晚清四大谴责小说：李伯元的《官场现形记》、吴沃尧的《二十年目睹之怪现状》、刘鹗的《老残游记》和金松岑的《孽海花》。这些小说都是针对社会现实和时政进行批判和谴责的作品，它们的出现不仅推动了中国文学的发展，也为中国社会的进步做出了贡献。

二、现代小说时期

20世纪初，陈独秀、胡适、鲁迅等人在新文化运动时期大力提倡白话文运动，1918年，随着鲁迅在《新青年》月刊上发表了我国第一篇白话文小说《狂人日记》后，我国小说的发展正式进入现代小说时期。

（一）民国时期

从1918年到1937年，中国现代小说进入了重要的起步和繁荣阶段。这段时间内，涌现出了一批杰出的短篇小说家，其中最具有代表性的便是鲁迅。鲁迅被誉为中国现代文学的奠基者，同时也是新文化运动的主要领导者。他以"鲁迅"为笔名发表了中国现代文学史上的第一篇采用现代体式创作的白话短篇小说《狂人日记》，从而开创了中国新文学的先河。

他的作品展现了对封建社会的深刻批判，同时也为中国现代小说的独立性和创新性奠定了基础，也对五四运动以后的中国社会思想文化发展产生了重大的影响。同一时期，文学研究社和创造社是两个最具广泛影响力的文学社团，两个社团推动了新文学运动，鼓励青年作家的积极创作，其出版物和活动为当时的中国文学界注入了新的活力。

也是在这一时期，中国的长篇小说创作也开始崭露头角。茅盾、沈从文、巴金等作家创作了一系列优秀的长篇小说，这些作品展现了不同的主题和风格。例如，茅盾的作品关注社会变革与人物命运的关系，而沈从文的作品则更注重描绘自然美与乡土人情。这些作品的出现为中国现代小说的发展拓宽了道路。

1937年至1949年，中国现代小说开始进入成熟期，老舍、张爱玲、钱钟书等众多才华横溢的作家创作出了一批卓越的中长篇小说。这些作品以深入描绘当时社会的变迁和人物的命运为背景，通过生动细致的情节与人物刻画，展现了中国现代小说的崭新面貌。他们的作品关注描绘当时社会现实，深入剖析了当时的时代背景下人性的复杂性和矛盾性，同时也注重人物心理的刻画，通过细腻的心理描写，揭示了人物内心的挣扎和冲突。这些作品的出现，标志着中国现代小说的进一步发展，为后来的文学创作树立了新的标杆。

（二）1949年至今

中华人民共和国成立后，小说的发展进入了一个新的历史时期，分为以下几个阶段：

20世纪50年代后期至20世纪60年代初期，是中国当代小说的第一个繁荣期和丰收期。例如，梁斌的《红旗谱》，罗广斌、杨益言的《红岩》，吴强的《红日》，曲波的《林海雪原》，杨沫的《青春之歌》等。他们以高昂的热情和扎实的文学功底，创作了一大批优秀的长篇巨著。这些作品以真实而生动的笔触，描绘了革命和建设时期的各种人物形象和社会场景，这些作品既有着鲜明的时代特征，又具有深刻的思想内涵，反映了当时的社会现实和人民情感。

"文化大革命"期间，文坛一片沉寂，小说创作也几乎停滞。

1976 年至 1989 年，文学创作复苏，中国文坛又呈现出繁荣的景象。鲁彦周的《天云山传奇》、张一弓的《犯人李铜钟的故事》、周克芹的《许茂和他的女儿们》、古华的《芙蓉镇》、蒋子龙的《乔厂长上任记》都是这一时期的代表作。

20 世纪 80 年代末至 20 世纪 90 年代初，小说创作进入探索、求新的阶段。例如，"意识流小说"的出现打破了传统小说的线性叙事结构，强调人物内心的真实感受和意识流动；"寻根小说"则注重对中国传统文化和民间文化的挖掘和传承，强调文化的本土性和原创性；"新写实小说"则更加注重对现实生活的描写和反映，强调对现实的批判和反思。这些新潮流的出现，使得当时的文学创作更加丰富多样，为后来的文学发展奠定了坚实的基础。

在这些新潮流中，知名作家和优秀作品层出不穷。例如，余华、阿来、苏童、陈忠实、贾平凹、莫言等作家都是当时乃至现今文坛的重要人物。

第三节　互联网时代下的小说

随着我国经济和科技的快速发展，尤其是互联网时代的到来，给文学创作带来了革命性的变化。中国互联网络信息中心（CNNIC）发布的第 52 次《中国互联网络发展状况统计报告》显示，截至 2023 年 6 月，我国网民规模达 10.79 亿人，较 2022 年 12 月增长 1 109 万人，互联网普及率达 76.4%。其中，网络文学用户规模达到 5.37 亿人，达到历史最高水平；较 2022 年 12 月增长了 3 592 万，占网民整体的 49.0%。网络文学的社会影响力持续增强。值得注意的是，在互联网平台，与散文和诗歌相比，小说展现出了极高的适应性和生命力，诞生了网络小说这一全新类型，而网络小说毫无疑问是网络文学的绝对主体。

一、网络小说的定义

首先，网络小说并没有明确的界限，一般而言，它指的是以网络为发布载体的小说作品。从广义上讲，网络小说包括所有在网络上发布的小说作品，如文学网站、论坛和个人博客。从狭义上讲，它特指首次在网络上发表的小说作品。

早期的网络小说和传统出版小说相比并没有明显的特征。例如，新浪网首发的由作家宁肯创作的《蒙面之城》。

《蒙面之城》创作于 2000 年，获得"全球中文网络最佳小说奖"，并且是 2001 年《当代》文学接力赛"的总冠军、2002 年第二届"老舍文学奖"的获奖作品。但由于

《蒙面之城》的主要创作仍然在线下完成，因此它仍属于传统的小说。

直到起点中文网、创世纪中文网、晋江文学城、17K 中文等文学网站的成立，大量基于互联网平台进行创作的小说开始受到网民的关注和阅读，网络小说的定义也逐渐确立：

所谓网络小说，它继承了通俗文学的特征，是基于互联网平台进行创作与发表的，题材以青春、都市、玄幻、同人、悬疑、盗墓、穿越等类型化主题为主，无论长篇短篇，皆有连载特性，作者通常边写边发，注重与读者的交流，会以读者的反馈对作品进行修改。

网络小说通常是以休闲娱乐的目的为主，重视情节编排的曲折离奇和引人入胜，强调人物形象的传奇性和超凡脱俗，虽然较少着力于深层社会思想意义和审美价值的挖掘，但其有着巨大的商业潜力和社会影响。

二、网络小说的发展历程

网络小说从起源到发展再到变化，经历了二十多年的历程，已经成为一个庞大而活跃的文化现象，而其发展主要经历了以下三个阶段：

（一）2002 年之前，纯文学分享时代

一般认为，1998 年由于中国台湾作家痞子蔡创作的小说《第一次亲密接触》发表，因此这一年被视为中文网络小说的开端之年，该作品虽然具有一定的文学性，但显然并不属于主流严肃小说的范畴，而更倾向于一种通俗小说，体现了典型通俗小说在言情小说领域的特征。

《第一次亲密接触》在市场大受欢迎后，网络文学开始逐渐发展。这一时期的网络小说主要包括两种类型：

其一是在当时广受欢迎的网络言情小说，这类作品的代表作家包括安妮宝贝、李寻欢、慕容雪村等，其中的代表作包括《告别薇安》《迷失在网络和现实中的爱情》《成都，今夜请将我遗忘》。这些网络言情小说主要以其情节要素中包含"网络"这一特定元素为特点，因此，它们主要围绕网络人物和网络事件展开故事情节，其主要读者群体是当时数量相对有限的网民。

其次是幻想类作品。这类作品可进一步分为三个子类别：西方式幻想作品、日本式幻想作品及本土幻想作品。在中文网络中，《风姿物语》《悟空传》《此间的少年》和《沙僧日记》等作品均是这一时期幻想类作品的典型代表。这些作品多数以模仿和再创造的手法，借鉴了当时更为成熟的西方国家的电影、小说、漫画、动画及游戏等艺术形式。然而，这些作品的艺术性和原创性并不显著，同时亦未能充分展现出具有明显中文幻想特色的元素。

总的来说，这一时期的网络通俗小说主要通过各大网络论坛以免费形式发布以吸引读者关注。随后，这些作品通常会寻求出版以获取收益。网络既是这些作品的发布平台，也是免费的传播媒介，免费分享是该时代最大的特点。而从艺术角度来看，这一时期的网络小说尚未形成显著的特点，仍然处于起步阶段。

（二）2002 年到 2010 年，商业化运营带来爆发性发展

2002 年 5 月，起点中文网成立，该网站创新了网络小说的商业模式，网站通过付

费订阅模式来给创作者分成，同时还有 VIP 运营制度，月票评选和打赏制度。

起点的这种商业模式使网文创作者们在网络上就可以得到足够的利益而不必寻求出名后再线下出版，从而形成一种独特的创作生态。在这个时期，诞生了大量的类型化小说，同时会在传统类型的基础上进行细分和组合，如玄幻修真类的《诛仙》《凡人修仙传》，历史重生类的《庆余年》《回到明朝当王爷》，悬疑盗墓类的《鬼吹灯》，这些作品都以传奇性的主人公和曲折离奇的情节收获了大量的阅读。

这一时期，平台的商业化运营真正让通俗小说在网络上生存下来并得到了巨大的发展，可以说 2002 年到 2010 年是网络小说的井喷时期，这一时期不仅出现了大量优秀的作品，同时也开创了很多全新的网络小说类型，很多网络小说在娱乐的基础上也兼具较高的思想内涵，这些作品对后来的网络小说创作带来了深远的影响。

（三）2010 年至今，智能手机让网络小说成为大众娱乐文学

2010 年前后，随着智能手机的普及与发展，网络文学也从桌面互联网步入移动互联网时代。由于互联网使用形式更加便捷，网络通俗小说的读者也从特殊的网民群体过渡到了实际上的全民阅读，这一背景也使得网络小说进一步增强了通俗性，更加注重娱乐性，商业化程度继续加深。同时，写作更加高度类型化，同时为了适应手机阅读模式，现在的网络小说在表达上更多地以短句为主，语言风格也更加口语化，并大量使用网络流行语。

这一时期，因网络小说的极其丰富的类型、更通俗化的故事情节，IP 改编也迎来高潮，《琅琊榜》《择天记》《全职高手》等优质作品纷纷被改编成影视剧或动漫，并大受欢迎。产业链更加丰富，而网络小说也正式从小圈子亚文化走向了受众更加广泛的大众娱乐文学，同时网络小说的专职作家也逐渐受到传统文学领域的认可。

三、互联网小说的特征

因独特创作模式、创作平台以及评价体系，网络小说的特征有别于传统小说，其特征主要有以下三点：

（一）创作主体平民化

网络小说是普通网民创作出来的，所以有着平民化的特征，创作者在网络平台"零成本"发表作品的模式使文学走下了高高在上的"神坛"，变成了群众可以直接参与的创作活动和娱乐活动。据中国社会科学院文学研究所发布的《2022 中国网络文学发展研究报告》，我国的网络文学的创作者达到了 2 278 万人，其中大部分创作者并不是专业作家，而是由现实生活各行各业的文学爱好者组成的。

（二）创作内容自由化

网络文学网站并不会对网络作品的文字进行逐字逐句的严格审核，各类题材也不受限制，这使得创作者可以更加自由地进行创作，同时在遵循传统小说"起、承、转、合"的基础上，网络小说创作者也大胆进行修辞和结构上的探索。例如，以聊天记录的形式来展开故事；通过符号的使用来表达情感；大量设置情节反转，将故事最吸引人的部分前置，等等。

这种自由化的表达一方面是因为大部分创作者并未接受过专业的写作训练或具备较

高的文学素养；另一方面则是由互联网这一独特媒介的传播特点导致的。

（三）创作动机商业化

网络小说主要以会员付费订阅模式为主，虽然没有了编辑的审核，但想要吸引更多的读者，那在作品创作之前就要考虑读者的喜好，并且要在创作的过程中随时关注读者的反馈。

另外，网络小说这种特殊的商业模式，要求作品必须不断更新和增加字数，以获得更多收益；同时，为了确保读者不会因为作品无法及时更新而取消订阅，创作者必须快速更新；为了使作品获得成功，必须在体裁和情节上不断创新以吸引更多的读者；如果考虑到将作品改编为影视剧、动漫、游戏等其他形式，创作者必须注意在体裁和情节设计上更加适合改编。

这样必然就会让作品的类型多样化，内容娱乐化。但值得注意的是，类型上的多样化和内容上的娱乐化并不是绝对负面的事物。在一定程度上，它们可以帮助文学作品和影视作品吸引更多的读者和观众，提高了作品的流行程度。然而，如果过度强调类型化和娱乐性，忽略了文学性和思想深度，那么这些作品很可能会变得空洞和肤浅，无法真正给读者和观众带来持久的思考和感受。因此，创作者需要谨慎权衡类型化多样化和内容娱乐化与文学性和深度之间的关系，才能创作出真正意义上的优秀作品。

第四节　作品选读

《红楼梦》第三十三回：手足眈眈小动唇舌 不肖种种大承笞挞（节选）

［清］曹雪芹

却说王夫人唤他母亲上来，拿几件簪环当面赏与，又吩咐请几众僧人念经超度。他母亲磕头谢了出去。

原来宝玉会过雨村回来听见了，便知金钏儿含羞赌气自尽，心中早已五内摧伤，进来被王夫人数落教训，也无可回说。见宝钗进来，方得便出来，茫然不知何往，背着手，低头一面感叹，一面慢慢的走着，信步来至厅上。刚转过屏门，不想对面来了一人正往里走，可巧儿撞了个满怀。只听那人喝了一声"站住！"宝玉唬了一跳，抬头一看，不是别人，却是他父亲，不觉的倒抽了一口气，只得垂手一旁站了。贾政道："好端端的，你垂头丧气嗐些什么？方才雨村来了要见你，叫你那半天你才出来，既出来了，全无一点慷慨挥洒谈吐，仍是葳葳蕤蕤。我看你脸上一团思欲愁闷气色，这会子又唉声叹气。你那些还不足，还不自在？无故这样，却是为何？"宝玉素日虽是口角伶俐，只是此时一心总为金钏儿感伤，恨不得此时也身亡命殒，跟了金钏儿去。如今见了他父亲说这些话，究竟不曾听见，只是怔呵呵的站着。

贾政见他惶悚，应对不似往日，原本无气的，这一来倒生了三分气。方欲说话，忽有回事人来回："忠顺亲王府里有人来，要见老爷。"贾政听了，心下疑惑，暗暗思忖道："素日并不和忠顺府来往，为什么今日打发人来？"一面想一面令"快请"，急走出来看时，却是忠顺府长史官[1]，忙接进厅上坐了献茶。未及叙谈，那长史官先就说道：

"下官此来，并非擅造潭府[2]，皆因奉王命而来，有一件事相求。看王爷面上，敢烦老大人作主，不但王爷知情，且连下官辈亦感谢不尽。"贾政听了这话，抓不住头脑，忙陪笑起身问道："大人既奉王命而来，不知有何见谕，望大人宣明，学生好遵谕承办。"那长史官便冷笑道："也不必承办，只用大人一句话就完了。我们府里有一个做小旦的琪官，一向好好在府里，如今竟三五日不见回去，各处去找，又摸不着他的道路，因此各处访察。这一城内，十停人倒有八停人都说，他近日和衔玉的那位令郎相与甚厚。下官辈等听了，尊府不比别家，可以擅入索取，因此启明王爷。王爷亦云：'若是别的戏子呢，一百个也罢了，只是这琪官随机应答，谨慎老诚，甚合我老人家的心，竟断断少不得此人。'故此求老大人转谕令郎，请将琪官放回，一则可慰王爷谆谆奉恳，二则下官辈也可免操劳求觅之苦。"说毕，忙打一躬。

贾政听了这话，又惊又气，即命唤宝玉来。宝玉也不知是何原故，忙赶来时，贾政便问："该死的奴才！你在家不读书也罢了，怎么又做出这些无法无天的事来！那琪官现是忠顺王爷驾前承奉的人，你是何等草芥，无故引逗他出来，如今祸及于我。"宝玉听了唬了一跳，忙回道："实在不知此事。究竟连'琪官'两个字不知为何物，岂更又加'引逗'二字！"说着便哭了。贾政未及开言，只见那长史官冷笑道："公子也不必掩饰。或隐藏在家，或知其下落，早说了出来，我们也少受些辛苦，岂不念公子之德？"宝玉连说不知，"恐是讹传，也未见得。"那长史官冷笑道："现有据证，何必还赖？必定当着老大人说了出来，公子岂不吃亏？既云不知此人，那红汗巾子怎么到了公子腰里？"宝玉听了这话，不觉轰去魂魄，目瞪口呆，心下自思："这话他如何得知！他既连这样机密事都知道了，大约别的瞒他不过，不如打发他去了，免的再说出别的事来。"因说道："大人既知他的底细，如何连他置买房舍这样大事倒不晓得了？听得说他如今在东郊离城二十里有个什么紫檀堡，他在那里置了几亩田地几间房舍。想是在那里也未可知。"那长史官听了，笑道："这样说，一定是在那里。我且去找一回，若有了便罢，若没有，还要来请教。"说着，便忙忙的走了。

贾政此时气的目瞪口歪，一面送那长史官，一面回头命宝玉"不许动！回来有话问你！"一直送那官员去了。才回身，忽见贾环带着几个小厮一阵乱跑。贾政喝令小厮"快打，快打！"贾环见了他父亲，唬的骨软筋酥，忙低头站住。贾政便问："你跑什么？带着你的那些人都不管你，不知往那里逛去，由你野马一般！"喝令叫跟上学的人来。贾环见他父亲盛怒，便乘机说道："方才原不曾跑，只因从那井边一过，那井里淹死了一个丫头，我看见人头这样大，身子这样粗，泡的实在可怕，所以才赶着跑了过来。"贾政听了惊疑，问道："好端端的，谁去跳井？我家从无这样事情，自祖宗以来，皆是宽柔以待下人。大约我近年于家务疏懒，自然执事人操克夺之权，致使生出这暴殄轻生的祸患。若外人知道，祖宗颜面何在！"喝令快叫贾琏，赖大，来兴。小厮们答应了一声，方欲叫去，贾环忙上前拉住贾政的袍襟，贴膝跪下道："父亲不用生气。此事除太太房里的人，别人一点也不知道。我听见我母亲说……"说到这里，便回头四顾一看。贾政知意，将眼一看众小厮，小厮们明白，都往两边后面退去。贾环便悄悄说道："我母亲告诉我说，宝玉哥哥前日在太太屋里，拉着太太的丫头金钏儿强奸不遂，打了一顿。那金钏儿便赌气投井死了。"话未说完，把个贾政气的面如金纸，大喝"快拿宝玉来！"一面说一面便往里边书房里去，喝令"今日再有人劝我，我把这冠带家私一应交与他与宝玉过去！我免不得做个罪人，把这几根烦恼鬓毛剃去，寻个干净去处自了[3]，也免得上辱先人下生逆子之罪。"众门客仆从见贾政这个形景，便知又是为宝玉了，一个个都是咂指咬舌，连忙退出。那贾政喘吁吁直挺挺坐在椅子上，满面泪痕，一叠声"拿宝玉！拿大棍！拿索子捆上！把各门都关上！有人传信往里头去，立刻打死！"众小厮们只得齐声答应，有几个来找宝玉。

那宝玉听见贾政吩咐他"不许动"，早知多凶少吉，那里承望贾环又添了许多的话。正在厅上干转，怎得个人来往里头去捎信，偏生没个人，连焙茗也不知在那里。正盼望时，只见一个老姆姆出来。宝玉如得了珍宝，便赶上来拉他，说道："快进去告诉：老爷要打我呢！快去，快去！要紧，要紧！"宝玉一则急了，说话不明白，二则老婆子偏生又聋，竟不曾听见是什么话，把"要紧"二字只听作"跳井"二字，便笑道："跳井让他跳去，二爷怕什么？"宝玉见是个聋子，便着急道："你出去叫我的小厮来罢。"那婆子道："有什么不了的事？老早的完了。太太又赏了衣服，又赏了银子，怎么不了事的！"

宝玉急的跺脚，正没抓寻处，只见贾政的小厮走来，逼着他出去了。贾政一见，眼都红紫了，也不暇问他在外流荡优伶，表赠私物，在家荒疏学业，淫辱母婢等语，只喝令"堵起嘴来，着实打死！"小厮们不敢违拗，只得将宝玉按在凳上，举起大板打了十来下。贾政犹嫌打轻了，一脚踢开掌板的，自己夺过来，咬着牙狠命盖了三四十下。众门客见打的不祥了，忙上前夺劝。贾政那里肯听，说道："你们问问他干的勾当可饶不可饶！素日皆是你们这些人把他酿坏了，到这步田地还来解劝。明日酿到他弑君杀父，你们才不劝不成！"

众人听这话不好听，知道气急了，忙又退出，只得觅人进去给信。王夫人不敢先回贾母，只得忙穿衣出来，也不顾有人没人，忙忙赶往书房中来，慌得众门客小厮等避之不及。王夫人一进房来，贾政更如火上浇油一般，那板子越发下去得又狠又快。按宝玉的两个小厮忙松了手走开，宝玉早已动弹不得了。贾政还欲打时，早被王夫人抱住板子。贾政道："罢了，罢了！今日必定要气死我才罢！"王夫人哭道："宝玉虽然该打，老爷也要自重。况且炎天暑日的，老太太身上也不大好，打死宝玉事小，倘或老太太一时不自在了，岂不事大！"贾政冷笑道："倒休提这话。我养了这不肖的孽障，已不孝，教训他一番，又有众人护持，不如趁今日一发勒死了，以绝将来之患！"说着，便要绳索来勒死。王夫人连忙抱住哭道："老爷虽然应当管教儿子，也要看夫妻分上。我如今已将五十岁的人，只有这个孽障，必定苦苦地以他为法，我也不敢深劝。今日越发要他死，岂不是有意绝我。既要勒死他，快拿绳子来先勒死我，再勒死他。我们娘儿们不敢含怨，到底在阴司里得个依靠。"说毕，爬在宝玉身上大哭起来。贾政听了此话，不觉长叹一声，向椅上坐了，泪如雨下。王夫人抱着宝玉，只见他面白气弱，底下穿着一条绿纱小衣皆是血渍，禁不住解下汗巾看，由臀至胫，或青或紫，或整或破，竟无一点好处，不觉失声大哭起来，"苦命的儿吓！"因哭出"苦命儿"来，忽又想起贾珠来，便叫着贾珠哭道："若有你活着，便死一百个我也不管了。"此时里面的人闻得王夫人出来，那李宫裁王熙凤与迎春姊妹早已出来了。王夫人哭着贾珠的名字，别人还可，唯有宫裁禁不住也放声哭了。贾政听了，那泪珠更似滚瓜一般滚了下来。

正没开交处，忽听丫鬟来说："老太太来了。"一句话未了，只听窗外颤巍巍的声气说道："先打死我，再打死他，岂不干净了！"贾政见他母亲来了，又急又痛，连忙迎接出来，只见贾母扶着丫头，喘吁吁的走来。贾政上前躬身陪笑道："大暑热天，母亲有何生气亲自走来？有话只该叫了儿子进去吩咐。"贾母听说，便止住步喘息一回，厉声说道："你原来是和我说话！我倒有话吩咐，只是可怜我一生没养个好儿子，却教我和谁说去！"贾政听这话不像，忙跪下含泪说道："为儿的教训儿子，也为的是光宗耀祖。母亲这话，我做儿的如何禁得起？"贾母听说，便啐了一口，说道："我说一句话，你就禁不起，你那样下死手的板子，难道宝玉就禁得起了？你说教训儿子是光宗耀祖，当初你父亲怎么教训你来！"说着，不觉就滚下泪来。贾政又陪笑道："母亲也不必伤感，皆是作儿的一时性起，从此以后再不打他了。"贾母便冷笑道："你也不必和我使性子赌气的。你的儿子，我也不该管你打不打。我猜着你也厌烦我们娘儿们。不如我们赶早儿离了你，大家干净！"说着便令人去看轿马，"我和你太太宝玉立刻回南京去！"家下人只得干答应着。贾母又叫王夫人道："你也不必哭了。如今宝玉年纪小，你疼他，他将来长大成人，为官作宰的，也未必想着你是他母亲了。你如今倒不要疼他，只怕将来还少生一口气呢。"贾政听说，忙叩头哭道："母亲如此说，贾政无立足之地。"贾母冷笑道："你分明使我无立足之地，你反说起你来！只是我们回去了，你心里干净，看有谁来许你打。"一面说，一面只令快打点行李车轿回去。贾政苦苦叩求认罪。

贾母一面说话，一面又记挂宝玉，忙进来看时，只见今日这顿打不比往日，又是心疼，又是生气，也抱着哭个不了。王夫人与凤姐等解劝了一会，方渐渐的止住。早有丫鬟媳妇等上来，要搀宝玉，凤姐便骂道："糊涂东西，也不睁开眼瞧瞧！打的这么个样儿，还要搀着走！还不快进去把那藤屉子春凳抬出来呢。"众人听说连忙进去，果然抬出春凳来，将宝玉抬放凳上，随着贾母王夫人等进去，送至贾母房中。

彼时贾政见贾母气未全消，不敢自便，也跟了进去。看看宝玉，果然打重了。再看看王夫人，"儿"一声，"肉"一声，"你替珠儿早死了，留着珠儿，免你父亲生气，我也不白操这半世的心了。这会子你倘或有个好歹，丢下我，叫我靠那一个！"数落一场，又哭"不争气的儿"。贾政听了，也就灰心，自悔不该下毒手打到如此地步。先劝贾母，贾母含泪说道："你不出去，还在这里做什么！难道于心不足，还要眼看着他死了才去不成！"贾政听说，方退了出来。

此时薛姨妈同宝钗，香菱，袭人，史湘云也都在这里。袭人满心委屈，只不好十分使出来，见众人围着，灌水的灌水，打扇的打扇，自己插不下手去，便越性走出来到二门前，令小厮们找了焙茗来细问："方才好端端的，为什么打起来？你也不早来透个信儿！"焙茗急的说："偏生我没在跟前，打到半中间我才听见了。忙打听原故，却是为琪官金钏姐姐的事。"袭人道："老爷怎么得知道的？"焙茗道："那琪官的事，多半是薛大爷素日吃醋，没法儿出气，不知在外头唆挑了谁来，在老爷跟前下的火。那金钏儿的事是三爷说的，我也是听见老爷的人说的。"袭人听了这两件事都对景，心中也就信了八九分。然后回来，只见众人都替宝玉疗治。调停完备，贾母令"好生抬到他房内去"。众人答应，七手八脚，忙把宝玉送入怡红院内自己床上卧好。又乱了半日，众人渐渐散去，袭人方进前来经心服侍，问他端的。且听下回分解。

【注释】：

[1] 长史官：管王府内事务的官吏。

[2] 潭府：深宅大院，常用作对别人住宅的尊称。

[3] 自了：此处意为出家当和尚。

【作品简介】

《红楼梦》是中国传统文学的璀璨瑰宝，在全球文学舞台上占据着举足轻重的地位。该作品由清朝作家曹雪芹创作，前八十回为他的原创作品。至于后四十回的作者，存在一定的争议，尽管普遍认为由另一位无名人士续写，但确切的作者身份仍有待探讨。最终，这部伟大的文学作品经过程伟元和高鹗的整理，得以流传至今，仍旧闪耀着它独特的光芒。

《红楼梦》以贾、史、王、薛四大家族的兴衰为背景，以贾宝玉和林黛玉的爱情悲剧为主线，描绘了 18 世纪中国封建社会的方方面面，以及封建专制制度下新兴资本主义民主思想的萌动。《红楼梦》结构宏大、情节委婉、细节精致，人物形象栩栩如生，声口毕现，堪称中国古典小说的巅峰。

《红楼梦》也是一部百科全书式的长篇小说，涉及了历史、政治、经济、文化、哲学、宗教、艺术等多个领域，展现了中国传统文化的魅力。

"真事隐去，假语存焉"的写作手法给后世读者带来了极大的想象空间，使得人们对这部作品产生了各种不同的解读和猜测。自 20 世纪以来，《红楼梦》以其深厚的思想内涵和卓越的艺术表现，引发了学术界的广泛关注，并形成了以它为研究对象的专门学科——红学。

《水浒传》第四十九回：吴学究双掌连环计 宋公明三打祝家庄（节选）

[明] 施耐庵

话说当时军师吴用启烦戴宗道："贤弟可与我回山寨去取铁面孔目裴宣，圣手书生萧让，通臂猿候健，玉臂匠金大监。可教此四人带了如此行头连夜下山来。我自有用他处。"

戴宗去了。只见寨外军士来报："西村扈家庄上扈成，牵牛担酒，特来求见。"宋江叫请进来。扈成来到中军帐前，再拜恳告道："小妹一时卤莽，年幼不省人事。误犯威颜；今者被擒，望乞将军宽恕。奈缘小妹原许祝家庄上。前者不合奋一时之勇，陷于缧绁。如蒙将军饶放，但用之物，当依命拜奉。"宋江道："且请坐说话。祝家庄那厮好生无礼，平白欺负俺山寨，因此行兵报雠，须与你扈家无冤。只是令妹引人捉了我王矮虎，因此还礼。拿了令妹。你把王矮虎回放还我，我便把令妹还你。"扈成答道："不期已被祝家庄拿了这个好汉去。"吴学究便道："我这王矮虎今在何处？"宋江道："你不去取得王矮虎来还我，如何能勾得你令妹回去！"吴学究道："兄长休如此说。只依小生而言：今后早晚祝家庄上但有些响亮，你的庄上切不可令人来救护；倘或祝家庄上有人投奔你处。你可就缚在彼。若是捉下得人时，那时送还令妹到贵庄。只是如今不在本寨，前日已使人送在山寨，奉养在宋太公处。你且放心回去。我这里自有个道理。"扈成道："今番断然不去救应他。若是他庄上果有人来投我时，定缚来奉献将军麾下。"宋江道："你若是如此，便强似送我金帛。"扈成拜谢了去。

且说孙立便把旗号上改换作"登州兵马提辖孙立，"领了一行人马，都来到祝家庄后门前。庄上墙里，望见是登州旗号，报入庄里去。栾廷玉听得是登州孙提辖到来相望，说与祝氏三杰道："这孙提辖是我弟兄，自幼与他同师学艺。今日不知如何此？"带了二十余人马，开了庄门，放下吊桥，出来迎接。孙立一行人都下了马。众人讲礼已罢，栾廷玉问道："贤弟在登州守把，如何到此？"孙立答道："总兵府行下文书，对掉我来此间郓州守把城池，堤防梁山泊强寇；便道经过，闻觅村里，从小路问到村后，入来拜望仁兄。"栾廷玉道："便是这几时连日与梁山泊强寇杀，已拿得他几个头领在庄里了。只要捉了宋江贼首，一并解官。天幸今得贤弟来此间镇守。"栾廷玉大喜，当下都引一行人进庄里来，再拽起了吊桥，关上了庄门。孙立一行人安顿车仗人马，更换衣裳，都在前厅来相见祝朝奉，与祝龙、祝虎、祝彪三杰都相见了。一家儿都在厅前相接。栾廷玉引孙立等上到厅上相见。讲礼已罢，便对祝朝奉说道："我这个贤弟孙立，绰号病尉迟，任登州兵马提辖。今奉总兵府对调他来镇守此间郓州。"祝朝奉道："老夫亦是治下。"孙立道："卑小之职，何足道哉？早晚也望朝奉提携指教。"祝氏三杰相请众位尊坐。

孙立动问道："连日相杀，征阵劳神？"祝龙答道："也未见胜败。众位尊兄鞍马劳神不易。"孙立便叫顾大嫂引了乐大娘子叔伯姆去后堂拜见宅眷；唤过孙新、解珍、解宝参见了，说道："这三个是我兄弟。"

指着乐和便道："这位是此间郓州差来取的公吏。"指着邹渊、邹闰道："这两个是登州送来的军官。"祝朝奉并三子虽是聪明，见他又有老小并许多行李车仗人马，又是栾廷玉教师的兄弟，那里有疑心？只顾杀牛宰马做筵席管待众人饮酒。过了一两日，到第三日，庄兵报道："宋江又调军马杀奔庄上来了！"祝彪道："我自去上马拿此贼！"便出庄门，放下吊桥，引一百余骑马军杀将出来。早迎见一彪军马，约有五百来人。当先拥出那个头领，弯弓插箭拍马轮，乃是小李广花荣。祝彪见了，跃马挺，向前来斗。花荣也纵马来战祝彪。两个在旁曾见得的，说道："将军休要去赶，恐防暗器。此人深好弓箭。"祝彪听罢，便勒转马来不赶，领回人马，投庄上来，拽起吊桥；看花荣时，已引马回了。祝彪直到厅前下马，进后堂来饮酒。孙立问道："小将军今日拿得甚贼？"祝彪道："这厮们夥里有个甚么小李广花荣，枪法好生了得。斗了五十余合，那厮却走了。我待要赶去追他，军人们道：'那好弓箭'，因此各自收兵回来。"孙立道："来日看小弟不才，拿他几个。"当日席上叫乐和唱曲，众人皆喜。

至晚席散，又歇了一夜。到第四日午牌，忽有庄兵报道："宋江军马又来庄前了！"堂下祝龙、祝虎、祝彪三子都披挂了，出到庄前门外。远远地听得鸣锣擂鼓，呐喊摇旗，对面早摆下阵势。这里祝朝奉坐在庄门上，左旁栾廷玉，右边孙提辖；祝家三杰并孙立带来的许多人马，都摆在门边。早见宋江阵上豹子林冲高声叫骂。祝龙焦躁，喝叫放下吊桥，绰枪上马，引一二百人马，大喊一声，直奔林冲阵上。庄门下擂起鼓来，两边各把弓弩射住阵。林冲挺起丈八蛇矛，和祝龙交战。连斗到三十余合，不分胜败。两边鸣锣，各回了马。祝虎大怒，提刀上马。跑到阵前，高声大叫："宋江决战"说言未了，宋江阵上早有一将出马，乃是没遮拦穆弘来战祝虎。两个斗了三十余合，又没胜败。祝彪见了大怒，便飞身上马，带二百余骑，奔到阵前。宋江队里病关索杨雄，一骑马。一条枪，飞抢出来战祝彪，孙立见两队儿在阵前杀，心中忍耐不住，便唤孙新："取我的鞭来！就将我的衣甲头盔袍袄把来披挂了！"牵过自己马来——这骑马，号"乌骓马"，备上鞍子，扣了三条肚带，腕上悬了虎眼钢鞭，绰枪上马。祝家庄上一声锣响，孙立出马在阵前。宋江阵上，林冲，穆弘，杨雄都勒住马立于阵前。孙立早跑马出来，说道："看小可捉这厮们！"孙立把马兜住，喝问道："你那贼兵阵上有好杀的出来与我决战！"宋江阵内鸾铃响处，一骑马跑将出来。众人看时，乃是拚命三郎石秀来战孙立。两马相交，双枪并举。两个斗到五十合，孙立卖个破绽，让石秀一搠入来；虚闪一个过，把石秀轻的从马上捉过来，直挟到庄门撇下，喝道："把来缚了！"祝家三子把宋江军马一搅，都赶散了。三子收军回到门楼下，见了孙立众皆拱手钦伏。孙立便问道："共是捉得几个贼人？"祝朝奉道："起初先捉得一个时迁，次后拿得一个细作杨林，又捉得一个黄信；扈家庄一丈青捉得一个王矮虎；阵上捉得两个：秦明、邓飞，今番将军又捉得一个石秀，这厮正是烧了我店屋的；共是七个了。"孙立道："一个也不要坏他；快做七轮囚车装了，与些饭酒，将养身体，休教饿损了他，不好看。他日拿了宋江，一并解赴东京去，教天下传名，说这个祝家庄三杰！"祝朝奉谢道："多幸得提辖相助。想是这梁山泊当灭了。"邀请孙立到后堂宴。石秀自把囚车装了。

看官听说：石秀的武艺不低似孙立，要赚祝家庄人，故意教孙立捉了，使他庄上人一发信他。孙立又暗暗地使邹渊，邹闰，乐和去后房里把门户都看了出入的路数。杨林邓飞见了邹渊。邹闰心中暗喜。乐和张看得没人，便透个消息与众知了。顾大嫂与乐大娘子在里面，又看了房户出入的门径。至第五日，孙立等众人都在庄上闲行。当日辰牌时候，早饭已后，只见庄兵报道："今日宋江分兵做四路，攻打本庄！"孙立道："分十路待怎地！你手下人且不要慌，早作准备便了。先安排些挠钩套索，须要活捉，拿死的也不算！"庄上人都披挂了。祝朝奉自亲自率引着一班儿上门楼来看时，见正东上一彪人马，当先一个头领，乃是豹子头林冲，背后便是李俊，阮小二；约有五百以上人马。正西上又有五百来人马，当先一个头领乃是小广花荣，随背后是张横、张顺；正南门楼上望时，也有五百来人马，当先三个头领乃是没遮拦穆弘，病关索杨雄，黑旋风李逵；四面都是兵马。战鼓齐鸣，喊声大举。栾廷玉听了道："今日这厮杀，不可轻敌。我引了一队人马出后门杀这正西北上的人马。"祝龙道："我出前门杀这正东上的人马。"祝虎道："我也出后门杀那西南上的人马。"祝彪道："我自出前门捉宋江，是要紧的贼首！"祝朝奉大喜，都赏了酒，各人上马，尽带了三百余骑，奔出庄门。其余的都守庄院门楼前呐喊。

此时邹渊、邹闰已藏了大斧，只守在监门左侧；解珍、解宝藏了暗器，不离后门；孙新，乐和已守定前门左右；顾大嫂先拨军兵保护乐大娘子，自拿了两把双刀在堂前蛰；只听风声便乃下手。

且说祝家庄上擂了三通战鼓，放了一个炮，把前后门都开，放了吊桥，一齐杀将出来。四路军兵出了门，四下里分投去杀。临后孙立带了十数个军兵廿在吊桥上；门里孙新便把原带来的旗号插起在门楼上；乐和便提着直唱将人来；邹渊、邹闰听得乐和唱，便忽哨了几声，轮动大斧，早把守监门的庄兵砍翻了数十个；便开了陷车，放出七只大虫来，各各架上拔了器戒；一声喊起，顾大嫂揸出两把刀，直奔入房里，把应有妇人，一刀一个，尽都杀了。祝朝奉见势头不好了，待要投井时，早被石秀一刀剁翻，割了首级。那十数个好汉分投来杀庄兵。后门头解珍、解宝便去马草堆里放起把火，黑天而起。四路人马见庄上火起，并刀向前。祝虎见庄里火起，先奔回来。孙立守在吊桥上，大喝一声："你那厮那里去！"拦住吊桥。祝虎省得，便拨转马头，再奔宋江阵上来。这里吕方，郭盛两玄迫战举，早把祝虎连人和马搠翻在地；众军乱上，剁做肉泥。前军四散奔走。孙立孙新迎接宋公明入庄。东路祝龙斗林不住，飞马庄后而来；到得吊桥边，见后门头解珍解宝把庄客的尸首一个个撺将下来。

火里，祝龙急回马望北而走，猛然撞着黑旋风，踊身便到，轮动双斧，早砍翻马。祝龙措手不及，倒撞下来，被李逵只一斧，把头劈翻在地。祝彪见庄兵走来报知，不敢回，直望扈家庄投奔，被扈成叫庄客捉了，绑缚下。正解将来见宋江，恰好遇着李逵，只一斧，砍翻祝彪头来，庄客都四散走了。李逵再抢起双斧，便看着扈成砍来。扈成见局面不好，投马落荒而走，弃家逃命，投延安府去了；后来中兴内也做了个军官武将。

且说李逵正杀得手顺，直抢入扈家庄里，把扈太公一门老幼尽数杀了，不留一个；叫小喽罗牵了有的马匹，把庄里一应有的财赋，捎搭有四五十驮，将庄院门一把火烧了，回来献纳。再说宋江已在祝家庄上正厅坐下，众头领都来献功，生擒得四五百人，夺得好马五百余匹，活捉牛羊不计其数。宋江见了，大喜道："只可惜杀了栾廷玉那个好汉！"正嗟叹间，闻人报道："黑旋风烧了扈家庄，砍得头来献纳。"宋江便道："前日扈成已来投降，谁教他杀了此人？如何烧了他庄院？"只见黑旋风一身血污，腰里插着两把板斧，直到宋江面前唱个大喏，说道："祝龙是兄弟杀了；祝彪也是兄弟砍了；扈成那厮走了；扈太公一家都杀得干干净净；兄弟特来请功！"宋江喝道："祝龙曾有人见你杀了，别的怎地是你杀了？"黑旋风道："我砍得手顺，望扈家庄赶去，正撞见一丈青的哥哥解那祝出来，被我一斧砍了；只可惜走了扈成那厮！他家庄上被我杀得一个也没了！"宋江喝道："你这厮！谁叫你去来？你也须知扈成前日牵羊担酒前来投降了！如何不听得我的言语，擅自去杀他一家，故违我的将令？"李逵道："你便忘记了，我须不忘记！那前日叫那个鸟婆赶着哥哥要杀，你今又做人情！你又不曾和他妹子成亲，便又思量阿舅丈人！"宋江喝道："你这铁牛，休得胡说！我如何肯要这妇人。我自有个处置。你这黑厮拿得活的有几个？"李逵答道："谁鸟耐烦，见着活的便砍了！"宋江道："他这厮违了我的军令本合斩首，且把杀祝龙祝彪的功劳折过了。下次违令，定行不饶！"黑旋风笑道："虽然没了功劳，也我杀得快活！"只见军师吴学究引着一行人马，都到庄上来与宋江把盏贺喜。宋江与吴用商议，要把这祝家庄村坊洗荡了。石秀禀说起这钟离老人指路之力，"也有此善心良民在内，亦不可屈坏了好人。"宋江听罢，叫石秀去寻那老人来。石秀去不多时，引着那个钟离老人来到庄上，拜见宋江、吴学究。宋江取一包金帛赏与老人，永为乡民："不是你这个老人面上有恩，把你这个村坊尽数洗荡了，不留一家；因为你一家为善，以此饶了你这一境村坊人民。"那钟离老人只是下拜。宋江又道："我连日在此搅扰你们百姓，今日打破了祝家庄，与你村中除害。所有各家，赐粮米一担，以表人心。"就着钟离老人为头给散。一面把祝家庄多余粮米尽数装载上车；金银财赋犒赏三军众将；其余牛羊骡马等物将去山中支用。打破祝家庄，得粮米五十万担。宋江大喜。大小头领将军马收拾起身。又得若干新的头领：孙立、孙新、解珍、解宝、邹渊、邹闰、乐和、顾大嫂并救出七个好汉。孙立等将自己马也捎带了自己的财赋，同老小乐大娘子跟随了大队军马上山。当有村坊乡民，扶老挈幼，香花灯烛于路拜谢。宋江等众将一齐上马，将军兵分作三队摆开，连夜便回山寨。

话分两头。且说扑天雕李应恰将息得箭疮平复，闭门在庄上不出，暗地使人常常去探听祝家庄消息，已知被宋江打破了，惊喜相半。只见庄客入来报说："有本州知府带领三五十军汉到庄，便问祝家庄事情。"李应慌忙叫杜兴开了庄门，放下吊桥，迎接入庄李应把条白绢搭膊络着手，出来迎迓，邀请进庄里前厅。知府下了马，来到厅上，居中坐了。侧首坐着孔目；下面一个押番，几个虞候；阶下尽是许多节级牢子。李应拜罢，立在厅前。知府问道："祝家庄被杀一事，如何？"李应答道："小人因被祝彪射了一箭，有伤左臂，一向闭门，不敢出去，不知其实。"知府道："胡说！祝家庄见有状子告你结连梁山泊强寇，引诱他军马打破了庄，前日又受他鞍马羊酒，彩缎金银；你如何赖得过？"李应告道："小人是知法度的人，如何敢受他的东西？"知府道："难信你说！且提去府里，你自与他对理明白！"喝教狱卒牢子，"捉了！带他州里去与祝家分辩！"两下押番虞候把李应缚了。众人簇拥知府上了马。知府又问道："那个是杜主管杜兴？"杜兴道："小人便是。"知府道："状上也有你名，一同带去。也与他锁了。"一行人都出庄门。当时拿了李应、杜兴、离了李家庄，不停地解来。行不过三十余里，只见林子边撞出宋江、林、花荣、杨雄，石秀一班人马拦住去路。林冲大喝道："梁山泊好汉合夥在此！"那知府人等不抵敌、撇了李应、杜兴逃命去了。宋江喝叫赶上。众人赶了一程，回来说道："我们若赶上时，也把这个鸟知府杀了；但已不知去向。"便与李应、杜兴解了缚索，开了锁，便牵两匹马过来，与他两个骑了。宋江便道："且请大官人上梁山泊躲几时如何？"李应道："却是使不得。知府是你们杀了，不干我事。"宋江笑道："官司里怎肯与你如此分辩？我们去了，必然要负累了你。既然大官人不肯落草，且在山寨稍停几日，打听得没事了时，再下山来未迟。"当下不由李应、杜兴不行。大队军马中间如何回得来？一行三军人马迤逦回到梁山泊了。寨里头领晁盖等众人擂鼓吹笛，下山来迎接，把了接风酒，都上大寨里聚义厅上扇圈也似坐下。请上李应，与众头领亦都相见了。两个讲礼已罢，李应禀宋江道："小可两个已送将军到大寨了；既与众头领亦都相见了；在此趋侍不妨，只不知家中老小如何，可教小人下山则个。"吴学究笑道："大官人差矣。宝眷已都取到山寨了。贵庄一把火已都烧做白地，大官人回到那里去？"李应不信，早见车仗人马队队上山来。李应看时，见是自家的庄客并老小人等。李应连忙来问时，妻子说道："你被知府捉了来，随后又有两个巡检引着四个都头，带三百来士兵，到来抄扎家私；把我们好好地叫上车子，将家里一应有箱笼牛羊马匹驴骡等项都拿了去；又把庄院放起火来都烧了。"李应听罢，只得叫苦。晁盖、宋江都下厅伏罪道："我等兄弟们端的久闻大官人好处，因此行出这条计来。万望大官人情恕。"李应见了如此言语，只得随顺了。宋江道："且请宅眷后厅耳房中安歇。"李应又见厅前厅后这许多头领亦有家眷老小在彼，便与妻子道："只得依允他过。"

宋江等当时请至厅前叙说闲话，众皆大喜。宋江便取笑道："大官人，你看我叫过两个巡检并那知府过来相见。那扮知府的是萧让；扮巡检的两个是戴宗、杨林；扮孔目的是裴宣；扮虞候的是金大监、侯健。又叫唤那个四个都头，是李俊、张顺、马麟，白胜。李应都看了，目瞪口呆，言语不得。

宋江喝叫小头目快杀牛宰宰马与大官人陪话，庆贺新上山的十二位头领：乃是李应、孙立、孙新、解珍、解宝、邹渊、邹闰、杜兴、乐和、时迁、扈三娘、顾大嫂。女头领同乐大娘子，李应宅眷，另做一席在后堂饮酒。大小三军自有犒赏。正厅上大吹大擂，众多好汉饮酒至晚方散。新到头领俱各拨房安顿。次日又作席面会请众头领作主张。

宋江唤王矮虎来说道："我当初在清风寨时许下你一头亲事，悬挂在心中，不曾完得此愿。今日我父亲有个女儿，招你为婿。"宋江自去请出宋太公来，引着一丈青扈三娘到筵前。宋江亲自与他陪话，说道："我这兄弟王英，虽有武艺，不及贤妹。是我当初曾许下他一头亲事，一向未曾成得。今日贤妹认义我父亲了。众头领都是媒人，今朝是个良辰吉日，贤妹与王英结为夫妇。"一丈青见宋江义气深重，推不得。两口儿只得拜谢了。晁盖等众人皆喜，都称领宋公明真乃有德有义之士。当日尽皆筵席，饮酒庆贺。正饮宴间，只见山下有人来报道："朱贵头领酒店里有个郓城县人在那里，要来见头领。"晁盖、宋江听得报了，大喜道："既是这恩人上山来入夥，足遂平生之愿！"正是：恩雠不辨非豪杰，黑白分明是丈夫。毕竟来的是郓城县甚么人，且听下回分解。

作品介绍：

《水浒传》是一部由元末明初的施耐庵所著的章回体长篇小说。该小说通过描绘梁山好汉的反抗欺压、发展壮大以及受宋朝招安，再至受招安后为宋朝征战直至最终消亡的宏伟历程，真实地反映了中国历史上宋江起义的整个过程。同时，该小说深刻揭示了梁山好汉起义的社会根源，热情地歌颂了起义英雄的反抗斗争及其社会理想，也具体揭示了起义失败的内在历史原因。

《水浒传》被誉为中国古典四大名著之一，其问世后在社会上产生了巨大的影响，成了后世中国小说创作的典范。

此外，《水浒传》也是中国历史上最早用白话文写成的章回小说之一，流传极为广泛，受到广大读者的喜爱。它不仅是汉语言文学中一部具有史诗特征的作品，还对中国乃至东亚的叙事文学都产生了深远的影响。

《狂人日记》

鲁迅

狂人日记序

某君昆仲，今隐其名，皆余昔日在中学时良友；分隔多年，消息渐阙。日前偶闻其一大病；适归故乡，迂道往访，则仅晤一人，言病者其弟也。劳君远道来视，然已早愈，赴某地候补矣。因大笑，出示日记二册，谓可见当日病状，不妨献诸旧友。持归阅一过，知所患盖"迫害狂"之类。语颇错杂无伦次，又多荒唐之言；亦不著月日，惟墨色字体不一，知非一时所书。间亦有略具联络者，今撮录一篇，以供医家研究。记中语误，一字不易；惟人名虽皆村人，不为世间所知，无关大体，然亦悉易去。至于书名，则本人愈后所题，不复改也。七年四月二日识。

一

今天晚上，很好的月光。

我不见他，已是三十多年；今天见了，精神分外爽快。才知道以前的三十多年，全是发昏；然而须十分小心。不然，那赵家的狗，何以看我两眼呢？

我怕得有理。

二

今天全没月光，我知道不妙。早上小心出门，赵贵翁的眼色便怪：似乎怕我，似乎想害我。还有七八个人，交头接耳的议论我，张着嘴，对我笑了一笑；我便从头直冷到脚跟，晓得他们布置，都已妥当了。

我可不怕，仍旧走我的路。前面一伙小孩子，也在那里议论我；眼色也同赵贵翁一样，脸色也铁青。我想我同小孩子有什么仇，他也这样。忍不住大声说，"你告诉我！"他们可就跑了。

我想：我同赵贵翁有什么仇，同路上的人又有什么仇；只有廿年以前，把古久先生的陈年流水簿子，踹了一脚，古久先生很不高兴。赵贵翁虽然不认识他，一定也听到风声，代抱不平；约定路上的人，同我作冤对。但是小孩子呢？那时候，他们还没有出世，何以今天也睁着怪眼睛，似乎怕我，似乎想害我。这真教我怕，教我纳罕而且伤心。

我明白了。这是他们娘老子教的！

三

晚上总是睡不着。凡事须得研究，才会明白。

他们——也有给知县打枷过的，也有给绅士掌过嘴的，也有衙役占了他妻子的，也有老子娘被债主逼死的；他们那时候的脸色，全没有昨天这么怕，也没有这么凶。

最奇怪的是昨天街上的那个女人，打他儿子，嘴里说道，"老子呀！我要咬你几口才出气！"他眼睛却看着我。我出了一惊，遮掩不住；那青面獠牙的一伙人，便都哄笑起来。陈老五赶上前，硬把我拖回家中了。

拖我回家，家里的人都装作不认识我；他们的脸色，也全同别人一样。进了书房，便反扣上门，宛然是关了一只鸡鸭。这一件事，越教我猜不出底细。

前几天，狼子村的佃户来告荒，对我大哥说，他们村里的一个大恶人，给大家打死了；几个人便挖出他的心肝来，用油煎炒了吃，可以壮壮胆子。我插了一句嘴，佃户和大哥便都看我几眼。今天才晓得他们的眼光，全同外面的那伙人一模一样。

想起来，我从顶上直冷到脚跟。

他们会吃人，就未必不会吃我。

你看那女人"咬你几口"的话，和一伙青面獠牙人的笑，和前天佃户的话，明明是暗号。我看出他话中全是毒，笑中全是刀。他们的牙齿，全是白厉厉的排着，这就是吃人的家伙。

照我自己想，虽然不是恶人，自从踹了古家的簿子，可就难说了。他们似乎别有心思，我全猜不出。况且他们一翻脸，便说人是恶人。我还记得大哥教我做论，无论怎样好人，翻他几句，他便打上几个圈；原谅坏人几句，他便说"翻天妙手，与众不同"。我那里猜得到他们的心思，究竟怎样；况且是要吃的时候。

凡事总须研究，才会明白。古来时常吃人，我也还记得，可是不甚清楚。我翻开历史一查，这历史没有年代，歪歪斜斜的每页上都写着"仁义道德"几个字。我横竖睡不着，仔细看了半夜，才从字缝里看出字来，满本都写着两个字是"吃人"！

书上写着这许多字，佃户说了这许多话，却都笑吟吟的睁着怪眼看我。

我也是人，他们想要吃我了！

四

早上，我静坐了一会儿。陈老五送进饭来，一碗菜，一碗蒸鱼；这鱼的眼睛，白而且硬，张着嘴，同那一伙想吃人的人一样。吃了几筷，滑溜溜的不知是鱼是人，便把他兜肚连肠的吐出。

我说"老五，对大哥说，我闷得慌，想到园里走走。"老五不答应，走了；停一会，可就来开了门。

我也不动，研究他们如何摆布我；知道他们一定不肯放松。果然！我大哥引了一个老头子，慢慢走来；他满眼凶光，怕我看出，只是低头向着地，从眼镜横边暗暗看我。大哥说，"今天你仿佛很好。"我说"是的。"大哥说，"今天请何先生来，给你诊一诊。"我说"可以！"其实我岂不知道这老头子是刽子手扮的！无非借了看脉这名目，揣一揣肥瘠：因这功劳，也分一片肉吃。我也不怕；虽然不吃人，胆子却比他们还壮。伸出两个拳头，看他如何下手。老头子坐着，闭了眼睛，摸了好一会，呆了好一会；便张开他鬼眼睛说，"不要乱想。静静的养几天，就好了。"

不要乱想，静静的养！养肥了，他们是自然可以多吃；我有什么好处，怎么会"好了"？他们这群人，又想吃人，又是鬼鬼祟祟，想法子遮掩，不敢直截下手，真要令我笑死。我忍不住，便放声大笑起来，十分快活。自己晓得这笑声里面，有的是义勇和正气。老头子和大哥，都失了色，被我这勇气正气镇压住了。

但是我有勇气，他们便越想吃我，沾光一点这勇气。老头子跨出门，走不多远，便低声对大哥说道，"赶紧吃罢！"大哥点点头。原来也有你！这一件大发见，虽似意外，也在意中：合伙吃我的人，便是我的哥哥！

吃人的是我哥哥！

我是吃人的人的兄弟！

我自己被人吃了，可仍然是吃人的人的兄弟！

五

这几天是退一步想：假使那老头子不是刽子手扮的，真是医生，也仍然是吃人的人。他们的祖师李时珍做的"本草什么"上，明明写着人肉可以煎吃；他还能说自己不吃人么？

至于我家大哥，也毫不冤枉他。他对我讲书的时候，亲口说过可以"易子而食"；

又一回偶然议论起一个不好的人，他便说不但该杀，还当"食肉寝皮"。我那时年纪还小，心跳了好半天。前天狼子村佃户来说吃心肝的事，他也毫不奇怪，不住的点头。可见心思是同从前一样狠。既然可以"易子而食"，便什么都易得，什么人都吃得。我从前单听他讲道理，也糊涂过去；现在晓得他讲道理的时候，不但唇边还抹着人油，而且心里满装着吃人的意思。

六

黑漆漆的，不知是日是夜。赵家的狗又叫起来了。

狮子似的凶心，兔子的怯弱，狐狸的狡猾，……

七

我晓得他们的方法，直捷杀了，是不肯的，而且也不敢，怕有祸祟。所以他们大家连络，布满了罗网，逼我自戕。试看前几天街上男女的样子，和这几天我大哥的作为，便足可悟出八九分了。最好是解下腰带，挂在梁上，自己紧紧勒死；他们没有杀人的罪名，又偿了心愿，自然都欢天喜地的发出一种呜呜咽咽的笑声。否则惊吓忧愁死了，虽则略瘦，也还可以首肯几下。

他们是只会吃死肉的！——记得什么书上说，有一种东西，叫"海乙那"的，眼光和样子都很难看；时常吃死肉，连极大的骨头，都细细嚼烂，咽下肚子去，想起来也教人害怕。"海乙那"是狼的亲眷，狼是狗的本家。前天赵家的狗，看我几眼，可见他也同谋，早已接洽。老头子眼看着地，岂能瞒得我过。

最可怜的是我的大哥，他也是人，何以毫不害怕；而且合伙吃我呢？还是历来惯了，不以为非呢？还是丧了良心，明知故犯呢？

我诅咒吃人的人，先从他起头；要劝转吃人的人，也先从他下手。

八

其实这种道理，到了现在，他们也该早已懂得，……

忽然来了一个人；年纪不过二十左右，相貌是不很看得清楚，满面笑容，对了我点头，他的笑也不像真笑。我便问他，"吃人的事，对么？"他仍然笑着说，"不是荒年，怎么会吃人。"我立刻就晓得，他也是一伙，喜欢吃人的；便自勇气百倍，偏要问他。

"对么？"

"这等事问他什么。你真会……说笑话……今天天气很好。"

天气是好，月色也很亮了。可是我要问你，"对么？"

他不以为然了。含含胡胡的答道，"不……"

"不对？他们何以竟吃？！"

"没有的事……"

"没有的事？狼子村现吃；还有书上都写着，通红斩新！"

他便变了脸，铁一般青。睁着眼说，"有许有的，这是从来如此……"

"从来如此，便对么？"

"我不同你讲这些道理；总之你不该说，你说便是你错！"

我直跳起来，张开眼，这人便不见了。全身出了一大片汗。他的年纪，比我大哥小得远，居然也是一伙；这一定是他娘老子先教的。还怕已经教给他儿子了；所以连小孩子，也都恶狠狠的看我。

九

自己想吃人，又怕被别人吃了，都用着疑心极深的眼光，面面相觑……

去了这心思，放心做事走路吃饭睡觉，何等舒服。这只是一条门槛，一个关头。他们可是父子兄弟夫妇朋友师生仇敌和各不相识的人，都结成一伙，互相劝勉，互相牵掣，死也不肯跨过这一步。

十

大清早，去寻我大哥；他立在堂门外看天，我便走到他背后，拦住门，格外沉静，格外和气的对他说，

"大哥，我有话告诉你。"

"你说就是，"他赶紧回过脸来，点点头。

"我只有几句话，可是说不出来。大哥，大约当初野蛮的人，都吃过一点人。后来因为心思不同，有的不吃人了，一味要好，便变了人，变了真的人。有的却还吃，——也同虫子一样，有的变了鱼鸟猴子，一直变到人。有的不要好，至今还是虫子。这吃人的人比不吃人的人，何等惭愧。怕比虫子的惭愧猴子，还差得很远很远。

"易牙蒸了他儿子，给桀纣吃，还是一直从前的事。谁晓得从盘古开辟天地以后，一直吃到易牙的儿子；从易牙的儿子，一直吃到徐锡林；从徐锡林，又一直吃到狼子村捉住的人。去年城里杀了犯人，还有一个生痨病的人，用馒头蘸血舐。

"他们要吃我，你一个人，原也无法可想；然而又何必去入伙。吃人的人，什么事做不出；他们会吃我，也会吃你，一伙里面，也会自吃。但只要转一步，只要立刻改了，也就是人人太平。虽然从来如此，我们今天也可以格外要好，说是不能！大哥，我相信你能说，前天佃户要减租，你说过不能。"

当初，他还只是冷笑，随后眼光便凶狠起来，一到说破他们的隐情，那就满脸都变成青色了。大门外立着一伙人，赵贵翁和他的狗，也在里面，都探头探脑的挨进来。有的是看不出面貌，似乎用布蒙着；有的是仍旧青面獠牙，抿着嘴笑。我认识他们是一伙，都是吃人的人。可是也晓得他们心思很不一样，一种是以为从来如此，应该吃的；一种是知道不该吃，可是仍然要吃，又怕别人说破他，所以听了我的话，越发气愤不过，可是抿着嘴冷笑。

这时候，大哥也忽然显出凶相，高声喝道，"都出去！疯子有什么好看！"

这时候，我又懂得一件他们的巧妙了。他们岂但不肯改，而且早已布置；预备下一个疯子的名目罩上我。将来吃了，不但太平无事，怕还会有人见情。佃户说的大家吃了一个恶人，正是这方法。这是他们的老谱！

陈老五也气愤愤的直走进来。如何按得住我的口，我偏要对这伙人说，"你们可以改了，从真心改起！要晓得将来容不得吃人的人，活在世上。

"你们要不改，自己也会吃尽。即使生得多，也会给真的人除灭了，同猎人打完狼子一样！——同虫子一样！"

那一伙人，都被陈老五赶走了。大哥也不知那里去了。陈老五劝我回屋子里去。屋里面全是黑沉沉的。横梁和椽子都在头上发抖；抖了一会，就大起来，堆在我身上。

万分沉重，动弹不得；他的意思是要我死。我晓得他的沉重是假的，便挣扎出来，出了一身汗。可是偏要说，"你们立刻改了，从真心改起！你们要晓得将来是容不得吃人的人，……"

十一

太阳也不出，门也不开，日日是两顿饭。

我捏起筷子，便想起我大哥；晓得妹子死掉的缘故，也全在他。那时我妹子才五岁，可爱可怜的样子，还在眼前。母亲哭个不住，他却劝母亲不要哭；大约因为自己吃了，哭起来不免有点过意不去。如果还能过意不去，……妹子是被大哥吃了，母亲知道没有，我可不得而知。

母亲想也知道；不过哭的时候，却并没有说明，大约也以为应当的了。记得我四五岁时，坐在堂前乘凉，大哥说爷娘生病，做儿子的须割下一片肉来，煮熟了请他吃，才算好人；母亲也没有说不行。一片吃得，整个的自然也吃得。但是那天的哭法，现在想起来，实在还教人伤心，这真是奇极的事！

十二

不能想了。

四千年来时时吃人的地方，今天才明白，我也在其中混了多年；大哥正管着家务，妹子恰恰死了，他未必不和在饭菜里，暗暗给我们吃。

我未必无意之中，不吃了我妹子的几片肉，现在也轮到我自己，……有了四千年吃人履历的我，当初虽然不知道，现在明白，难见真的人！

十三

没有吃过人的孩子，或者还有？

救救孩子……

一九一八年四月。

作品简介：

《狂人日记》是鲁迅创作的第一篇短篇白话文日记体小说，也是中国第一部现代白话小说，写于1918年4月。该文首发于1918年5月15日4卷5号的《新青年》月刊，后收入《呐喊》集，编入《鲁迅全集》第一卷。

小说以被害者"狂人"的形象以及其自述式的描写，揭示了封建礼教的"吃人"本质，表达了作者对以封建礼教为主体的中国封建文化的反抗。此外，作者也展现出深刻的忏悔意识，以彻底的"革命民主主义"的立场，对中国文化进行了深刻的反思，并对中国的以及人类的前途表达了深切的忧虑和愤慨。

这部小说以13篇日记的形式，细致地描绘了主角"狂人"的精神状态和心理活动。在他的世界观中，周围的人都被视为吃人者，他自己也面临被吃或吃人的困境。他从古代文献中发现吃人的历史，从村民和家人的言行中发现吃人的阴谋，甚至开始怀疑自己是否曾经吃过人肉。

该小说采用了现实主义和象征主义相融合的创作手法，将狂人塑造成一个具有象征意义的人物形象。这个形象代表着作者及当时先进知识分子对传统文化、思想和道德的彻底否定与反抗。在小说中，"吃人"这一意象并不仅仅指封建社会家族制度和礼教的毒害，还暗示了帝国主义及军阀政府对当时中国普通民众的残酷剥削和压迫。

通过狂人的视角，作者展示了一个病态且阴暗的社会现实。这种社会现状无法令人满意，而且似乎在加速崩溃的边缘摇摇欲坠。同时，作者也借此表达了他对未来理想社会的向往以及对新文化的热切呼唤。

《活着》（节选）

余华

我比现在年轻十岁的时候，获得了一个游手好闲的职业，去乡间收集民间歌谣。

那一年的整个夏天，我如同一只乱飞的麻雀，游荡在知了和阳光充斥的村舍田野。我喜欢喝农民那种带有苦味的茶水，他们的茶桶就放在田埂的树下，我毫无顾忌地拿起漆满茶垢的茶碗舀水喝，还把自己的水壶灌满，与田里干活的男人说上几句废话，在姑娘因我而起的窃窃私笑里扬长而去。我曾经和一位守着瓜田的老人聊了整整一个下午，这是我有生以来瓜吃得最多的一次，当我站起来告辞时，突然发现自己像个孕妇一样步履艰难了。然后我与一位当上了祖母的女人坐在门槛上，她编着草鞋为我唱了一支《十月怀胎》。我最喜欢的是傍晚来到时，坐在农民的屋前，看着他们将提上的井水泼在地上，压住蒸腾的尘土，夕阳的光芒在树梢上照射下来，拿一把他们递过来的扇子，尝尝他们和盐一样咸的咸菜，看看几个年轻女人，和男人们说着话。

我头戴宽边草帽，脚上穿着拖鞋，一条毛巾挂在身后的皮带上，让它像尾巴似的拍打着我的屁股。我整日张大嘴巴打着呵欠，散漫地走在田间小道上，我的拖鞋吧哒吧哒，把那些小道弄得尘土飞扬，仿佛是车轮滚滚而过时的情景。

我到处游荡，已经弄不清楚哪些村庄我曾经去过，哪些我没有去过。我走近一个村子时，常会听到孩子的喊叫："那个老打呵欠的人又来啦。"

于是村里人就知道那个会讲荤故事会唱酸曲的人又来了。其实所有的荤故事所有的酸曲都是从他们那里学来的，我知道他们全部的兴趣在什么地方，自然这也是我的兴趣。我曾经遇到一个哭泣的老人，他鼻青眼肿地坐在田埂上，满腹的悲哀使他变得十分激动，看到我走来他仰起脸哭声更为响亮。我问他是谁把他打成这样的？他手指挖着裤管上的泥巴，愤怒地告诉我是他那不孝的儿子，当我再问为何打他时，他支支吾吾说不清楚了，我就立刻知道他准是对儿媳干了偷鸡摸狗的勾当。还有一个晚上我打着手电赶夜路时，在一口池塘旁照到了两段赤裸的身体，一段压在另一段上面，我照着的时候两段身体纹丝不动，只是有一只手在大腿上轻轻搔痒，我赶紧熄灭手电离去。在农忙的一个中午，我走进一家敞开大门的房屋去找水喝，一个穿短裤的男人神色慌张地挡住了我，把我引到井旁，殷勤地替我打上来一桶水，随后又像耗子一样窜进了屋里。这样的事我屡见不鲜，差不多和我听到的歌谣一样多，当我望着到处都充满绿色的土地时，我就会进一步明白庄稼为何长得如此旺盛。

那个夏天我还差一点谈情说爱，我遇到了一位赏心悦目的女孩，她黝黑的脸蛋至今还在我眼前闪闪发光。我见到她时，她卷起裤管坐在河边的青草上，摆弄着一根竹竿在照看一群肥硕的鸭子。这个十六七岁的女孩，羞怯地与我共同度过了一个炎热的下午，她每次露出笑容时都要深深地低下头去，我看着她偷偷放下卷起的裤管，又怎样将自己的光脚丫子藏到草丛里去。那个下午我信口开河，向她兜售如何带她外出游玩的计划，这个女孩又惊又喜。我当初情绪激昂，说这些也是真心实意。我只是感到和她在一起身心愉快，也不去考虑以后会是怎样。可是后来，当她三个强壮如牛的哥哥走过来时，我才吓一跳，我感到自己应该逃之夭夭了，否则我就会不得不娶她为妻。

我遇到那位名叫福贵的老人时，是夏天刚刚来到的季节。

那天午后，我走到了一棵有着茂盛树叶的树下，田里的棉花已被收起，几个包着头巾的女人正将棉秆拔出来，她们不时抖动着屁股摔去根须上的泥巴。我摘下草帽，从身后取过毛巾擦起脸上的汗水，身旁是一口在阳光下泛黄的池塘，我就靠着树干面对池塘坐了下来，紧接着我感到自己要睡觉了，就在青草上躺下来，把草帽盖住脸，枕着背包在树荫里闭上了眼睛。

这位比现在年轻十岁的我，躺在树叶和草丛中间，睡了两个小时。其间有几只蚂蚁爬到了我的腿上，我沉睡中的手指依然准确地将它们弹走。后来仿佛是来到了水边，一位老人撑着竹筏在远处响亮地吆喝。我从睡梦里挣脱而出，吆喝声在现实里清晰地传来，我起身后，看到近旁田里一个老人正在开导一头老牛。

犁田的老牛或许已经深感疲倦，它低头伫立在那里，后面赤裸着脊背扶犁的老人，对老牛的消极态度似乎不满，我听到他嗓音响亮地对牛说道："做牛耕田，做狗看家，做和尚化缘，做鸡报晓，做女人织布，哪只牛不耕田？这可是自古就有的道理，走呀，走呀。"

疲倦的老牛听到老人的吆喝后，仿佛知错般地抬起了头，拉着犁往前走去。

我看到老人的脊背和牛背一样黝黑，两个进入垂暮的生命将那块古板的田地耕得哗哗翻动，犹如水面上掀起的波浪。

随后，我听到老人粗哑却令人感动的嗓音，他唱起了旧日的歌谣，先是口依呀啦呀唱出长长的引子，接着出现两句歌词——

皇帝招我做女婿，路远迢迢我不去。

因为路途遥远，不愿去做皇帝的女婿。老人的自鸣得意让我失声而笑。可能是牛放慢了脚步，老人又吆喝起来："二喜，有庆不要偷懒；家珍，凤霞耕得好；苦根也行啊。"

一头牛竟会有这么多名字？我好奇地走到田边，问走近的老人：

"这牛有多少名字？"

老人扶住犁站下来，他将我上下打量一番后问：

"你是城里人吧？"

"是的。"我点点头。

老人得意起来，"我一眼就看出来了。"

我说："这牛究竟有多少名字？"

老人回答："这牛叫福贵，就一个名字。"

"可你刚才叫了几个名字。"

"噢——"老人高兴地笑起来，他神秘地向我招招手，当我凑过去时，他欲说又止，他看到牛正抬着头，就训斥它："你别偷听，把头低下。"

牛果然低下了头，这时老人悄声对我说：

"我怕它知道只有自己在耕田，就多叫出几个名字去骗它，它听到还有别的牛也在耕田，就不会不高兴，耕田也就起劲啦。"

老人黝黑的脸在阳光里笑得十分生动，脸上的皱纹欢乐地游动着，里面镶满了泥土，就如布满田间的小道。

这位老人后来和我一起坐在了那棵茂盛的树下，在那个充满阳光的下午，他向我讲述了自己。

四十多年前，我爹常在这里走来走去，他穿着一身黑颜色的绸衣，总是把双手背在身后，他出门时常对我娘说："我到自己的地上去走走。"

我爹走在自己的田产上，干活的佃户见了，都要双手握住锄头恭敬地叫一声：

"老爷。"

我爹走到了城里，城里人见了都叫他先生。我爹是很有身份的人，可他拉屎时就像个穷人了。他不爱在屋里床边的马桶上拉屎，跟牲畜似的喜欢到野地里去拉屎。每天到了傍晚的时候，我爹打着饱嗝，那声响和青蛙叫唤差不多，走出屋去，慢吞吞地朝村口的粪缸走去。

走到了粪缸旁，他嫌缸沿脏，就抬脚踩上去蹲在上面。我爹年纪大了，屎也跟着老了，出来不容易，那时候我们全家人都会听到他在村口嗷嗷叫着。

几十年来我爹一直这样拉屎，到了六十多岁还能在粪缸上一蹲就是半响，那两条腿就和鸟爪一样有劲。我爹喜欢看着天色慢慢黑下来，罩住他的田地。我女儿凤霞到了三四岁，常跑到村口去看她爷爷拉屎，我爹毕竟年纪大了，蹲在粪缸上腿有些哆嗦，凤霞就问他："爷爷，你为什么动呀？"

我爹说："是风吹的。"

那时候我们家境还没有败落，我们徐家有一百多亩地，从这里一直到那边工厂的烟囱，都是我家的。我爹和我，是远近闻名的阔老爷和阔少爷，我们走路时鞋子的声响，都像是铜钱碰来撞去的。我女人家珍，是城里米行老板的女儿，她也是有钱人家出生的。有钱人嫁给有钱人，就是把钱堆起来，钱在钱上面哗哗地流，这样的声音我有四十年没有听到了。

我是我们徐家的败家子，用我爹的话说，我是他的孽子。

我念过几年私塾，穿长衫的私塾先生叫我念一段书时，是我最高兴的。我站起来，拿着本线装的《千字文》，对私塾先生说："好好听着，爹给你念一段。"

年过花甲的私塾先生对我爹说：

"你家少爷长大了准能当个二流子。"

我从小就不可救药，这是我爹的话。私塾先生说我是朽木不可雕也。现在想想他们都说对了，当初我可不这么想，我想我有钱呵，我是徐家仅有的一根香火，我要是灭了，徐家就得断子绝孙。

上私塾时我从来不走路，都是我家一个雇工背着我去，放学时他已经恭恭敬敬地弯腰蹲在那里了，我骑上去后拍拍雇工的脑袋，说一声："长根，跑呀。"

雇工长根就跑起来，我在上面一颠一颠的，像是一只在树梢上的麻雀。我说一声："飞呀。"

长根就一步一跳，做出一副飞的样子。

作品简介：

《活着》是中国当代作家余华创作的长篇小说，于 1992 年出版。该小说叙述了主人公徐福贵在 20 世纪中国动荡时期，历经了内战、土地改革、"大跃进"、"文化大革命"等社会巨变。在此过程中，他丧失了家庭、财产以及亲人，最终仅与他的一头老牛相依为命，小说描绘了一幅人生惨淡的图景。小说以第一人称的方式进行叙述，通过福贵本人的讲述，展现出他坚忍的承受力以及对生活达观的态度。

该作品着重表达了人应当为活着本身而活着，而不应受其他外因所驱使的主题思想。小说运用冷静、简洁以及有力的文字，勾勒出当时社会的病态与黑暗，同时传达出对未来以及新文化的热切期待与呼唤。

《活着》是余华的代表作之一，被誉为"中国现代文学的经典之作"。小说获得了意大利"格林扎纳·卡佛"文学奖等多个国内外奖项，被翻译成二十多种语言，在世界范围内广受好评。小说也被改编成电影、电视剧和舞台剧等，影响深远。

思考与练习

一、单项选择题（在下列每小题列出的四个备选答案中，只有一个是符合题目要求的，请将其选出，并将选项前面的代码填写在题后的括号内。选错、多选或未选均不得分）

1. 小说的三个基本元素不包括以下哪项？　　　　　　　　　　【　　】

A. 人物　　　　　　　　　　　　B. 情节

C. 背景　　　　　　　　　　　　D. 主题

2. 网络小说的承载形式不包括以下哪项？　　　　　　　　　　【　　】

A. 书籍形式　　　　　　　　　　B. 网络电子形式

C. 影视剧本形式　　　　　　　　D. 口述形式

3. 小说中人物性格的立体刻画主要体现在哪些方面？　　　　　【　　】

A. 外貌描写　　　　　　　　B. 语言、行动、神态描写

C. 心理活动描写　　　　　　D. 所有上述选项

4. 小说《边城》的作者是谁？　　　　　　　　　　　　　　　【　　】

A. 鲁迅　　　　　　　　　　　　B. 沈从文

C. 茅盾　　　　　　　　　　　　D. 老舍

5. 网络小说的商业化运营模式开始于哪个时间节点？　　　　　【　　】

A. 1998 年　　　　　　　　　　　B. 2002 年

B. 2010 年   D. 2000 年

6. 《狂人日记》的作者是谁？ 【　　】

A. 巴金   B. 老舍

C. 鲁迅   D. 茅盾

7. 《活着》这部小说的主人公叫什么名字？ 【　　】

A. 富贵   B. 福贵

C. 富强   D. 福贵儿

8. 《红楼梦》中贾宝玉在以下哪个情节中遭受了父亲的严厉惩罚？ 【　　】

A. 丢失了通灵宝玉   B. 与琪官交往过密

C. 误杀了金钏儿   D. 写了反诗

9. 《水浒传》中宋江被称为什么？ 【　　】

A. 及时雨   B. 智多星

C. 黑旋风   D. 行者

10. 小说《活着》中，福贵最终与什么相依为命？ 【　　】

A. 家人   B. 老牛

C. 朋友   D. 财产

11. 小说中情节的构建对人物形象的塑造有何作用？ 【　　】

A. 无作用   B. 增强人物形象的深度

C. 削弱人物形象的立体感   D. 与人物形象塑造无关

12. 在小说《活着》中，主人公福贵最终失去了什么？ 【　　】

A. 家庭   B. 财产

C. 亲人   D. 所有上述选项

13. 《红楼梦》中的贾宝玉具有哪种特征的人格？ 【　　】

A. 现实主义   B. 浪漫主义

C. 悲观主义   D. 唯物主义

14. 小说《狂人日记》的叙述方式是什么？ 【　　】

A. 第一人称   B. 第二人称

C. 第三人称   D. 多角度叙述

15. 网络小说与传统小说在创作动机上有何不同？ 【　　】

A. 网络小说更注重商业化   B. 网络小说更注重艺术性

C. 两者创作动机完全相同   D. 传统小说更注重商业化

16. 《水浒传》中宋江领导的起义军最终的结局是什么？ 【　　】

A. 成功推翻了朝廷   B. 被朝廷招安

C. 全部战死   D. 四散逃亡

17. 小说中环境描写的作用是什么？ 【　　】

A. 仅为了美化语言   B. 推动情节发展和塑造人物形象

C. 与故事情节无关   D. 仅为了增加篇幅

18.《边城》中翠翠的形象代表了什么？ 【 】

A. 城市化进程　　　　　　　B. 传统乡村文化

C. 现代都市生活　　　　　　D. 外来文化冲击

19. 小说《活着》的主题是什么？ 【 】

A. 生活的艰辛　　　　　　　B. 人生的意义

C. 社会的进步　　　　　　　D. 人性的复杂

20.《红楼梦》中，贾宝玉和林黛玉的关系是什么？ 【 】

A. 兄妹　　　　　　　　　　B. 表兄妹

C. 朋友　　　　　　　　　　D. 夫妻

二、填空题

1. 小说是一种以_____为主要特征的文学形式。

2. 小说的三个基本元素包括人物、情节和_____。

3. 在小说创作中，_____是被允许甚至被鼓励的。

4. 现代小说的承载形式包括书籍形式、网络电子形式和_____。

5. 网络电子小说的优点之一是能实现_____和分享。

6. 影视剧本形式的小说能够通过视觉冲击力和_____吸引观众。

7. 小说的特征之一是_____地刻画人物性格。

8. 高尔基曾指出："情节是_____的历史。"

9. 小说《边城》开篇详尽描绘了主角_____所生活的村落。

10. 优秀的小说作品会通过_____来推动情节发展、塑造人物形象。

11. 小说《水浒传》中的"武松打虎"片段体现了武松的_____性格特征。

12. 小说的情节构成中，_____是故事发展的主要线索。

13. 环境描绘在小说中的作用包括_____和增强情感体验。

14. 小说的主题是_____的灵魂，也是作者的思想立场和价值判断。

15. 创意想象在小说中体现在作者的_____和情节设计上。

16. 网络小说的定义中，它是基于_____平台进行创作与发表的文学形式。

17. 网络小说与读者的互动性体现在作者通常_____，注重与读者的交流，并可能会根据读者反馈进行作品修改。

18. 网络小说的发展历程主要经历了三个阶段，其中第三个阶段是 2010 年至今，这一时期智能手机的普及使得网络小说成为_____。

19. 网络小说的特征之一是创作主体平民化，这使得网络文学走下了高高在上的"神坛"，变成了_____可以直接参与的创作活动和娱乐活动。

20. 网络小说的商业化动机要求作品不断更新和增加字数以获得更多收益，同时为了确保读者不会因为作品无法及时更新而取消订阅，作者必须_____更新。

三、判断题

1. 小说是一种以文字叙述故事、塑造人物形象的文学形式。　　　　　（　　）
2. 小说中的虚构成分越多，艺术效果一定越好。　　　　　　　　　　（　　）
3.《边城》的开篇详细描绘了主角翠翠所生活的村落环境。　　　　　（　　）
4.《狂人日记》是中国现代文学史上的第一篇白话文小说。　　　　　（　　）
5.《活着》这部小说的主人公最终与家人幸福地生活在一起。　　　　（　　）
6. 小说的定义强调了实事求是，与应用文的要求一致。　　　　　　　（　　）
7.《红楼梦》是清代小说的代表作之一，其作者曹雪芹通过这部作品深刻揭示了封建社会的种种弊病。　　　　　　　　　　　　　　　　　　　　　　　（　　）
8.《聊斋志异》是蒲松龄创作的古典小说，是中国志怪小说的代表作。（　　）
9. 在网络小说的发展历程中，2002 年到 2010 年这一阶段并没有出现类型化小说的细分和组合。　　　　　　　　　　　　　　　　　　　　　　　　　　（　　）
10. 网络小说的商业化特征要求作者在创作时无须考虑读者的喜好和反馈。（　　）

四、名词解释

1. 小说
2. 形象思维
3. 网络小说
4. 情节
5. 环境描绘
6. 主题思想
7. 创意想象

五、简答题

1. 简述小说的鉴赏技巧包括哪些方面。
2. 小说的人物塑造需要从哪些方面入手？
3. 简述小说的主要分类。
4. 简述网络小说的创作特点。
5. 什么是小说的创意想象？

影视文学

影视文学无疑是兼具艺术和商业价值的独特文学形式，影响着我们的生活方式、文化品位和思维方式。同时，影视文学也是一门兼具创造性和表现力的艺术，它通过故事情节、角色塑造、对话和视觉元素，以令人陶醉的方式向观众传达情感、思想和信息。

在这一章节中，你将了解影视文学的内涵和发展，明白它在文化、社会和媒体领域中扮演的角色，以及如何以写作的方式参与到这一充满创意的领域中。你将学会分析电影和电视剧的剧本，掌握编写角色对话和情节发展的技巧，以及了解如何通过文字来引导导演和演员，实现创意的表达。

第一节　影视文学概述

作为一门独特的文学形式，影视文学融合了文学和视觉艺术的精髓，为观众提供了一种独特的审美体验。

影视文学是指那些通过电影和电视作品来表达、传达和叙述故事、情感和思想的文学形式。它将文学的叙事艺术与影像的视觉艺术相结合，通过文字、对话、情节以及视觉元素来构建作品的世界。影视文学是文学和电影之间的交融，它探索了如何将文字变成影像，如何在电影或电视剧中表达深刻的思想和情感，从而拓展了文学表达方式的边界。

影视文学的历史可以追溯到电影和电视的发展早期。19 世纪末，电影作为一种新的艺术形式崭露头角，很快就吸引了文学作品的改编者和创作者。一些经典文学作品，如莎士比亚的戏剧和经典小说，成为早期电影的热门改编对象。这一时期，电影主要借鉴文学的叙事传统，将小说、戏剧和诗歌改编成电影，形成了影视文学的雏形。

随着电影技术的不断发展，影片的拍摄质量和视觉效果得到了提升，导演和编剧开始积极探索如何在电影中表现文学作品中的情感和主题。这导致了对文学作品的更自由的解读——电影创作者逐渐意识到，影视文学并不仅仅是对文本的简单复制，而是一种在不同媒介中重新创作和诠释文学的艺术形式。

20世纪，电视媒体的崛起也推动了影视文学的发展。电视剧的兴起，使影视文学有了更多的机会来讲述复杂的故事和角色发展，进一步丰富了这一领域。影视文学不再局限于经典文学的改编，还包括原创作品，它们通过电影和电视展现了新的审美和叙事范式。

总之，影视文学作为文学和视觉艺术的交汇点，不仅传承了文学的叙事传统，也为故事的呈现带来了全新的可能性。它在电影和电视的历史中占有重要地位，不断演化和创新，为观众提供了深刻的情感体验和思考的机会。

一、影视文学的历史发展

影视文学的发展历程凝聚了文学、电影、电视等多个艺术领域的智慧和创造，其发展历史可以追溯到19世纪末，当时电影和电视技术尚未成熟，但人们对影像和文字的结合就已经有了初步的探索。

19世纪末至20世纪初，电影技术的发展催生了影片的诞生。1895年，法国摄影师路易·卢米埃尔和他哥哥在巴黎一家咖啡厅的地下室里，首次公映了自己拍摄的《火车到站》《水浇园丁》等多部短片，标志着电影艺术的诞生。这个时期的电影内容多为日常生活的实录片段和简单的故事，通常以短片的方式呈现。

20世纪20年代，随着好莱坞电影工业的崛起，电影开始成为一种大众娱乐方式。影片的内容逐渐丰富，故事更加复杂，人物性格更加丰满。在这一时期，很多经典文学作品被改编成了电影，如《乱世佳人》《飘》等，这使影片具有了更深厚的文学内涵。

20世纪50至60年代，电视技术的进步使电视剧成为一种新的叙事形式。电视剧在内容和形式上具有更大的自由度，可以呈现更为复杂的故事情节和人物关系。在这一时期，我国的《红楼梦》《水浒传》等许多文学作品也被改编成了电视剧，影视文学进入了一个新的发展阶段。

20世纪80至90年代，随着数字技术的引入，电影和电视剧的特效技术和制作水平大幅提升。这一时期出现了许多视觉效果引人入胜的影视作品，比如《星球大战》系列、《阿凡达》等，影视作品具有了更强的视觉冲击力。

21世纪以来，随着互联网和移动设备的普及，网络影视剧逐渐崭露头角。互联网平台上的影视内容种类繁多，风格各异，吸引了大量观众。与此同时，一些原创网络影视剧也获得了巨大成功，为影视文学的发展开辟了新的可能性。

影视文学的发展历程是一个不断探索和创新的过程。从简单片段到复杂故事线，从经典文学的改编到原创网络剧的崛起，影视文学不断吸纳新的元素，丰富着自身的内涵。它既是文学艺术与影像艺术相结合的产物，也是文化传承和创新的载体。

二、影视文学与其他文学形式的比较

一是影视文学与传统文学的最大不同在于其多媒体的本质。传统文学主要通过文字来表达故事情节和角色情感，而影视文学将文字与图像、音乐和表演相结合，以更生动、多维的方式传达故事。这使得观众可以更深入地沉浸在故事中，因为他们可以通过视觉和听觉感官获得更多信息。然而，这也给创作者带来了更多的挑战，因为他们需要考虑如何通过视觉和听觉元素来传达情感和主题。

二是影视文学在叙事结构上与传统文学存在差异。传统文学常常以线性结构呈现，有明确的开始、中间和结尾，而影视文学可以采用非线性叙事，通过剪辑和视觉效果来创造时间和空间的错觉。这为创作者提供了更多的创作自由度，创作者可以采用伏笔、倒叙、闪回等多种技巧来丰富叙事。然而，这也可能使故事更加复杂，需要观众更多的认知来努力理解。

三是影视文学侧重于视觉表现，强调场景和角色的形象塑造。相比之下，传统文学更注重文字的力量来创造想象力。在影视作品中，导演、摄影师和演员等创作者的工作对于呈现故事世界至关重要。这不仅涉及选址、服装和化妆等方面，还包括镜头语言和表演技巧，这些元素都会直接影响观众对故事的理解和情感共鸣。

四是影视作品还借助音乐和声音效果来加强情感体验。音乐在电影和电视剧中常被用来烘托氛围、表达情感，甚至成为故事的一部分。声音效果则通过创造真实的环境音效和角色对话等方式，使观众更深入地感受到故事的现实感。这种音乐和声音的使用为影视文学带来了另一层次的情感共鸣。

五是影视文学在观众互动和传播方面具有独特的特点。与传统文学不同，观众在影视作品中通常是被动接收者，但互联网和社交媒体的兴起使得观众之间的互动和传播成为可能。观众可以通过评论、分享和讨论与影视作品互动，这为影视文学的推广和传播提供了新的途径。

综上所述，影视文学与传统文学形式存在着明显的不同之处。它通过多媒体的表现方式、非线性叙事结构、强调视觉和听觉元素以及观众互动等方面，为创作者和观众带来了全新的体验。然而，无论如何不同，它们都有一个共同目标，那就是通过故事来触动人心，探讨人类的情感和命运。

三、影视艺术的分类与样式

由于形象塑造、结构安排、表现技巧等方面的差异，影视作品呈现出不同的形态，形成了不同的类型与样式。

（一）影视作品的分类方法

由于分类的标准和方法不同，我们可从不同角度对影视作品进行分类：

国内外比较流行的分类方法，是根据电影特有的系统进行分类，将影视作品分为纪录片、故事片、科教片和美术片四大类。就故事电影而言，还可借用一种文学上的四分法，即分为诗电影、散文电影、小说电影、戏剧电影。

从创作角度出发，影视作品可分为现实主义影视作品、主观表现的影视作品（或称"作家电影"）、非虚构影视作品、娱乐影视作品等。

从原创性的角度，影视作品可分为原创影视作品和改编影视作品。

根据创作方式，影视作品可分为独立制作和大制作。独立制作通常由小团队或个人制作，追求创作者的独特视角和风格；大制作由大型电影制片公司制作，通常具有更广

第四章　影视文学

泛的市场推广和资源支持。

（二）常见的影视作品样式

剧情片：剧情片关注故事情节、角色发展和情感体验，通常以情感、冲突和情感张力为核心。这是最广泛的影片流派之一，通常能引发观众的情感共鸣。

喜剧片：喜剧片以幽默和滑稽为主要元素，旨在逗笑观众，让他们忘却生活中的烦恼，通常有不同的子流派，如喜剧恶搞、浪漫喜剧、黑色喜剧等。

科幻片：科幻片通常以探讨未来、外太空、科技和未知领域为主题，通过虚构的元素和特效来创造视觉冲击和对未来的思考。

恐怖片：恐怖片的目标是引发观众的恐惧和紧张感，通常包括各种吓人的情节、角色和视觉效果。亡灵、鬼怪、心理恐怖等是其常见的子流派。

爱情片：爱情片关注爱情和感情关系，通常包括浪漫、感人的情节，以及角色之间的爱情和情感发展。

动作片：动作片通常强调动作、战斗和冒险，以刺激和视觉效果为主要特点。这类影片经常包括激烈的打斗场面和特技表演。

犯罪片：犯罪片关注犯罪、调查、罪犯和法律，通常包括谜团、推理和犯罪情节。

纪录片：纪录片以现实事件和事实为基础，以展示和探讨社会问题、历史事件和文化现象为主要目的。

通过了解这些类型和样式，观众和创作者可以更好地欣赏和创造影视作品，从而更深入地探讨故事、情感和思想。无论是喜欢情感深刻的剧情片，还是寻求刺激的动作片，影视文学都提供了无尽的可能性，以满足各种不同口味的观众。

第二节　影视文学评论

无论是扣人心弦的故事片，还是发人深省的纪录片，电影电视剧都是文化的一面镜子，反映出社会的变迁和人类的情感。学习鉴赏和评论影视作品的方法，才能更好地理解其背后的情感、主题和艺术构成。

影视文学的鉴赏和评论涵盖很多内容：如何用文字和语言去诠释影视作品，揭示它们所传达的信息和表现手法；如何分析角色的发展、情节的发展，以及影片的导演技巧，以便更好地理解影视作品的深层内涵；如何用文字来传达对影视作品的看法，以及如何撰写深入的评论和分析；等等。

一、影视文学的鉴赏与评论

对影视文学的批评与评论是对电影和电视剧等影视作品进行分析和评价的活动，它旨在揭示作品的文学特点、创作技巧、文化内涵和社会影响。批评强调对作品的深入理解和分析，而评论更侧重于对作品的主观看法和价值判断。

（一）影视文学鉴赏方法

结构：即关注影视作品的叙事结构、情节发展、角色关系等，以揭示作品的内在逻辑和整体构架。影视文学作品常运用悬念、误会、冲突等多种表现手法，来调动观众的心理。鉴赏方法包括情节分析、角色分析、时间线分析、表现手法分析，等等。

文学元素：影视文学中包含大量的文学元素，如对白、象征、隐喻、意象等，它们是引起观众情感共鸣的诱因。例如，影片《城南旧事》开头便是长城的特写镜头——蜿蜒的古老城墙和摇曳的秋天枯草，奠定了游子思乡的基调。因此，把握作品中的文学元素，以及声光色的安排、动静的对比乃至节奏的变化等艺术技巧，可以了解作品的文学品质、作品主题和情感表达。

文化与历史背景：每部影视作品都毫无例外地烙上了社会历史文化的印记，每个人也都是历史中的人、文化氛围中的人、社会关系中的人，因此观众在欣赏影视作品时，已然都具有地域、民族、传统、文化和时代的眼光。探讨作品如何反映社会和文化的特征，也是个人审美情趣和审美层次的体现。

导演与编剧：由于导演和编剧的创作手法和风格的不同，影视作品会呈现出多种不同类型的美，大致可分为银（屏）幕上的造型美和动态美、纪实美和梦幻美、凝练美和冲淡美、人情美和哲理美这四种类型。理解创作者对作品的影响，可以品味出作品中的独特特点和创新之处。

（二）影视文学评论方法

主观评论：即个人对作品的看法和感受。这种方法强调评论者的主观情感和审美体验。

社会评论：分析作品对社会问题和价值观的影响，以及它们在社会中的反响。这种方法强调了影视作品的社会价值和责任。

比较评论：将一部影视作品与其他作品进行比较，以突出其独特性和创新之处。这有助于观众更好地理解作品的价值。

文化评论：探讨作品与特定文化的联系，包括语言、符号和象征。这有助于理解作品在文化背景下的意义。

影视文学的鉴赏与评论在多个方面具有重要性，它能帮助观众更深入地理解电影和电视剧作品，揭示其中的文学元素、艺术手法和主题；可以引导观众对影视作品的审美体验，提高他们的欣赏水平；可以引发关于社会、文化和伦理问题的讨论，促进文化对话和思考，可以为电影和电视制作人提供有益的信息，帮助他们改进作品；同时，还有助于保存和传承影视作品的文化价值，使其得以长久保存。

二、影视文学的文化解读

影视作品是特定时期、特定国家或民族的文化的反映，它承载了导演、编剧和演员对当下文化的看法和观点。文化解读的目的在于探究这些观点，分析影片中所表现的文化元素，包括价值观、社会背景、历史背景和文化符号等，以揭示影片背后的文化信息。

（一）社会背景

影视作品通常反映了制作时期的社会背景。例如，《肖申克的救赎》表现了20世纪40年代和50年代美国的监狱系统，以及囚犯的生活。观众可以通过这部电影了解当时的社会价值观和犯罪问题。

《美丽心灵》讲述了数学家约翰·纳什的生平，当时美国正处于冷战时期，电影情节反映了当时美国社会的道德观念和价值观。电影讲述了数学家约翰纳什在精神疾病的折磨下，如何坚持学术研究，最终获得诺贝尔奖的故事。

（二）文化符号

影片中常常使用各种文化符号来传递信息。例如，中国导演张艺谋的电影《卧虎藏龙》使用了武侠元素，包括武功、刀剑和传统服饰，以探讨中国文化的传统和现代价值观。

《少年派的奇幻漂流》根据尤恩·马特尔的小说改编，讲述了印度少年派在一次海难中漂流到太平洋的奇幻冒险。电影中融合了宗教、哲学和神话元素，反映了印度文化的多元性和宗教包容性。观众可以通过这部电影探讨文化认同和宗教多样性等议题。

（三）文化冲突

文化解读还可以帮助我们理解影片中的文化冲突。例如，电影《神探夏洛克》中，夏洛克·福尔摩斯的理性和现代科学观念与19世纪维多利亚时代的超自然信仰和古老传说形成了冲突，这反映了当时英国社会的文化对立。

导演詹姆斯·卡梅隆的《阿凡达》是一部科幻电影，但它有着丰富的文化内涵。影片描绘了人类文明与外星人纳美人文明的冲突，反映了文化入侵和环境问题。观众可以通过这部电影思考殖民主义、文化冲突和可持续发展等重要主题。

影视文学的文化解读有助于我们更深入地理解电影背后的文化元素和信息。通过分析社会背景、文化符号和文化冲突，观众可以洞悉不同文化和时代的内涵。以上提到的电影是一些例子，它们各自反映了对不同文化和文化解读。在学习影视文学时，文化解读是一个强有力的工具，帮助我们更好地理解和欣赏影视作品。

三、影视文学的社会议题

影视文学是一种具有广泛影响力的艺术形式，在许多方面反映和探讨了社会议题。它通过各种叙事手法和角度，提供了深刻的社会体验和思考。

（一）社会议题在影视文学中的反映

1. 政治议题

影视文学中的政治议题涉及多方面，包括政府结构、权力分配、革命与社会变革等。影视作品经常探讨不同类型的政府及其权力结构，以及这些结构对社会的影响。例如，电视剧《权力的游戏》通过讲述多个家族间的政治争斗，呈现了权力、野心和政治利益的博弈。铁王座的争夺是一个象征性的政治权力斗争，反映了现实世界中政治权谋和背叛的复杂性。

革命是影视文学中常见的政治议题，反映了对不公正、不平等或腐败体制的抗议。例如，电视剧《菲利斯缺席》以极权政府为背景，探讨了妇女权益、宗教极端主义和权力威胁，通过描绘一个极权社会的崩溃和人们为自由而奋斗的故事，凸显了政治体制对个人和社会的影响。

这些影视作品提供了对政治议题的深刻思考，通过情节和角色塑造展示了政治背景下人性、道德和社会组织的复杂关系。

2. 性别议题

《愤怒的公牛》是以拳击手杰克·拉莫塔（Jake LaMotta）的真实故事为基础创作的电影。影片中，性别在角色关系和社会地位方面被深入探讨。例如，男性荷尔蒙和压力：主角杰克·拉莫塔是一名拳击手，社会期望他展现出"男性气概"，但这种期望加剧了他的暴力倾向，表现为对妻子和家庭的虐待。又如，女性角色的边缘化：影片中的女性角色几乎都是男性世界中的配角，她们的存在主要是为了彰显男性角色的特质，揭示了当时社会中性别不平等的现实。

影视文学也关注女权主义议题。例如，电影《摔跤吧！爸爸》讲述了一位父亲如何培养女儿成为摔跤冠军，反映了印度社会对女性的性别歧视，并且倡导女性在体育领域的权利。

3. 环境议题

电影《血色将至》讲述了石油开采的故事，展现了人类对自然资源的贪婪和破坏。影片中反映了石油产业对环境的极大压迫，包括石油开采对土地的破坏、废弃物的排放等。通过揭示人类对资源的过度开采，警示环境问题的严重性。2019 年，该片被英国《卫报》评选为"21 世纪最佳影片 100 部"，并位列第一名。

《水形物语》讲述了一个与人类女子相爱的水族生物的故事。电影通过讲述这段异想天开但感人至深的爱情故事，同时呈现了人类对自然界的不尊重和破坏。水族生物的生存环境受到了严重威胁，而主人公艾莉莎试图保护它，从而引发了一系列挑战和冲突。

两部影片通过不同的故事情节和角色刻画，凸显了环境问题在现实生活中的紧迫性和重要性。它们揭示了人类活动对自然环境的直接影响，以及这种影响可能导致的后果。

另外，这两部影片也通过艺术手法来强调环境议题。例如，《血色将至》通过镜头语言和音乐等元素，将石油开采的残酷和破坏呈现得淋漓尽致；而《水形物语》则通过视觉效果和音乐，将水族生物的美丽和环境的脆弱展现出来，以引起观众的共鸣和思考。

4. 道德议题

道德困境和伦理问题在影视文学中颇为常见。《十二怒汉》是 1957 年上映的法庭戏剧，探讨了道德困境在陪审团成员中的表现。这部电影中，一名青年被指控谋杀，而 12 名陪审团成员需要审理这一案件。影片呈现了不同陪审团成员的不同伦理观点和价值观，以及他们在案件审理过程中的道德挣扎。其中，一名陪审团成员坚持认为被告有罪，而其他人则提出合理怀疑。这引发了一系列道德问题，如个体的道德勇气，是否应该相信证人的词证，以及对被告的公正判断。影片强调了道德判断的主观性和复杂性，以及法律和道德之间的关系。

《蝴蝶效应》是一部科幻电影，围绕时间旅行和伦理问题展开。主人公可以通过改变过去的决策来影响未来，但这引发了道德困境。他试图改变生活，但每一次改变都会导致不可预测的后果，甚至是灾难性的结果。这部电影引发了道德问题，如人类是否应该干涉过去，是否有权改变他人的命运，以及权衡个体的利益与整体社会的稳定之间的伦理取舍。这部电影强调了伦理决策的复杂性和责任感。

5. 社会公平与文化多样性

影视文学经常反映社会中的不平等现象，探讨阶级分化问题。例如，查理·卓别林的《摩登时代》通过喜剧方式讽刺了大萧条时期工人阶级的苦难，揭示了工业化时代的社会不平等。

种族和文化冲突是影视文学中常见的社会议题。例如，2014年奥斯卡最佳影片《为奴十二年》深刻展示了美国奴隶制度的残酷性，引发了关于种族关系和平等的广泛讨论。

（二）影视文学如何具体表现社会议题

1. 角色塑造

通过塑造具体的角色，创作者向观众展示不同社会背景、阶级、种族、性别等对于角色命运和社会地位的影响。例如，电影《辛德勒的名单》通过对主人公辛德勒的角色塑造，反映了纳粹时期犹太人大屠杀的历史，强调了个体的善良和正义感。

2. 情节设置

通过剧情发展，创作者可呈现社会议题的复杂性和多样性。例如，电视剧《绝命毒师》通过展现主人公的堕落过程，深入探讨了毒品问题和道德伦理议题。

3. 对话与对白

通过角色之间的对话，观众可以了解不同观点和立场，从而思考社会议题的多样性。例如，电影《爱乐之城》中的对白探讨了追求梦想与婚姻之间的冲突，反映了现代社会年轻人面对生活时的选择与困惑。

4. 符号与象征

影视文学中常常使用符号和象征来代表社会议题。这些符号可以通过影像和隐喻的方式来传达深层次的含义。例如，电影《阿凡达》中的"不可获取的矿石"象征了人类对自然资源的贪婪，反映了环境问题和文化冲突。

5. 情感共鸣

观众通过与影片中的角色建立情感联系，能够更好地体会到社会议题的重要性。例如，电影《辛德勒的名单》中的情感共鸣使观众更深刻地理解了大屠杀的残酷性，引发了对历史的反思。

影视文学与社会议题之间的关联紧密而深刻。通过角色塑造、情节设置、对话与对白、符号与象征以及情感共鸣，影视文学能够生动地展现社会议题的多样性和复杂性，引导观众深入思考社会中的重要问题。这使得影视文学成为一个有力的社会议题传达工具，可以影响观众的价值观和观念，促进社会的发展和改变。

四、影视文学的符号与象征

在影视文学中，符号和象征扮演着重要的角色，它们是导演和编剧用来传递深层主题和观念的关键元素。

符号是一个具体的物体、行动、地点或人物，它在电影中代表或象征着某种抽象概念。符号通常具有普遍性，观众可以共同理解其含义。例如，白色鸽子常常代表和平。

象征是一种更加抽象和复杂的概念，通常由多个符号组成，以传达更深层次的主题或思想。象征常常需要观众对电影的整体情节和情感有深刻理解。例如，玫瑰花作为一种象征，可以代表爱情、美丽、脆弱或堕落，具体含义取决于上下文。

（一）符号和象征的作用

传达主题和情感：符号和象征是导演用来传达电影主题和情感的工具。它们能够在不知不觉中帮助观众更好地理解电影中的深层含义。

提升视觉吸引力：符号和象征可以增加电影的视觉吸引力，使其更富艺术性。这有助于吸引观众的注意力，使电影更加令人难忘。

创造多层次解读：电影中的符号和象征常常具有多重解读的可能性，这使电影变得更加丰富和引人入胜。观众可以从不同角度解读它们，享受到更多层次的观影体验。

（二）电影中的符号和象征

1. 玫瑰花：《美女与野兽》

在这部迪士尼经典电影中，玫瑰花象征了主人公野兽的命运。花瓣的掉落代表着野兽有限的时间，只有获得真挚的爱情才能被拯救。这一象征强调了爱情、美德和救赎的主题。

2. 海鸥：《群鸟》

在阿尔弗雷德·希区柯克的经典灾难片《群鸟》中，海鸥被用作符号，代表着自由、平和和宁静。然而，当海鸥变成攻击人类的凶猛鸟类时，这个符号转化为象征，反映了社会的脆弱性和突然的混乱。

3. 迷宫：《盗梦空间》

迷宫在这部科幻悬疑电影中扮演着重要角色，代表了人类心智的复杂性和深度。迷宫成了主人公们进行心灵操控的工具，也暗示了思维与现实之间的复杂关系。它强调了梦境、现实和记忆之间的交织。

4. 镜子：《黑天鹅》

镜子常常被用来代表角色的自我认知和对内心冲突的反思。角色在镜子前观看自己的形象，可以代表他们在电影中的成长或改变。镜子还象征着现实和虚幻之间的对立。角色可能会通过镜子看到不同的现实，或者镜子可以用来探讨双重身份和人物的两面性。在电影《黑天鹅》中，镜子被用来反映主人公内心的冲突和分裂。

5. 计时器：《时间规划局》

计时器通常是时间的象征，它可以代表角色的时间压力或时间的重要性。角色可能要在有限的时间内完成任务，或者时间可能是电影中的重要情节元素。手表也可以象征角色的决策和命运。时间的流逝可能影响到角色的命运，而手表可能用来提醒角色时间的紧迫性，使他们必须在有限的时间内做出关键决策。在电影《时间规划局》中，计时器上的数字代表人物剩余的生命时间。

电影中的这些符号与象征丰富了故事的层次感，赋予了作品更深刻的内涵。同时，它们也为观众提供了多重解读的可能性，使电影成为一个富有想象力和思考的艺术形式。

电影中的符号和象征常常需要观众的主观解读。不同的观众可能会对同一个符号有不同的理解，这正是电影的魅力所在。观众可以根据自己的生活经验和情感来解读符号和象征，从而深入体验电影的内涵。

五、影视文学中的意识形态与政治

影视文学通常通过其主题来传达特定的意识形态。主题可能涉及社会、文化、伦理、道德等方面的观点。例如，一部关于社会不平等的电影可能传达关于平等和公正的意识形态。电影中的角色可以代表不同的意识形态。通过角色的演变和冲突，电影可以探讨特定意识形态的优点和缺点。角色可以是英雄、反派或道德困境中的个体。

影视文学也常常处理社会和政治议题，如战争、种族、性别、环境等。它们可以通过情节和角色来传达政治信息，引发观众对这些议题的反思。某些电影被用作政治宣传工具，旨在传达政府或特定政治团体的信息。这些电影可能受到政治力量的控制，用来传播公众意见。

例如，《1984》这部电影深刻探讨了极权主义和政治操控的主题。它通过描述一个极权政府如何控制信息、思维和言论自由，传达出的对个体自由的担忧。电影提出了政治警示，电影中我们感受到创作者激发了观众对政府监控和政治操控的反思。

电影《辛德勒的名单》以二战时期的大屠杀为背景，强调了人性、良知和道德的重要性。它表达了对侵略者的谴责，强调了人道主义价值观。电影传达了反战、反种族歧视和保护人权的政治信息。它激发了观众对历史事件的反思，以及对道德和人性在政治冲突中的作用的思考。

影视作品为观众提供了一个可以抒发各种观点的平台。观众应该以辩证的思维来看待电影，并了解它们可能传达的意识形态和政治观点。

第三节　经典影视文学作品

影视文学以文学作品为基础，它们通过电影和电视媒体传达出丰富多彩的故事、情感和思想。

一、经典影视文学作品概述

下面本书将列举一些经典影视文学作品，这些作品不仅塑造了影视艺术的灵魂，同时也取得了商业上的成功，在观众心中留下了深刻的印记。

（一）东方经典影视文学作品列举

1.《红楼梦》

《红楼梦》是中国古代小说的巅峰之作，被誉为"中国封建社会的百科全书"。作为经典的东方文学作品，《红楼梦》不仅是一部小说，而且是中国文学史上的一颗璀璨明珠。该作品以宏大的叙事、丰富的人物形象和深刻的社会洞察力，展现了封建社会的荣辱兴衰，对后来的文学创作产生了深远影响。《红楼梦》有多个电视剧和电影版本，1987 年的电视剧版广受好评。

2.《大明宫词》

《大明宫词》是一部中国古装历史剧，该剧以武则天与太平公主这一对母女一生权力和情感的矛盾争斗为主线，讲述了一个充满传奇色彩又饱含人生哲学的故事同时，也反映了当时社会政治风貌，呈现了唐代文化的辉煌。电视剧版的《大明宫词》，保持了电视剧人物对白的原貌，语言优美、古风纯蕴。

3.《卧虎藏龙》

由中国著名导演李安执导的电影《卧虎藏龙》改编自王度庐的同名小说，它以中国武侠为题材，讲述了独属于中国的江湖故事。影片通过震撼人心的视觉效果、精湛的武打和深刻的哲学内涵，将东方武侠精神展现得淋漓尽致，是华语电影历史上第一部荣获奥斯卡金像奖最佳外语片的影片。

4.《大红灯笼高高挂》

这部电影改编自苏童的小说《妻妾成群》，原著描写了一个"受过新时代教育"的女学生自愿嫁入高墙深院、秩序井然的封建家族，最终又在"妻妾成群"明争暗斗中走向精神崩溃的悲惨命运，艺术化地再现了中国封建礼教吞噬人性的恐怖景象。《妻妾成群》曾被改编成多部影视作品，由张艺谋执导的《大红灯笼高高挂》就是其中之一。该影片不仅在国内取得了巨大的成功，也在国际上获得了高度评价。

5.《霸王别姬》

《霸王别姬》是由陈凯歌导演的电影，改编自作家李碧华的同名长篇小说。电影以中国近现代历史为背景，描绘了两位京剧演员程蝶衣和段小楼的生活故事，以及他们之间错综复杂的感情纠葛。电影通过对他们的生活和情感的深入刻画，展示了当时中国社会和政治历史在他们身上留下的烙印。

6.《被嫌弃的松子的一生》

《被嫌弃的松子的一生》是一部由日本作家山田宗树创作的长篇小说，被改编成电影，讲述了松子渴望爱、渴望被爱而坎坷曲折的一生。它以一个普通女性的命运变迁为线索，展现了日本社会近一个世纪的历史，同时也传达了一种极具人文关怀的情感价值观，每一个落魄的人似乎都有着各自的故事。

7.《入殓师》

电影《入殓师》根据日本作家青木新门的小说《纳棺夫日记》改编而成，影片讲述了日本入殓师的生活。电影以一名入殓师新手的视角，去观察各种各样的死亡，凝视围绕在逝者周围的充满爱意的人们。它诉说着骨肉之情、夫妻之爱、朋友之义以及对工作的自豪，带来一份别具一格的感动。

8.《白色巨塔》

《白色巨塔》是根据日本作家山崎丰子同名小说改编的电视剧，内容直指医院的黑暗面，探讨医学与人性、生命的尊严和价值，呈现了一个关于生命、理想、权力、道德、罪恶、救赎等诸多主题的深刻故事。不论是原著还是剧作，在日本都占据着国民级作品的地位。

9.《寄生虫》

电影《寄生虫》获得第72届戛纳电影节金棕榈奖，并获第92届奥斯卡最佳影片、最佳导演、最佳原创剧本、最佳国际影片四项大奖，韩国导演奉俊昊以风格化的手法讲述了这一出"没有小丑的喜剧、没有恶人的悲剧"，更融入了对阶级分化、贫富差距等现实议题的深入思考，堪称艺术与娱乐的完美融合、职业生涯的集大成作。

10.《三傻大闹宝莱坞》

这是根据印度畅销书作家奇坦·巴哈特的小说《五点人》改编的印度电影，讲述三位好友的大学故事。电影以寻找兰彻为主线，用两条脉络以插叙方式回忆了兰彻的求学生涯，以及与法涵、莱俱这个三人组在大学期间的精彩故事。电影展现了大学生对自身命运的迷茫、担忧和恐惧，深入探讨了教育应该的样貌。

（二）西方经典影视文学作品列举

1.《乱世佳人》

这部由维克多·弗莱明（Victor Fleming）执导的经典电影改编自玛格丽特·米切尔（Margaret Mitchell）的同名小说。故事背景设定在美国南北战争期间，讲述了斯嘉丽·奥哈拉（Scarlett O'Hara）的爱情故事和她对抗逆境的生活经历。这部作品深刻地描绘了战争、爱情和家庭的复杂关系，成为电影史上的经典之一。

2.《教父》

弗朗西斯·福特·科波拉执导的这部电影改编自马里奥·普佐的小说。影片讲述了意大利黑手党家族的故事，特别是主人公迈克尔·柯里昂（Michael Corleone）的崛起和堕落。《教父》被誉为犯罪电影的代表作，塑造了无数经典角色和经典台词。

3.《飞越疯人院》

1975 年上映的《飞越疯人院》由米洛斯·福尔曼执导，改编自肯·凯西的小说。这部电影的故事发生在一家精神病院，讲述了反叛的麦克墨菲（Randle McMurphy）与冷酷的护士之间的冲突。这部电影融合了黑色喜剧和社会讽刺元素，引发了对精神病患者权益和医疗体系的思考，成为了 20 世纪 70 年代的经典之一，斩获了五项奥斯卡奖项。

4.《肖申克的救赎》

《肖申克的救赎》由弗兰克·达拉邦特执导，改编自斯蒂芬·金的中篇小说。这部电影讲述了银行家安迪被冤枉入狱，他在肖申克监狱的生活和他与监狱中的朋友瑞德之间的友情。这部影片以其深情的叙事和对于希望的探讨，成为观众心中的经典。

5.《罗马假日》

这部浪漫喜剧讲述了一位年轻的欧洲王室成员安娜公主与一名美国记者之间的爱情故事，以其美丽的意大利罗马景观、优雅的表演和感人的故事而闻名。它是电影编剧的原创作品，当年获得奥斯卡最佳原著剧本奖。

6.《哈利·波特》系列

《哈利·波特》是基于英国作家 J. K. 罗琳的同名奇幻小说制作的系列电影。这一系列电影共包括八部作品，成为文学和电影的经典之一。故事讲述了一个叫哈利·波特的小巫师与他的朋友探索魔法世界的秘密的故事。《哈利·波特》电影系列在全球范围内取得了巨大的商业成功，它不仅是一部奇幻冒险系列电影，还探讨了友情、家庭、勇气、忍耐和善恶之间的道德和伦理问题。电影还在视觉效果、特效和角色塑造方面取得了重要的突破，成为现代电影制作的里程碑之一。

7.《傲慢与偏见》

这是一部英国文学作品，被认为是简·奥斯汀（Jane Austin）最杰出的作品之一。这部小说已经多次被改编成电影和电视剧，其中最著名的版本之一是 2005 年由乔·赖特执导的电影，主要讲述了女主人公伊丽莎白·班内特（Elizabeth Bennet）与她的家人以及彭伯里家族之间的故事，探讨了社会等级、婚姻、尊严和爱情等主题。《傲慢与偏见》被认为是英国文学中最伟大的小说之一，因其深刻的人物刻画和社会洞察力而备受赞誉。

8.《钢琴家》

《钢琴家》是一部由罗曼·波兰斯基执导的电影，于 2002 年上映。该电影改编自波兰裔钢琴家瓦拉迪斯罗·斯皮曼（Władysław Szpilman）的作品，讲述了他在第二次世界大战期间在华沙生存的真实故事，他的音乐天赋在战争的恶劣环境下成了他生存的关键。电影展现了主人公在华沙犹太区的艰难时刻，以及他与纳粹军官的相遇，整个影片以其对人性、生存和希望的深刻探讨而感人至深。

9.《红气球》

《红气球》是一部法国儿童电影，也是一部经典的奇幻短片。全片只有 32 分钟，几乎没有台词，是奥斯卡获奖历史上唯一获得最佳剧本奖的短片。电影讲述了一个小男孩在巴黎的贫困街区发现了一只红色气球。这只气球似乎有自己的生命力，跟随男孩，并成为他的伙伴。男孩与红气球之间建立了一种特殊的联系，他们一起经历了一系列的冒险和困难。电影通过这个故事传达了友情、孤独和童真的主题，同时也反映了城市生活的孤独和艰辛。

10.《海上钢琴师》

意大利作家亚历山德罗·巴里科（Alessandro Baricco）所著的《海上钢琴师》在 1998 年被意大利导演朱塞佩·托纳多雷改编成电影《海上钢琴师》。主人公名叫 1900，他出生在"维珍尼亚"号邮轮的钢琴上，被一名船员救起并抚养长大。从小就展现出惊人的音乐才华，成了一位海上钢琴师。他的音乐才华在船上赢得了广泛的赞誉，但他却拒绝下船，选择一生都待在海上。影片强调了音乐与自由的关系，探讨了关于人生、自由和热情的深刻主题，以及个体如何在独特的环境中找到自己的位置。

二、经典影视作品角色分析

精彩的角色是一部影视作品能获得成功的要素之一，影视文学作品中的角色塑造是一个复杂而深刻的过程。角色的深度、内在冲突、成长过程以及与社会和文化的交互，是人物成立和出彩的关键。

（一）经典的反派角色（以汉尼拔为例）

《沉默的羔羊》是一部由托马斯·哈里斯（Thomas Harris）创作的心理恐怖小说，以及改编自该小说的同名电影。汉尼拔·莱克特博士（Dr. Hannibal Lecter）是这个故事中的一个极具吸引力但又十分危险的角色。

1. 精神分析

汉尼拔·莱克特是一位智商极高、思维敏捷的精神病医生，拥有卓越的智慧和洞察力。他对人类心理和行为有着深刻的理解，在精神病学领域取得了卓越的成就，但同时也有着严重的心理问题。他的知识和能力帮助他进行复杂的心理操控，这使他成了一位危险的心理变态杀手。他能够了解受害者的弱点，并通过心理分析来猎取他们。

2. 博学多才

汉尼拔是一个博学多才的人，他通晓多种文化和艺术。他喜欢收集精美的物品，包括古董和绘画，拥有很高的品位和深厚的学识。

3. 双重性格

汉尼拔有一个复杂的性格，他可以表现出极度的教养和礼貌，但在内心深处却是一个冷酷的杀人狂，他吃掉了受害者的肉体，这使他成为一个令人害怕的反派角色。这种双重性格使他成了一个极具迷惑性的角色，同时也让人感到恐惧。

4. 犯罪技能

汉尼拔在小说和电影中展示了出色的犯罪技能。他能够细心地策划和执行令人震惊的犯罪行为，而且擅长隐藏自己的真正意图。他拥有卓越的心理洞察力，他能够深刻地了解他的受害者和追踪者的心理。他的能力使他能够摆脱捕捉，同时也使得追捕他的特工感到非常困惑。

5. 人物关系

汉尼拔与特工克拉丽斯之间存在着一种复杂的关系。尽管他是一个危险的杀手，但他也对克拉丽斯展示出一定程度的尊重和情感。这种关系增加了故事的复杂性。

汉尼拔·莱克特是一个充满复杂性和吸引力的反派角色，他的聪明才智和危险性质使他成为《沉默的羔羊》中的经典反派角色之一。他的复杂性格和与其他角色之间的关系使故事更加引人入胜。

（二）出色的女性角色（以伊丽莎白·本内特为例）

伊丽莎白·本内特（Elizabeth Bennet）是《傲慢与偏见》中的女主角，她是一个复杂而引人注目的角色，被认为是奥斯汀小说中的经典角色之一。

伊丽莎白以其智慧和幽默感而闻名。她善于观察和分析人物，尤其是她的亲戚和社交圈中的人。她言辞锐利，常常以讽刺的方式来评论社交事件和人际关系。虽然伊丽莎白表现出一些嘲讽和刻薄的一面，但她本质上是一个善良和正直的女性。她关心家人，尤其是姐姐，还帮助那些需要帮助的人，如她的朋友夏洛特。

伊丽莎白拥有独立的思考能力，她不会盲目接受社交规范和传统价值观。她坚守自己的原则，拒绝嫁给一个她认为傲慢和无趣的男人，即达西先生。她具有强烈的自尊心，坚持自己的原则，不会妥协。她多次拒绝了求婚，因为她只愿意嫁给一个与她真正相爱的男人。她的坚强意志力使她能够应对各种挑战和困难。

伊丽莎白与小说中的主要男角色，弗兰西斯·达西先生（Fitzwilliam Darcy）之间的关系是小说的核心。起初，他们对彼此有偏见，但随着情节的发展，他们逐渐认识到对方的优点，最终走到了一起。这个关系展示了伊丽莎白的成熟和她内心的洞察力。

伊丽莎白·本内特的复杂性体现在她的个人品质，以及她在成长过程中的误解和自信与骄傲之间的平衡。这些特点使她成为一位令人难以忘怀的文学角色，而她的故事也是《傲慢与偏见》的核心。

（三）难忘的悲剧角色（以程蝶衣为例）

电影《霸王别姬》里，张国荣饰演的程蝶衣拥有两种身份，一个是生活中男性的小豆子，一个是戏里女性的虞姬。戏痴的他游离在现实与戏剧之间，雌雄同体是对他矛盾个性的注脚，亦是他悲剧命运的根源。

程蝶衣本为男孩，戏班班主因他相貌俊秀让他饰演旦角。但在排戏之初，他一次次在演出中拒绝成为女儿身。程蝶衣性别认同的内心冲突最激烈的一场戏，是在一次进宫演出的排练中，他唱《思凡》一戏中小尼姑的台词："我本是女娇娥"时，总是唱成"我本是男儿郎"。这是他潜意识里对于男性身份的本能坚持，但却因此遭到了师父的斥骂与毒打。而当师兄段小楼把烟袋锅塞进他的嘴里一阵猛捣，强硬地纠正之后，他终于否定了自己真实的性别身份，在外界的重压之下确认了自己的女性身份。

而多年来，和段小楼在戏里的霸王角色跟自己的虞姬角色，与戏外段小楼对自己的照顾和他对段小楼内心的依赖相重叠，程蝶衣在不知不觉中已分不清戏里和戏外了。从此，程蝶衣不仅在京戏里成为女性的虞姬，他还迷恋虞姬的女性角色在现实中的存在——穿虞姬的服装；当北洋军队侵入戏场时，以女性的柔弱姿态面对军阀；当段小楼爱上菊仙时，程蝶衣歇斯底里地表现出嫉妒的怒火……

程蝶衣的性格非常复杂。他矛盾而深情，既有坚强和自信，又有脆弱和敏感。他对京剧的热爱与对段小楼的爱情之间存在着拉扯和矛盾，这让他陷入了内心的挣扎和痛苦。程蝶衣的感情热烈又决绝——不论是对段小楼，还是对京剧。当段小楼喜欢的宝剑被程蝶衣在袁四爷家看到后，程蝶衣不惜牺牲色相换回；当段小楼被日本人抓去时，他又不惜损害名声为日本人唱戏，从中周旋，从而将段小楼救出。当他知道段小楼明知小四要顶替自己演虞姬，却没有反对，而是选择了明哲保身，于是烧掉了自己的戏服。这不仅是对这种背叛行为的愤怒，同时也是对自己演艺生涯的告别——既然不需要做虞姬了，那么他的艺术生涯也结束了。程蝶衣性格中偏执的这一面，也为他爱情和命运的悲剧埋下了伏笔。

第四节　影视文学写作

影视作品的成功不仅依赖于出色的演员和导演，还仰仗于强大的编剧团队，他们通过文字和叙事，构建出令人难以忘怀的故事世界。无论你是希望将自己的创意付诸实践，还是想更深入地了解影视文学的奥秘，关于影视文学写作的基础知识和技巧都是不可不知的。

本节涵盖故事构思、角色塑造、对话撰写、场景设计等一系列重要主题。我们鼓励你充分发挥自己的创造力，走进影视文学的精彩世界，成为一个富有创意和影响力的故事讲述者。

一、明确主题

在开始创作之前，你需要有一个创意或故事概念。这可能是来自你的生活经验、新闻事件、小说、历史事件或任何其他灵感源泉。

首先，需要明确作品的主题和目标。你需要问自己，你想通过这个故事传达什么信息，观众可以从中获得什么，以及你的创作目标是什么。这有助于你聚焦创意和构思的方向。

其次，寻找灵感是创意的起点。你可以通过阅读书籍、观看电影、参观博物馆、与人交流等方式来激发灵感。同时，研究相关领域的文化、历史和社会情境也有助于为你的作品提供丰富的素材。

最后，如果想要赋予作品一定的商业价值时，就考虑受众和市场。你的创意和构思应该与目标受众相关，并适应当前市场趋势。

二、塑造角色

影视作品中的人物设置和角色发展是故事情节的关键元素之一，能够深化观众与故事之间的情感联系，通常可粗略地分为主要角色、反派和配角。主要角色通常是故事的中心，他们驱动剧情，有明确的目标和冲突；反派角色是主要角色的对手，他们通常是冲突的根源，可以是反派人物或外部力量；配角是主要角色的朋友、家人或同事，他们在故事中提供支持、冲突或情感深度。

而不管是什么样的角色，都应该拥有人物弧光（Character Arc），即角色应该经历发展和变化。在故事中，主要角色通常会从一个状态到另一个状态，这个变化可以是心理、情感或道德上的。

在人物设置上，首先应当有意识地塑造多维度性格，好的人物不应是简单的黑白角色，他们应该具有多面性格，包括优点和缺点，内外矛盾。这使他们更具吸引力和真实感。

其次，需要设计合理的背景和动机，这对于解释他们的行为和决策非常重要。观众需要知道他们为什么做某事，以便更好地理解和共情。

再次，角色之间的互动和关系也非常关键。这些关系可以是友情、亲情、爱情或竞争等，它们可以推动情节发展。

最后，创作者要赋予角色不同的视觉特点，因为人物的外表、服装和化妆也能够传达信息。视觉元素可以帮助观众更容易地识别和记住角色。

在角色塑造方面，创作者应意识到好的角色需要经历变化和成长。他们可以从故事的开始到结束，变得更强大、更聪明，或者改变他们的信仰和价值观。另外，角色可以有内部冲突或自我冲突，这使得角色更具深度，观众可能会看到他们在不同的欲望和需求之间挣扎，这也可以推动情节。同时，好的角色应该面临挑战和困难，这样观众可以看到他们如何应对这些情况，以及他们如何在压力下表现出他们的真正性格。

在影视剧本创作中，人物设置和角色发展是故事的核心，创作者需要付出精力来创造深刻、有趣、引人入胜的角色，同时使他们跟随情节逐渐变化，吸引观众并引发共鸣。

因此，明确了创作目标之后，便可开始构思角色和情节——设计主要角色、配角和反派，并思考他们的特征、动机和关系。同时制定主要情节线和次要情节线，让角色在情节推进中产生交互作用。

如何在影视文学中塑造出成功的角色，为剧情服务？这里为创作者提出几点建议：

一是深入研究和创造：仔细研究人物的历史、动机和目标，以确保他们的行为和对话是一致的。创作者应该为角色创建详细的背景故事。

二是引入冲突和挑战：创作者应该让角色面临各种冲突和挑战，这将推动角色的发展，同时也增加情节的紧张感。

三是让角色与情节相互作用：角色的决定和行为应该对情节产生重大影响，而情节的发展也应该影响角色的决策。

四是创造有趣的关系：角色之间的互动应该具有吸引力，观众可以投入其中。这可以通过对话、情感冲突和合作来实现。

五是展示变化和成长：观众应该看到角色的变化和成长，这可以通过关键时刻和经历来实现。

三、找准载体

语言和场景设置在讲述故事、传达情感和塑造角色方面都扮演着"载体"的角色。

影视剧本的语言包括叙事语言、对白、旁白和独白这几种。叙事语言即剧本中必要的场景描写、角色的形象塑造和性格特征刻画。虽然编剧不可能像写小说那样细致入微地描摹人物复杂的情感和心理，但仍可遵循剧本创作的特殊规律来实现这一目标，即避免直接展示角色的内心世界，而是设计出相应的外在动作线，通过诸如回忆、梦境、想象、闪回等直观的动作或场面描写，将角色的内心活动转化为具体视象，使原本不可见、不可感的心理与情感变得可见、可感。

剧本中的台词一般包括对白、独白和旁白三种。对白是角色之间主要的信息传递方式，角色可以通过对白告诉观众情节、背景信息以及角色关系等。对白应该具有独特性，反映角色的个性、动机和关系，不能千部一腔、千人一面。创作者在设计人物对白时，应根据人物的出身、年龄、职业、教养、经历、社会地位、所处时代等条件，把握其语言特征。

对白应该做到生活化、口语化，角色的对话方式、用词和口音可以帮助观众了解他们的性格、价值观和情感状态。对白也是推动情节发展的关键工具，通过对白，角色可以提出问题、制订计划，或者解决问题，从而推动故事向前发展。

除此以外，对白可以帮助营造影视作品的氛围，传达诸如悬念、幽默或紧张等情绪；还可以用来表达影视作品的主题，观众主要是通过角色的对话来了解作品中的核心思想以及角色的性格差异的。

例如，香港动画电影《小倩》中，宁采臣遇到十方和白云大师时的一段对白：

宁采臣目睹了白云高强的法术，崇敬之情油然而生，问一旁的十方："哇，他真厉害！高姓大名啊？"

十方的嘴角微微一扬："我们出家人不喜欢沽名钓誉，挺低调的。不过你可以记住他是鼎鼎大名的白云大师。"

见宁采臣没有问自己的名字，十方忍不住做起了自我介绍："实不相瞒，我是后起新秀，在法坛上直追白云大师，绰号追妖小旋风。不过你这样称呼我就太过自我标榜了，你干脆简单地就叫我五台山白云寺飞天遁地刀枪不入惊天动地鬼哭神嚎的少年金刚十方大师吧！"

宁采臣愣了半天，认真地说道："他们真的好谦虚啊，一点都不想人家赞扬他们，所以他们的名字都起得这么复杂，让你想记都记不起来。"

香港喜剧电影很多都贴有"无厘头"的标签，《小倩》不仅在叙事节奏上，延续了那个年代香港本土电影的特色，无厘头的港式幽默更是无处不在。编剧用前后矛盾的台词塑造了十分骄傲和虚荣的性格，但又用宁采臣的认真，制造出了反讽的效果，产生了喜感。

独白最早源自古典悲剧，是指由角色独自说出的台词，在话剧表演中广泛使用，属于把人物的内心活动直接向观众倾诉的一种艺术手段，往往运用于人物内心情感和思想最激烈最复杂的时刻。在影视剧中，独白以第一人称的画外音形式呈现，以此揭示人物隐秘的内心世界，增加了故事的个体性和私密感。"独白在形式上往往是完整的内心语言，有时并被诗化，兼有强烈的抒情性。因而它并不起与他人交流的作用，而成为人物自己心灵的对话。"[①]

例如，电影《风声》中，顾晓梦最后留下的讯息以独白的方式呈现：

我身在炼狱，留下这份记录，
只希望家人和玉姐，原谅我此刻的决定。
但我坚信，你们终会明白我的心情。
我亲爱的人，我对你们如此无情，
只因民族已到存亡之际，我辈只能奋不顾身，挽救于万一。
我的肉体即将陨灭，灵魂却将与你们同在。
敌人不会了解，
老鬼老枪不是个人，而是一种精神，一种信仰。

顾晓梦的声音平静中带着坚定，那种淡然中的义无反顾之感反而更加激烈，让听者内心无不汹涌澎湃。

旁白原本是在舞台上直接说给观众听，且不为同台其他角色听见的台词。在影视剧中，旁白以第三人称叙述者的全知视角展现，是以画外音形式出现的解说性语言。其功能通常用作交代故事发生的时间、地点以及社会和时代的背景，有时也会对发展的剧情发表点评，以帮助观众更好地理解剧情；也会用于展现人物的潜在心理，以帮助观众理解角色的思绪和行为内涵。比如，在谍战题材的电视剧《潜伏》中就采用了大量旁白对地下工作者余则成的行为进行注解，在帮助观众理解和推进剧情的发展的同时，也为剧作增添了独特的文学气息。

---

① 汪流. 电影编剧学［M］. 北京：北京广播学院出版社，2000.

而场景设置则为导演、演员和制片人提供了创造影像的指南。场景设置通过视觉方式传达信息，通过场景，观众可以了解故事发生的地点、时间以及环境；场景可以通过氛围、色彩和布景来表达情感。例如，一个阳光明媚的海滩场景可以传达幸福和轻松的情感，场景设置应该清晰、简洁，传达所需的情感和氛围。

同时，场景设置也影响到角色之间的互动方式，不同的场景可能促使角色采取不同的行动或表现出不同的情感；另外，场景可以与主题相呼应。例如，一个荒凉的沙漠场景可以支持关于孤独与求生的主题。

在影视文学创作中，对话和场景设置都是为角色和情节发展服务的，因此在设计时应注意以下几点：

第一，一致性。对话和场景设置应该与影视作品的整体风格和主题保持一致，确保它们相互支持。

第二，塑造角色。对话应该符合角色的性格和背景，场景设置也应反映故事的需要和角色的内心世界。

第三，情感和氛围。场景设置应该用以传达情感和氛围，而对话可以通过情感的表达和情感变化来支持场景。

第四，推动情节。对话和场景设置应该共同推动情节的发展，确保它们不仅仅是陈述信息，而是推动故事的引擎。

第五，创造独特性。创作者可以通过独特的对话风格和场景设计来使作品脱颖而出，引起观众的兴趣。

综上所述，影视剧本的情节和结构、角色发展、对话和场景设置是成功创作一部引人入胜的电影或电视剧的关键要素。创作者需要精心设计这些要素，以吸引观众、传达故事的情感和主题，并留下深刻的印象。

四、谋篇布局

在确定了角色概要和主要的情节线之后，便可着手设定故事的起承转合：即故事的起始点、发展阶段、转折点和高潮部分。确保故事的每个阶段都有足够的张力和发展空间。

创作者可以通过绘制时间线来确保故事中的事件发生顺序合乎逻辑。这有助于防止故事的时间流混乱或不连贯；也可通过将故事分解成一个个关键情节，以便构建故事的逻辑顺序，确保每个情节都有其在整体故事中的重要性和作用。同时，确定故事的主要冲突和障碍，以确保角色在故事中有发展和成长的空间。

基于以上步骤，制订一份详细的大纲，包括每个情节的概述、关键事件和角色发展。完成之后审视结构，确保故事结构合乎逻辑并有引人入胜的开头、扣人心弦的发展和令人满意的结尾。考虑使用传统的三幕结构或其他适合该故事类型的结构。

大纲和结构是一个动态过程，可能需要多次修改和润色。确保每个情节都紧密结合，共同推动故事发展。在编写的时候要保持一定的灵活性，以便故事可以在创作过程中适当地发展和改变。还有，别忘了制定影视作品的背景和世界观，确保这些元素与角色和情节相互关联，以营造出一个一致的世界。

第四章　影视文学

影视剧本里，剧情结构是整个故事的骨架，决定了故事的走向和观众的情感体验。在故事片中，一般包含下面几个要素：

引子（setup）：这是故事的开端，介绍主要角色、背景和世界。观众需要了解故事的背景信息，以更好地理解故事中的主要冲突。

冲突（conflict）：冲突是剧情的驱动力，通常是主要角色的目标与障碍之间的对抗。冲突可以是内部的（角色的内心冲突）或外部的（与其他角色或环境的冲突）。

激发事件（inciting incident）：这是引发主要冲突的事件，通常发生在第一幕结束后，推动故事向前发展。

发展（rising action）：故事在这一阶段戏剧冲突不断加剧，主要角色面临更多挑战和障碍。

顶峰（climax）：这是故事的高潮，主要冲突达到顶点，角色面临最大的考验。

回落（falling action）：在高潮后，故事逐渐冷却，主要角色开始解决冲突或应对后果。

结局（resolution）：故事的结局解决了所有主要问题，给观众一个满意的结果。

如何在影视剧本创作中把握剧情结构，是影视剧作者需要不断思考和实践的。

第一，需要创建立体的角色，了解他们的动机、目标和内心世界，依靠角色驱动的剧情更加引人入胜。

第二，在整个故事中保持紧张感，通过不断的冲突和挫折，让观众迫切地想知道后续。

第三，避免信息过载，信息应该在恰当的时机揭示，以调动观众的好奇心，所以要注意合理地安排信息披露。

第四，要控制故事节奏，让观众在紧张的部分感受到压力，而在轻松的部分得到喘息的机会。

第五，故事应该有深度，触及观众内心，传达出有意义的信息，引发观众的思考。

最重要的是，创作者应该保持创造力和创新性。经典的剧情结构是一个指导性的框架，但并不是不可逾越的限制。在熟知规则的基础上，勇于突破，尝试新的结构和叙事方式，才能创造出独特而令人难忘的作品。

五、磨练技巧

影视剧本创作讲究个性化、风格化，因此并没有固定的格式，只要符合拍摄的要求即可。影视剧本是专为拍摄者撰写的一份蓝图，与其他的文学作品不同，它的目的是让工作人员知道如何开展拍摄，让演员明白如何表演。

创作自然而富有个性的对话，让角色通过对话展示自己的特点和发展。确保对话符合角色的个性和背景。确保剧情有适当的节奏，不要让故事拖沓或过于仓促。引导观众进入情节，同时留出时间来发展角色和情感。同时，需要考虑镜头、场景和视觉元素的呈现方式。描述关键的视觉细节，以帮助导演和摄影师理解你脑海中的画面。这些技巧并非一日之功，需要创作者不断打磨直至成熟。下文将介绍一个影视作品中的常用技巧——蒙太奇。

一部影视剧作是由多个片段所构成，因此其中涉及镜头、场面和段落如何组合跟结构的问题，蒙太奇（montage）是影视剧本结构中的基本方法，它原是一个建筑术语，指构成和装配，但在影视艺术中蒙太奇成了镜头的组接和构成的代称，是指重新组合的剪辑手法，就是打破线性叙事，进行任意组合，从而达到预期的戏剧效果。

国产影片《疯狂的石头》将蒙太奇的技巧开发到了极致。影片第一个镜头是愁眉苦脸的包世宏和滴水的水龙头，水龙头滴水象征着包世宏的前列腺病症，是一种隐喻，这就是隐喻蒙太奇。在电影的不同时段会反复出现包世宏厕所小便的场景，这是重复蒙太奇，同时也是隐喻蒙太奇，象征人物的问题一直得不到解决，直到故事的结尾又是包世宏在小便，这时所有的问题都解决了，包世宏尿不出的问题也解决了。

电影开头是一段交叉蒙太奇，缆车里的谢小盟被女生狠狠地踩了一脚，手中的可乐坠落；包世宏驾车在坡道上行驶，被空中坠落的可乐砸中，他们下车对着缆车叫骂，汽车顺坡滑走；秦秘书正在墙上刷字，听见一声巨响，自己的宝马汽车被撞；警察正在检查道哥的搬家汽车，听见碰撞声便急忙去处理——以上四个情节段，把它们交叉剪辑在一起，不仅形成了险象环生的紧张效果，而且加快了剧情节奏。尽管他们互不相识，尚未建立关联，但作为即将发生故事的人物，把他们集中在一起，达到了人物出场的目的。

该影片多处运用平行蒙太奇，以翡翠为中心的盗贼和保安一攻一守，形成一组对立。第一次庙中盗窃，影片通过包世宏、道哥小偷三人帮和国际大盗麦克的不同视角和行动，将盗窃和守卫的过程充分展现。又如，包世宏与道哥会面戏，片中分开叙述，花开两朵各表一枝，很好地把握了节奏，使观众不至于一眼看到底，提高了影片的观赏性，产生了一种"横看成岭侧成峰"的效果，避免了平铺直叙的单调感。又如，黑皮与麦克一上一下被困及脱身的平行叙述也很出彩，这些都展现了平行蒙太奇手法的奇妙效果。

多线叙事对编剧和导演无疑是一大挑战，考验其对剧作的驾驭能力和逻辑能力。而蒙太奇似乎是为多线叙事量身打造的手法，把多线情节剪辑在一起，故事情节来回穿插，跌宕起伏，制造冲突，推动剧情，这就是蒙太奇的魅力。

完成初稿后，要进行反复的修订和润色，请他人阅读你的剧本，听取反馈，以改进情节、对话和角色。在格式上，确保你的剧本符合行业标准的格式和规范。这有助于提高剧本被接受和制作的机会。

编写影视剧本需要时间和耐心。创造一个引人入胜的故事和深刻的角色，是一项具有挑战性的工作，需要创作者不断地精雕细琢，但这也是非常有满足感的创作过程。

第五节　结语

随着新兴媒体的兴起以及多元文化和多元题材不断崭露头角，影视文学也逐渐百花齐放。

新兴媒体和平台为各种文化背景的故事提供了更广泛的传播平台。影视作品会越来越多地探讨不同文化之间的交汇与碰撞，从而增强了文化的多元性和包容性。这促使创作者深入研究不同文化、宗教、传统、社会背景和价值观念，以呈现更富有深度的故事，更广泛地反映观众的多样性，增强故事的代入感。

越来越多的故事将跨足多种媒体，包括电影、电视、在线视频、游戏、漫画和小说。这种跨媒体创作可以扩展故事的世界观，吸引更广泛的受众。新兴媒体和平台鼓励创作者尝试各种不同的题材，包括科幻、奇幻、犯罪、历史等。这种多元性不仅丰富了影视内容，还满足了观众对不同类型影片的需求。此外，影片主题的多样化也催生了深度探讨社会问题的作品。

传统电影和电视产业通常有较高的准入门槛，而新媒体和数字平台则更加开放。这意味着更多不同背景的人可以进入影视创作领域，这推动了行业的多元化，为影视创作者提供了更多的机会。新兴媒体让内容能够迈向全球市场。这意味着更多的国家和地区可以参与全球影视产业，同时也为全球观众提供了更多不同文化的视角和故事。

互动式影视将继续发展，观众可以在故事发展中做出选择，影响情节的走向。这种互动性可以提升观众的参与感，使观影变得更具个性化。而观众也在期待新的叙事结构和方式来挑战传统的线性故事叙述，包括非线性叙事、多时间线叙事和分散式叙事，等等。

技术的进步将继续改变影视创作的方式，使得影视制作更加精细和多样化。虚拟现实（VR）、增强现实（AR）、人工智能（AI）等技术的应用为影视制作带来了新的创作手段，创作者可以借助这些技术来打造更具吸引力的影片，创造更具沉浸感的观影体验。同时，人工智能也可以用于剧本编写、角色生成和特效制作。

影视文学将越来越多地涉及国际合作和全球市场。中国、印度、韩国等国家的影视产业在国际舞台上的地位不断上升，这将带来更多全球范围的合作和交流。

总的来说，影视文学的发展将更加多元、开放和技术化，以适应不断变化的社会和技术环境。多元性、科技创新、环保问题、社会责任和全球化可能会成为影视文学发展的主要趋势。这些趋势推动了影视产业的发展，为观众呈现了更多元化和富有创新的作品。

思考与练习

一、单项选择题（从四个备选答案中，选出一个正确选项，并将选项前面的代码填写在题后的括号内。选错、多选或未选均不得分）

1. 电影与文学之间的关系是：　　　　　　　　　　　　　　　【　　】

A. 电影是文学的一个子集

B. 文学是电影的一个子集

C. 电影和文学互相独立，没有直接关系

D. 电影和文学相互影响，可以互为表现形式

2. 下列哪部电影是根据文学作品改编的？　　　　　　　　　　　　【　　】

A.《摔跤吧！爸爸》

B.《哈利·波特》

C.《阳光灿烂的日子》

D.《阿凡达》

3. 影视文学的分析通常涉及以下哪些要素？　　　　　　　　　　　【　　】

A. 演员表演、音乐、道具

B. 情节、角色、主题

C. 特效、制片公司、导演

D. 电影院、票房、奖项

4. "摄影机是作家的最好朋友" 这一观点表明：　　　　　　　　　【　　】

A. 摄影机可以替代作家的工作

B. 作家和摄影师通常不会合作

C. 影视制作中的摄影机在表现故事方面具有关键作用

D. 作家不需要了解摄影技巧

5. 电影《活着》根据哪位中国作家的小说改编而成？　　　　　　　【　　】

A. 余华

B. 苏童

C. 莫言

D. 严歌苓

6. 中国影视文学中的 "第五代导演" 指的是哪一批导演？　　　　　【　　】

A. 徐克、李连杰

B. 王家卫、杜琪峰

C. 姜文、陈凯歌

D. 冯小刚、张艺谋

7. 下面哪部电影日本著名导演黑泽明的作品？　　　　　　　　　　【　　】

A.《菊次郎的夏天》

B.《小偷家族》

C.《罗生门》

D.《情书》

8. 在影视编剧中，什么是"冲突"？　　　　　　　　　　　　　　　【　　】

A. 电影的预算问题

B. 人物之间的争吵

C. 剧本中的问题或挑战

D. 音效设计

9. 在影视编剧中，什么是"人物弧光"？　　　　　　　　　　　　　【　　】

A. 一个角色的心理成长过程

B. 影片中的戏剧情节

C. 故事的主要情节线索

D. 电影的拍摄顺序

10. 影视编剧如何发展角色？ 【　　】

A. 通过给角色更多对话台词

B. 通过让角色在故事中经历成长和变化

C. 通过改变角色的外貌

D. 通过增加场景的数量

二、赏析题

1. 选择一部影视作品，描述其中一个场景并分析它是如何通过摄影、音乐和演员表演来传达情感和主题的。

2. 阅读一篇电影评论，讨论评论中对电影与文学之间的联系的观点。你是否同意评论者的看法？为什么？

3. 选取一部电影和它所基于的文学作品，分析它们之间的相似之处和差异。电影是否忠实地呈现了原著中的主题和角色？

4. 选择一位导演，分析他或她的电影作品中的视觉风格和主题，以及他们如何通过影片表达文学元素。

5. 挑选一部影片，探讨其中的主题、符号和隐喻如何影响观众的情感和理解，以及这些元素如何与原著文学作品相关。

第五章

文学评论

文学评论的起源可以追溯到古希腊、古罗马时代，亚里士多德的《诗学》是文学理论和文学批评的奠基之作。他通过对史诗、悲剧和喜剧等文学形式的研究，探讨了文学创作的原则和规律。古罗马时期的修昔底德、西塞罗和贺拉斯等人也对文学作品进行了评论和评价，为后世文学评论的发展奠定了基础。

文学评论在中世纪的欧洲得到进一步发展，文艺复兴时期，文学评论成为知识精英们的主要关注点。在此期间，人们开始对古代文学作品进行研究和评论，并提出了一系列的文学批评理论。其中，意大利文学家但丁的《神曲》成为重要的评论对象，引发了大家对神圣文学的批评和解读。随着启蒙时代的到来，文学评论者逐渐从专家学者的领域扩展到了广大读者群体。18世纪的启蒙运动和19世纪的浪漫主义运动为文学评论的发展提供了新的思想和方法。

在20世纪，文学评论经历了多元化和理论多样化的阶段。结构主义、后结构主义、解构主义、女性主义、后殖民主义、后现代主义等一系列批评理论涌现出来。这些理论从不同的角度和视角对文学作品进行了解读和分析，扩大了文学评论的研究领域。

中国古代文学批评起源于先秦，先秦是我国古代文学评论的初创时期，孔子重视"文"的教化作用，注重作品的内容、文采和文学对世人的道德教育。君子要"礼乐合一""美善统一"，不仅强调文学作品的形式美，也注重作品的内容，教化社会风气。而孟子提出了"以意逆志"的理论，就是指读者通过自己的想象去推测作品的创作乐趣，并在此基础上提出了"知人论世"的学说。道家庄子"得意忘言"和"言不尽意"的命题，为后世文学批评留下了"言有尽而意无穷"的韵味艺术观念，使后世的文学批评不仅只局限于言辞的表层意义，而要尽力去探寻作品中的"韵外之致"和"味外之旨"。虽然先秦诸子讨论的命题并不是文学评论问题，也没有形成系统的评论体系，但却成为中国文学评论的源头。

到了汉代，文学评论多集中于对《诗经》《楚辞》和汉赋的评论上。《毛诗》是鲁国毛亨和赵国毛苌所辑和注的古文《诗》，从经学角度解说《诗经》的批评模式。贾谊的《吊屈原赋》赞扬了屈原不与世俗同流合污的高洁精神。汉代史学家的楚辞评论，奠定了"风""骚"并重的文学典范，形成了从人品与文品两个角度来评论文学的整体观念。

魏晋南北朝时期是我国文学评论的繁荣时期，体现了文学理论的高度审美价值，文学评论进入自觉的时代。曹丕在《典论论文》中提出了"文以气为主"的文学观，强调作品中表现的诗人独特的气质和个性。萧统的《文选》开创了选本批评的先河。他所选录的文章，都具有"踵其事而增华，变其本而加厉"的特点。选本对文章的取舍，体现了"文学的自觉时代"的评价标准。钟嵘的《诗品》对诗人和诗作进行了仔细的辨析和评论，是我国古代诗作评论的典范。刘勰的《文心雕龙》是一部理论系统、结构严密、论述细致的文学理论专著，它是中国文学理论批评史上一部有着严密体系的"体大而虑周"的文学理论专著，涵盖了诗、赋、文、笔记等多个文学类型。

唐宋时期的文学批评成就主要体现在诗歌、散文的评论上，出现了论诗、诗式、诗格、诗句图等新的形式，到了宋代，产生了诗话、词话以及诗文评点。杜甫的《戏为六绝句》开创了以绝句体组合的论诗形式。司空图的《二十四诗品》体现了中国文学批评的诗化倾向。宋代欧阳修的《六一诗话》是用诗话的形式对文学进行了评论，带有漫谈、随笔性质的笔记体批评。元明清是小说创作的高峰时期，文学评论的眼光从诗歌转向小说，如金圣叹对《水浒传》的点评。

与西方文学评论理论相比，中国古代文论呈现出自己的民族性特色，如"文体论式的文学批评"，"点""悟"式批评，具有东方艺术批评模式，其哲学根基是中国古代天人合一的大宇宙生命和谐理论；积淀着民族群体综合经验的主体内倾超越型思维倾向；并且偏重情感体验，不注重理论逻辑。

现代文学评论的发展始于20世纪初。新文化运动造就了一批积极评价和批判文学作品的文学评论家。如鲁迅在《狂人日记》中进行的对旧时代思想文化的批判，对中国文学评论界产生了非常大的影响。20世纪30年代，随着马克思主义文学观的引入和推广，文学评论逐渐趋向政治化、社会化，文学作品的批评对象不再限于文学本身，而是把文学作品与社会和政治联系在一起，对文学的价值和作用进行思考和评价。

改革开放以来，中国文学评论的学术性和独立性得到提高，文学评论成为一个更加自由开放的领域。随着西方文学理论的传入，加上各种新兴的文学流派和主题的不断涌现，文学评论者开始更加注重研究和分析文学作品中的语言、风格、情感等方面，文学评论的多样化和学术化趋势明显。

目前，中国文学评论已经成了一个成熟、多元、开放的学术领域，涵盖了很多不同的流派和领域，如古代文学、现代文学、电影、戏剧、音乐等。同时，中国的文学评论也逐渐走向国际化，中国的评论家可与世界各地的文学评论家进行交流和合作，促进了中国文学评论的多元化发展。

文学评论作为一种学术研究方法，被广泛应用于文学领域。它通过分析、解读和评价文学作品，对文学创作和文化传承起着重要作用。

首先，它可以帮助读者深入理解和欣赏文学作品。通过分析和解读，文学评论可以揭示作品中的隐含意义、象征符号和文化背景，使读者对作品的理解更加深入和全面。

其次，文学评论可以为文学创作提供启示和指导。通过对经典作品的批评和评价，文学评论可以为作家提供对文学形式、结构和风格的理解和借鉴。同时，文学评论也可以为作家提供反馈和改进的建议。

最后，文学评论也为文学研究提供了理论框架和方法。文学评论通过对文学作品的分析和评价，为文学研究提供了重要的素材和参考。研究者可以根据文学评论的观点和研究成果，进一步深化对文学作品的理解和解读。

第一节　文学评论概念

文学评论是需要从多个角度进行分析的，包括文学史、文学理论、文学批评等。它不仅关注作品的形式、结构、语言、主题、情节、人物、历史背景等方面，而且要探究它们之间的相互关系和意义。文学评论具有启发性和独创性，它可以激发读者对文学作品的兴趣和理解，同时也可以推动文学研究和创作的进步和发展，促进文学交流和文化交流。文学评论的价值不仅在于为文学作品提供深入的思考和评价，也在于为文学创作和文化传承提供重要的参考和指导。

一、何为文学评论

文学评论的主要研究对象是文学作品，包括小说、诗歌、散文、戏剧、影视等，其研究方法是运用文学理论现象，旁征博引，其目的是通过对作品创作风格、思想内容和艺术特点等方面的评价，揭示文学的发展规律，以提高读者的阅读和鉴赏水平，从而更好地指导文学创作的实践活动。

文学评论可以分为学术性评论和普及性评论。学术性评论主要面向学术界，从专业的角度对文学作品进行深入分析和研究，追求理论的深度和严谨性；普及性评论针对的对象是大众读者，运用通俗易懂的语言解读文学作品，以帮助读者更好地理解和欣赏作品。

主观性和批评性是文学评论的特点。评论者通过自己的主观感受和理解对作品进行评价，因此不同的评论者可能会有不同的观点和评价，这种主观性使得文学评论成为一个多元化的领域，各种不同的观点和解读都可以被接受和尊重。文学评论不仅是对作品的赞美，更重要的是对其进行批评和评价，评论者会指出作品的优点和不足之处，提出建设性的意见和观点，文学评论可以促使作品的进步和提高。

文学评论的定义和基本概念可以通过一些实例来进行说明。例如，在对一部小说进行评价时，评论者可以从其人物塑造、情节发展、语言运用等方面进行分析和研究，探讨作品所表达的主题和意义，分析作者的写作风格和思想倾向。通过深入解读和研究，为读者提供更丰富的理解和阅读体验。

从以上论述可知，文学评论是一种对文学作品（小说、诗歌、散文、戏剧、影视等）进行分析、评价和批评的文体形式，欣赏者在接受的基础上，多角度地运用文学理论、哲学、社会学、伦理学等相关知识，通过对文学作品的深入解读和研究，对作品的内涵、风格、主题等方面做出全面的理解和评价，以帮助读者更好地理解和评价文学作品。文学评论的基本基调是通过批评的眼光对文学作品进行探讨，从而发现其价值、意义和美学特点。

二、文学评论写作的标准

文学评论写作有没有统一的标准？由于文学的评价标准还没有真正建立起来，而文学评论写作的发展历史较短，随着社会文化环境的复杂影响，西方后现代思潮的引进，解构思潮的流行也使文学评论标准进一步分解；目前商业文化使消费文学和游戏文学崛起，成为文学创作的主流，文学发展被严重边缘化，网络文学的流行无限制地扩大了文学范围，不断拓展着传统文学的边界，文学的评价标准也面临着巨大的冲击；同时，由于文学评价自身的主观性也诱发了学术风气的简单化，文学评论中的个人化和主观化色彩浓重，"经典巨著""文学大师"这样的溢美之词和极端化的"劣作"评论也四处泛滥。在这样的文学背景下，文学评论写作标准的确定是被搁置的。

如何为文学评论的写作确立具体的标准，目前来看，也无外乎是从思想和艺术两个方面来进行。

从文学作品的思想内涵来看，作品是否关切到人类的整体命运，地球、人类是一个共同体，特别是随着全球化的推进，人类所面临的命运和困境是密切相关的，一部优秀的文学作品应该是跨越了阶级、种族能够在人类整体范围内产生共鸣的。如海明威的作品《丧钟为谁而鸣》对战争的反抗，对人性的关怀，在客观上体现了人类的集体意愿，具有浓郁的人文关怀精神。所以，文学评论的写作，必须坚持正确的政治和思想立场。

文学评论必须具有良好的艺术素养和独到的批评眼光，能够准确评价作品的艺术价值和创造性，指出作品中的不足和缺陷。这就要求评论者要具有思维和语言的创新性，可以从不同角度分析和解读作品，因为评论者只有不断地突破和创新，才能使某一作品的艺术性得以发展，为其生命力注入活力，才能使文学作品的艺术魅力充分显示出来，从而推动文学创作的提高和发展。

思想与艺术是文学评论标准的两翼。一篇优秀的文学作品是思想性和艺术性兼得的，但有时一篇文学作品的思想性和艺术性是不均衡的，有些作品的思想性高于艺术性或者艺术性高于思想性，但二者是可以相互弥补的。那么，在文学评论的写作中如何确定它们的主次位置，如何对它们的价值含量进行定性定量分析，本身也很难说有绝对的标准。这是见仁见智的，与评论者的文学观念和艺术素养有关：尊崇思想性的评论者当然更看重思想性，而推崇艺术的评论者当然会更看重艺术性。这就需要评论者不断提高自己的文学和艺术素养，从而对文学作品做出相对合理公正的评价。

第二节 文学评论分类

文学评论作为一种独特的文学形式，可以根据不同的方法和细分领域进行分类，下面将介绍一些常见的分类方法和细分领域：

第一种常见的分类方法是根据评论的对象进行分类。文学评论可以分为小说评论、诗歌评论、戏剧评论等。不同的文学体裁具有不同的特点和表现形式，因此针对不同的文学作品类型进行评论，可以更加准确地把握其特点和内涵。

第二种分类方法是根据评论的角度进行分类。文学评论可以从不同的角度进行分析和评价，如创作手法、主题思想、艺术风格等。以创作手法为例，可以分析一部作品的叙事结构、语言运用、人物形象塑造等，从而探讨其创作技巧和艺术成就。

第三种分类方法是根据评论的立场和态度进行分类。例如，可以分为正面评论和负面评论，或者分为赞赏性评论和批评性评论。不同的立场和态度会对评论的内容和观点产生不同的影响，从而形成多样化的文学评论形式。

第四种分类方法是根据不同的文学流派和时期进行分类。例如，可以分为现代文学评论、古代文学评论、西方文学评论、东方文学评论等。不同的流派和时期具有不同的文学特点和价值观，因此从不同的角度来评论和解读作品，可以更加深入地理解其文化背景和文学内涵。

第五种分类方法是按照理论或方法分类。文学评论可以分为传统批评、新批评、结构主义、后现代主义、女性主义批评、后殖民主义批评等。同一部作品采用不同的理论来解读，在评论时切入的角度和评价方法体系就会呈现出差异，文本内涵就会发生很大的变化。

第六种分类方法是按照批评的性质分类。比如，批判性批评、理论性批评、感性批评、个人体验批评等。批判性批评和理论性批评对评论者的艺术素质要求较高，并且评论内容全面深刻，要体现出一定的文学和文化素养，逻辑性较强，对读者的理解具有一定的理论指导意义；感性批评和个人体验批评主观性较强，评论者可从自我生活经验和情感角度出发，对内容的解读要求不高，主要是一种情感的共鸣和宣泄。

第七种分类方法是按照批评的语言风格分类：比如学术性批评、流行性批评、文化批评等。学术性批评语言通常更为严谨、精准和正式，注重使用专业术语和理论框架，同时需要充分论证和引用相关文献，以增加评价的可信度和权威性。流行性批评语言通常更为通俗易懂、贴近生活，注重使用轻松幽默的语言，同时需要关注流行文化趋势和市场反响，以及观众或读者的心理需求和审美倾向。文化批评语言通常更为文学化、抒情化和审美化，注重使用比喻、象征等修辞手法，同时需要考虑作品与传统文化或历史的联系，以及对社会和文化的影响和价值。不同类型的批评语言表达上的区别主要是因为批评对象的不同，需要针对不同的读者或受众来进行表达。在语言表达上要注意合理运用相关的术语和修辞手法，以达到更好的批评效果。

如何运用分类方法对文学作品进行评论，以第五种分类方法中的传统批评和新批评举例说明，如果要对一部小说进行评论，首先，需要对文学评论分类进行了解和分析，选择适合分析该作品的评论分类。例如，传统批评注重作品的艺术形式、结构和传统文学观念，适合运用于分析一些具有较明显文学特色的作品；而新批评注重读者与作品的关系和主观体验，适合运用于分析一些具有强烈个性和情感体验的作品。其次，分析作品的特点。在分析作品的特点时，需要注意作品的情节、结构、主题等方面。通过分析这些方面，确定需要突出分析的内容。例如，如果作品情节结构复杂，可以采用传统批评分类来分析，如果作品注重探索人类的内在情感和思想，可以采用新批评分类来分析。再次，运用相关的文学理论分析。根据确定的分类，对作品进行详细的分析，引用相关的文学理论和研究成果，揭示作品的深层内涵。采用后现代主义批评分类来分析作品，可以考虑作品中存在的意识形态、权力关系等方面的问题。最后，关注作品与社会文化的联系。需要将作品与社会文化联系起来，分析作品在特定文化背景下的意义和价值。采用文化批评分类来分析作品，需要考虑作品与当时社会、历史、文化等方面的联系，揭示作品对社会和文化的影响。运用不同的文学评论分类来分析作品，可以深入挖掘作品内涵，揭示其独特的价值和意义。

下面以徐志摩的诗歌《偶然》和舒婷的诗歌《致橡树》来分析传统文学评论和新批评理论的区别。

偶然

我是天空里的一片云，偶尔投映在你的波心；你不必讶异，更无须欢喜，在转瞬间消灭了踪影。

你我相逢在黑夜的海上，你有你的，我有我的方向；你记得也好，最好你忘掉，在这交会时互放的光亮！

从传统批评的角度看，诗歌必然跟诗人所处的时代和生活经历相关。这首诗是诗人在最黑暗的年代，他满怀着"美"的希望，在时代的夹缝中苦苦追寻着理想的光芒。这首诗很可能仅仅是一首情诗，是写给一位偶然相爱而又被迫分开的情人的。不过，这首诗的意象已超越了它自身。诗歌中只有两个意象"云"和"海"，而"云"正是飘浮不定的，"海"是辽阔无边际的，这两个意象点明了诗人此时的内心孤独之感和徘徊犹豫的困惑，不知道未来的方向。但是诗歌也可以理解为是对人生的感叹，它不仅是爱情来过又匆匆离去，还包括亲情、友情，人与人之间谁又不是投影在彼此波心的云翳呢？转瞬间又消失的无影踪。诗歌传达出一种诗人的失落之感，人与人之间关系的飘忽不定。

致橡树

我如果爱你——绝不像攀援的凌霄花，借你的高枝炫耀自己；我如果爱你——绝不学痴情的鸟儿，为绿荫重复单调的歌曲；也不止像泉源，常年送来清凉的慰藉；也不止像险峰，增加你的高度，衬托你的威仪。

甚至日光，甚至春雨。

不，这些都还不够！

我必须是你近旁的一株木棉，作为树的形象和你站在一起。

根，紧握在地下；叶，相触在云里。

每一阵风过，我们都互相致意，但没有人，听懂我们的言语。

你有你的铜枝铁干，像刀，像剑，也像戟；我有我红硕的花朵，像沉重的叹息，又像英勇的火炬。

我们分担寒潮、风雷、霹雳；我们共享雾霭、流岚、虹霓。

仿佛永远分离，却又终身相依。

这才是伟大的爱情，坚贞就在这里：爱——不仅爱你伟岸的身躯，也爱你坚持的位置，足下的土地。

新批评与传统批评重视诗歌与作者的情感表现关系不同，它的批评眼光开始转向文本本身，更重视读者与作品的联系。重视作品的"张力""隐喻""语境""反讽"等。从新批评理论的视角来看这首诗，可以从四个方面进行论述：

第一，从意义层面看，作者用了"你有你的……"和"我有我的……"进行对比，"仿佛永远分离，却又终身相依。"表达了自己的爱情观——一种独立的、相互关爱但又不依附的坚贞爱情。

第二，隐喻层面，木棉在现实中是一种高大的植物，而在诗歌中，"我必须是你近旁的一株木棉，作为树的形象和你站在一起。根，紧握在地下；叶，相触在云里。""我"作为"木棉"，是一种隐喻，在爱情里，"我"也是高大的木棉，像自然界中的木棉一样，具有独立的人格精神，强调在爱情中"我"追求的是平等自由。

第三，诗歌张力，张力实际上是新批评对诗歌作为一个有机独立的有机体所具有的内在辩证结构的解释，是新批评派关于作品内在结构的最高总结。在诗歌中，"我/你"形成了一个矛盾却又统一的整体，紧紧围绕"我"和"你"展开论述，构成了诗歌内部的结构体系。

第四，象征层面，这一层面形成了诗歌的"多义性"，文中的木棉不仅仅可以指爱情，也可以指友情、亲情，甚至是任何需要保持独立性的人和事物之间的关系，随着现代社会的发展，人类开始出现异化现象，金钱和权势也是人们面临的主要诱惑；那么，高大的木棉就需要成为人们的精神信仰，不能为了"橡树"而丧失了自我的独立人格和尊严。

综上所述，文学评论的分类方法和细分领域是多样化的，我们可以根据不同的角度和目的进行分类。理解和运用不同分类方法和细分领域，可以更加全面地分析和评价文学作品，从而加深对文学的认识和理解。

第三节 文学评论特征

文学评论作为一种独特的文学批评形式，与思想评论、社会评论是有很大的区别，具有其独特的特点和特征。思想评论主要是针对思想文化领域进行评论，包括哲学、宗教、政治理论等；通过对思想文化领域的概念、理论、观点等进行分析和评价，探究思想的历史和发展；旨在揭示思想文化领域的内涵和意义，帮助读者更好地理解人类思维的发展和演变；采用哲学和社会科学的研究方法，包括历史唯物主义、辩证唯物主义等。社会评论主要是针对社会现象和社会问题进行评论，包括经济、政治、文化等多个领域；通过对社会现象和社会问题的深入观察和研究，进行评论和批判；旨在揭示社会现象和社会问题的本质和原因，帮助人们更好地认识和解决现实问题；采用社会科学的研究方法，包括调查研究、统计分析等。

文学评论主要针对文学作品进行评论，包括小说、诗歌、戏剧等；主要通过对文学作品的语言、结构、情节、主题等方面进行分析和解读，对作品进行审美评价和文学批评；文学评论旨在评价作品的艺术价值，帮助读者更好地理解和欣赏文学作品；主要采用文学批评的研究方法，包括传统批评、新批评等。因此，文学评论是一种具有一定学术性和理论性的文章，以对文学作品的分析和评价为主要内容，注重作品的内在意义、文化背景及与读者的互动。下面将从以下四个方面详细探讨文学评论的主要特点：

首先，文学评论具有客观性。虽然文学评论具有主观性特点，但是在对文学作品进行评价时，评论者需要以客观的态度对待文学作品，准确地描述和分析作品的特点和价值。应该摆脱个人情感和主观偏见，以客观的眼光对待作品，并提出有理有据的评价。例如，在评论《红楼梦》时，评论者会从不同角度出发，对作品中的一些问题提出自己的看法。有的评论者会探讨这部小说中人物的性格特点和行为动机，分析他们的性格是否符合社会道德规范，从而对作品进行深入的人性探究；还有的评论者会着重分析小说中的主题和象征意义，从而阐释作品的意义和价值。但不管从任何角度出发，评论者都必须围绕作品中人物形象、情节发展、语言运用等方面进行客观分析，而不能凭空想象，评价作品的优点和不足。只有客观，才能准确地评价作品的艺术价值。否则，就会缘木求鱼，难以对作品做出公正的评价。

其次，文学评论具有批评性，它不仅是对作品的描述，更重要的是对作品的批评和评价。评论者需要对作品的创作理念、艺术形式、文化内涵等进行深入分析和评判，指出作品的优缺点，提出改进的建议。例如，对于一部小说中存在的人物形象描写不够生动，评论者也可以指出这是一种不足，并提出改进的建议。同时，评论者可以从作品中提取出有关人物形象的关键细节，分析作者的描写方式，并提供一个更好的解决方案。再比如，对于一部诗歌中存在的词汇、韵律、节奏等方面的问题，评论者可以进行深入的探讨，并提出对这些问题的看法和建议。评论者可以从诗歌的主题、作者的诗歌写作风格等方面进行剖析，探讨作者的创作意图和原因，并提供一个更加完整的解决方案。因此，文学评论具有批评性，通过指出文学作品中的不足之处进行分析和提出解决方案，可以帮助读者更加全面地了解该文学作品，同时也可以为作家提供建议和启示，促进作品的不断改进和创新。

再次，文学评论需要评论者具备一定的文学知识和批评理论，具备对作品进行深入分析和评判的能力。评论者需要对文学史、文学理论、文学流派等有较为全面的了解，并能将这些知识运用到评论中。例如，对于一部文学作品，评论者需要了解其所处的时代背景、作家的生平经历、文学流派和风格等方面的知识。评论者只有通过了解并分析这些方面的相关知识，才能更好地理解作品中的意图和思想。同时，评论者还应该掌握一定的批评理论，如现代主义、后现代主义、结构主义、后结构主义等。只有掌握了这些批评理论，才能更好地对作品进行分析和评价，提出更准确和有说服力的观点。如果评论者要对一部现代主义小说进行评价，那么他就需要了解现代主义的特点和表现形式，对作品中的现代主义元素进行识别和分析，同时结合作品的主题、结构和语言运用等方面对作品进行评价。因此，文学评论者应该具备一定的文学知识和掌握相关的批评理论，这可以帮助他们更好地理解和评价文学作品，并提供有价值的批评意见。

最后，文学评论具有启发性。文学评论不仅仅是对作品的分析和评价，更重要的是给读者带来一定的启示和思考。通过对作品的评论，读者可以对文学作品有更深入的理解，对人生、社会等问题有更深刻的思考。文学评论具有启发性，它不仅可以帮助读者更好地理解文学作品，还可以激发读者的思考和创作灵感。如果一位评论者对一位作家的小说进行了精彩的评论，指出了作品中的艺术创新和价值，这样的评论可以激励其他创作者的创作灵感，帮助他们更好地理解和运用文学技巧，提升自己的文学水平。

文学评论具有客观性、批评性和启示性等独特特点。

注重对作品的解读和分析，以发现作品内在的意义和美感，并对其进行评价和评估。文学评论具有一定的学术性和理论性，创作者采用不同的批评方法和理论框架，如结构主义、后现代主义、女性主义批评等，以拓展解读的深度和广度。关注作品的历史、文化和社会背景，分析作品与历史、社会的关系，对文学作品进行文化研究。注重对作家及其作品的综合评价，通常会涉及作家的生平、思想、创作理念等方面的介绍和评价。同时，也从读者的角度进行评价，就作品与观众的关系、读者的感受，及其对作品的理解进行探讨。

第四节 文学评论写作

文学评论写作是对文学作品进行深入分析和解读的一种写作形式，旨在探究文学作品背后的意义、主题和价值，并提出自己的见解和观点。文学评论写作不仅是对文学作品的简单描述，更是对其内涵的深入剖析和思考，需要具备一定的文学素养和分析能力。

一篇优秀的文学评论应该有清晰的结构、明确的主旨和内容，具备较高的论证和表现力。其写作过程包括对文学作品进行精读和思考，分析其结构、主题、人物形象、情节发展等方面的内容，挖掘出作品内涵和思想，并提出自己的见解和评论。在写作过程中，需要注意语言表达的准确性和逻辑严密性，避免情感用词和主观臆断，力求客观公正、深入剖析。

文学评论写作不仅是一种学术研究形式，更是一种美学享受的过程。评论写作者对文学作品进行思考和深入解读，不仅可以提高自身的文学素养和思辨能力，还可以更深刻感受到文学作品的魅力和人文情怀。

一、题材筛选

选择适合的题材是文学评论写作中的重要一步，它直接影响到评论文章的深度和质量。在选择适合文学评论的题材时，应该遵循一些指导原则和注意事项。这些原则和注意事项能够帮助我们选择具有深度和价值的题材，从而提升文学评论的质量。

（一）文学评论写作的题材范围

文学评论写作的题材范围非常广泛，几乎包括了所有文学作品和与文学相关的话题。从古代到现代，从诗歌到小说，从传统文学到当代文学，都可以成为文学评论的题材。除了文学作品，还有一些与文学相关的话题也可以成为文学评论的题材。比如，文学理论、文学流派、文学批评等。当然，创作者也可以评论不同的文学理论对文学创作的影响，或者探讨某个文学流派的特点和发展，还可以对某个作家的作品进行批评和评价。具体可以从以下六个方面入手：

1. 从文学作品类型入手

可以选择小说、诗歌、戏剧等不同类型的文学作品，对其进行评价和分析。例如，《红楼梦》是中国古代四大名著之一，它的文学价值、人物形象、情节发展等方面都值得评论。在进行评论写作时，创作者可以围绕作品的主题思想、文学技巧、社会风貌和作者曹雪芹的创作背景等方面展开论述。

2. 从作家及其作品入手

选择某一作家或作品，探讨其创作思想、文学价值、风格等方面，进行评论和分析。文学评论的写作对象不仅仅是作品，也可以是对作家创作风格的探讨。例如，在写作关于鲁迅的文学评论时，创作者需要了解他的生平经历、思想倾向和创作特点，同时还需要对他的代表作品《阿Q正传》《狂人日记》《呐喊》等进行深入阅读，从而深入探究鲁迅作品蕴含的思想内涵和文学价值。

3. 从文学主题入手

选取某一文学主题，探讨不同作品对该主题的表现方式、意义和价值，进行评论和分析。文学主题是文学作品所要表达的核心思想和主旨，是文学作品的灵魂所在。从文学主题入手，可以探究文学作品所要表达的深刻内涵和精神价值。主题可以从作品所表达的情感、思想、价值、理念等多个方面入手，如人性、爱情、自由、民主、人生哲理等。在分析主题时，创作者需要通过对情节、人物形象、语言运用等多个方面的分析来发掘出主题的内涵和意义。例如，余华的小说《活着》，作品中通过对人物形象的塑造、情节的设置和社会环境的描写等多个方面，传达一种积极向上的生活态度，人不管遇到什么事情都要坚强地活下去。该作品表达出了珍惜生命、追求自由和尊重人性的主题。

4. 从文化背景入手

选择某一历史时期或文化背景，分析文学作品与该时期或背景的关系，对文学作品进行文化研究。文学作品不仅是单纯的艺术创作，它还反映着作者所处的文化背景和历史背景。因此，在进行文学评论时，从文化背景入手也是一种重要的思路。文学作品往往会受到当时的文化风气、文化传统和政治环境的影响。通过分析作品的人物、情节和语言等，可以探究作品与文化背景之间的联系。例如，在评论鲁迅的小说《阿Q正传》时，创作者需要分析作品和当时中国社会、文化的关系，探究小说中的阿Q形象在外部环境下的无力感和自卑感。

5. 从批评方法和理论框架入手

选择某一批评方法或理论框架，对文学作品进行解读和分析，如结构主义、后现代主义、女性主义批评等。在选择了批评方法和理论框架后，需要运用这些理论对文学作品进行分析和评价。例如，选择了新批评方法，创作者可以通过解读文本中的符号、隐喻等来分析作品的主题和意义；选择了心理学批评，创作者可以从人物的心理状态、情感表达等方面进行分析。需要注意的是，在运用批评方法和理论框架进行分析时，创作者要保持客观、准确的态度，不应该过度向读者灌输自己的主观看法和偏见。

6. 从读者角度入手

以读者作为研究出发点，探讨作品与读者的关系、注重读者的感受，从而对作品进行接受理论的解读。读者的角度不同于学术研究者或批评家，他们更注重作品的阅读体验和个人感受。例如，在阅读《百年孤独》时，读者可以通过自己的情感体验评价作品的魅力和深度，也可以从受众的角度评价作品的价值和意义，还可以考虑通过结合读者的接受程度和文化背景，评价作品的影响和价值。在评论《哈利·波特》系列作品时，可以考虑其在青少年读者中的影响和接受度，评价其文化价值和社会意义。

（二）如何选择适合的题材

选择适合的题材是文学评论写作中的重要一步，它直接影响到评论文章的深度和质量。

首先，选择自己熟悉和感兴趣的题材。对于一位文学评论写作者来说，对某个领域或作家有深入的了解和浓厚的兴趣是非常重要的。只有在对作品有深刻的理解和热情的基础上，才能写出有价值的评论。例如，对现代诗歌感兴趣的评论者可以选择分析一位现代诗人的作品，探讨其创作风格、主题和意义。

其次，选择当前热门的题材。文学评论需要与时俱进，选择当前热门的题材能够吸引更多读者的关注。例如，近年来科幻文学备受瞩目，可以选择分析一部备受关注的科幻小说，探讨其中蕴含的科技发展和人类命运等深层次主题。

再次，还可以选择与社会热点相关的题材。文学作品往往反映社会现象和人类情感，选择与社会热点相关的题材能使评论更具时代感和现实意义。例如，可以选择分析一部关于环境问题的小说，唤起读者的环境保护的意识。

最后，经典题材也是不错的选择。经典作品内涵丰富、影响深远，评论这些作品能唤起读者重读经典，重新解构这些经典并获得新的理解。例如，可以选择分析莎士比亚的戏剧或雨果的小说，探讨其中的人物形象、情节结构和意义。

总而言之，选择适合的题材是文学评论写作的重要一环。可以选择自己熟悉和感兴趣的题材，或是当前热门题材，或是与社会热点相关的题材，或者是选择一些经典的题材。评论者只有根据自己的实际情况选择合适的题材，才能够更好地发挥自己的才华和抒发见解，写出引人入胜的文学评论作品。

二、构思技巧

文学评论写作构思技巧是指帮助评论者在撰写文学评论时更好地构思内容的技巧。构思是写作的重要环节，好的构思可以帮助评论者更好地理清思路，明确文章结构和主旨。

（一）文学评论写作的构思过程

文学评论写作的构思过程是非常关键的一步，它决定了文章是否有深度和是否具有独特性。在构思文学评论的过程中，创作者需要注重深度和广度，进行全面细致的思考和分析。同时也需要注意自己的写作风格和表达能力，以更好地展现自己的思考和分析能力。通常包括以下步骤：

1. 明确主题

在写作文学评论时，首先要明确主题，确定要探讨的问题和方向。主题可以从作品内容、作者创作背景、文学流派、文学批评理论等多个方面入手，但必须具有一定的针对性和深度。在写作文学评论之前，先仔细阅读作品并确定其主题。主题是作品所探讨的核心问题，这是文学评论的重要基础。其次，对主题进行深入分析，包括主题所蕴含的意义、主题与作品其他要素的关系，以及主题对文本和读者的影响等。最后，找到例证并进行分析，在评论写作中，需要找到作品中与主题相关的例证，并进行深入分析。可以引用作品中的具体片段，说明其如何呈现主题以及这些片段与主题的关系。

《红高粱》是莫言的代表作之一，它通过对一段历史的追忆，深入探讨了战争、家族、情感等多重主题。其中，最为核心的主题是人类对于生命的探寻和抉择，它在小说中被呈现出来，呼之欲出。在小说中，人们的生命经历常常是在极端条件下进行的，无论是在面对战争，还是在面对命运的安排，都面临着生死抉择。这种存在极度危机感的生存状态，让人们更加关注自己生命的意义和价值。正如小说中所言：

> 罗汉大爷与我的家族只有经济上的联系而无血缘上的联系，他像一个忠实的老家人点缀着我家的历史而且确凿无疑地为我们家的历史增添了光彩。我奶奶是否爱过他，他是否上过我奶奶的炕，都与伦理无关。爱过又怎么样？我深信，我奶奶什么事都敢干，只要她愿意。她老人家不仅仅是抗日英雄，也是个性解放的先驱，妇女自立的典范①。

在这段话中，活下去才是最高的道德准则，生命在任何时候都是被值得尊重的，让读者感受到了民族生命意识和生命力的高扬，同时也传达了小说的另一个主题，女性应该打破封建礼教的束缚，渴求自由和解放。正如作品另一处提道：

> 天，什么叫贞节？什么叫正道？什么是善良？什么是邪恶？你一直没有告诉过我，我只有按着我自己的想法去办，我爱幸福，我爱力量，我爱美，我的身体是我的，我为自己做主，我不怕罪，不怕罚，我不怕进你的十八层地狱。我该做的都做了，该干的都干了，我什么都不怕。但我不想死，我要活，我要多看几眼这个世界，我的天哪……②

正是这种反叛精神，重新阐释了对生命意识的理解，戴凤莲用鲜血和生命渗透在了那片"红高粱"地，并开出了个性解放之花，结出了女性自立典范之果。

小说中家族的传承也是主题的重要组成部分，它们让人们看到了在极度危机之下，人们对生命和精神的依赖和寻求。这些因素结合在一起，促成了小说主题的丰富性和多样性。这些语言对于表达小说主题和人生观有着深刻的启示作用，揭示了人类对于生命

---

① 莫言. 红高粱家族 [M]. 北京：作家出版社，2014：12.
② 同①118.

的探寻和抉择的本质。

2. 分类分析

对于复杂的文学作品，我们可以采用分类分析的方式，将作品的不同方面分别进行评价和分析，从而对作品进行全面的评价。分类可以按照文学元素、情节线索、形式手法、主题意义等方面进行。首先将作品中的元素分成不同的类别，如主题、情节、角色、叙述手法、语言风格等。其次对每个类别进行详细的分析和讨论。例如：①主题。探讨作品所涉及的主题，如爱情、人性、社会问题等，说明作者的态度和观点，以及主题对整个作品的影响。②情节。分析作品中的情节发展和转折点，说明作者如何通过情节构建故事以及情节对作品中角色的塑造和主题的体现。③角色。分析作品中的角色形象，说明作者如何刻画人物，以及角色对主题的展现和作品整体的影响。④叙述手法。分析作品中的叙述方式，如叙事、描写、对话等，说明作者如何通过叙述手法来表现主题和塑造角色。⑤语言风格。分析作品中的语言特点，如用词、句式、修辞手法等，说明作者如何运用语言来表达主题和情感，以及语言对作品整体的影响。

以作品《1984》为例，我们可以对作品做以下分类分析：

主题：该作品探讨了权力对个体的压制和思想控制对人类自由的剥夺，呼吁人们去反抗强权、追求自由。

情节：作品通过描述温斯顿的反抗行动，展现了一个普通人如何在权力与控制之下实现对自由的追求。

角色：作品中的角色形象刻画得非常逼真，特别是温斯顿和奥布里恩两个角色，深刻反映了权力对个体的影响和思想控制的可怕性。

叙述手法：作品中的幻想场景给人留下了深刻的印象，揭示了思想控制对人们精神世界的侵害。

语言风格：作品中的语言简练、清晰，直白地表达了作者的思想和态度，同时也给读者带来了强烈的情感冲击。

评价：《1984》是一部有深度和思想的文学作品，成功地揭示了权力和思想控制对人类自由的威胁，它呼吁人们去反抗并追求自由，具有重要的现实意义和思想价值。同时，作者的叙述和语言风格也非常出色，让读者体验到了文学的魅力和力量。

通过以上分类分析，我们可以写出一篇对《1984》的全面文学评论，对作品的主题、情节、角色、叙述手法和语言风格进行深入的分析和评价，使读者更好地理解和欣赏该作品。

3. 提出问题

文学评论不是单纯地对作品进行描述和赞赏，而是对作品进行思考和评价。因此，在写作文学评论时，需要提出问题，探讨作品中的问题、矛盾、难点、价值等方面，并对这些问题进行深入分析。通过以提出问题的方式来完成文学评论写作，可以从不同角度全面深入地分析和评价作品，让读者更加深入地理解作品的内涵和价值。

以鲁迅的小说《狂人日记》为例，《狂人日记》探讨的主题是什么？该主题在鲁迅的作品中是否常见？与当代社会的联系是什么？小说中的笔法有哪些？这些笔法对小说有何帮助？小说中的形象和意象是如何营造的？小说中的人物形象具有怎样的特点？主人公与其他人物的关系如何？这些人物形象是否代表了某种思潮？小说的叙述结构是怎样的？这种结构有何意义？小说的起承转合如何构建？小说所处的时代背景对小说的创作和发展有何影响？小说反映的社会现象是否存在于鲁迅所处的时代？小说对于文学的贡献是什么？小说在文学史上有何地位和影响？小说的风格和主题如何在文学界影响了后来的作品？读小说后自己有何思考和反思？小说中有哪些经典的台词或者情节令人印象深刻？

回答这些问题，可以帮助我们深入分析《狂人日记》的内涵和价值，让读者更好地了解该作品的思想精髓和文学意义。例如，可以从主题问题切入，探讨小说中所表现的对封建文化的批判和对现代社会的探索，同时结合鲁迅所处的时代背景，探讨小说的现实意义和价值；也可以从人物塑造问题切入，深入分析主人公的疯狂与精神背景，以及其他人物形象的特点和反映的社会意义；还可以从读后感问题切入，探讨小说对读者的影响和启示，如对人性的思考、对社会问题的关注等。

4. 举例论证

在文学评论中，适当的举例论证可以使文章更加生动有力。可以选取作品中的一些片段或情节，进行细致的解读和分析，从而使文章更具说服力。举例论证是指在阅读作品的基础上，需要确定自己的评价角度，如作品的主题、人物塑造、叙事结构等，从而准确找到适合的例子。在确定了评价角度之后，我们需要选择具体的例子，分析它们在整个作品中的作用和意义，可以通过提取关键词和句子等方式找到合适的例子。在选择了具体的例子之后，需要详细地分析这些例子的细节，如情节、语言、人物动态等方面，从而准确表达自己的观点。在对例子进行了详细的分析之后，可以运用自己的分析结果来进行举例论证，通过将具体的例子和自己的观点联系起来，使读者更加容易理解和接受自己的评价。在举例论证的过程中，还可以通过引用其他的例子和证据来进一步深化自己的论证，提升文章的分析和说服力。

《了不起的盖茨比》是一部体现美国"爵士时代"的代表作品，它通过讲述20世纪20年代的纽约富豪们的生活，展现了那个时代的迷幻、浮华和虚伪。在这部小说中，作者通过精彩的人物塑造和叙事结构，表达了对美国梦的批判，以下本书就通过举例论证的方式，深入分析小说中的主题和人物塑造。

在小说中，主人公盖茨比是一个拥有巨额财富但内心空虚的人物。他的生活充满了奢华、狂欢和放荡，但在内心深处，他渴望得到那份真正的爱情。在小说的开头，盖茨比对卡拉维尔的追问："你认为我是谁？"体现出他对自己的身份和人生感到迷茫。而后，他通过豪华的派对和大手笔的礼物，试图赢得心爱女人黛西的芳心。在小说的结尾，盖茨比的死和黛西的离开，表现出他对美国梦的破灭和心灵的彻底崩溃。这些细节和情节，都展现了盖茨比在寻找自我的过程中，不断追逐虚无的内心和生命的意义，体现出小说的深刻主题。

此外，小说也通过丰富的语言和形象塑造了其他人物，展现了那个时代的浮躁和虚伪。富家子弟汤姆布坎南在小说中被描绘为一个注重社会地位和财富的人物，他不断出轨和虐待妻子黛西，表现出男性的权力欲望和虚荣，也折射出那个时代的荒诞和虚假。而黛西在小说中则成为一个被束缚和沦为附庸的女性形象，她的表现和选择反映了女性在20世纪20年代中被追求但又被束缚的境况。这些人物形象和情节，都通过精细的叙事结构和描写手法，展现出小说的主题和深刻的文化内涵。该小说通过举例论证的方法，深入分析小说中的主题和人物塑造，体现出小说的文学价值和意义。选择具体的例子，分析其中的细节和情节，可以让读者更加深入地了解作品，同时也提高了文学评论写作的说服力和可信度。

5. 突出观点

在文学评论中，观点十分重要。创作者需要在文章中突出自己的观点，阐述自己的看法，并给出相应的证据和分析。但是，观点必须合理、有根据，避免主观臆断和观点的片面性。通过突出观点对作品进行文学评论写作，是一种强调作者的个人主张和立场的写作风格。有以下几种情况：

强调主题或中心思想。提出一个作品的主题或中心思想，并通过分析细节和情节，详细阐述作品的这个主题或思想。例如，在评论《1984》时，可以强调作品对政治权力的批判，并分析作者通过刻画人物和社会背景所表达的政治观点。

选择一个观点或立场。在评论中，选择一个特定的观点或立场，并在全文中突出强调。例如，在评论《小王子》时，可以选择一个主题，比如人类的孤独感，然后通过描写小王子的旅程和与地球人的对话，阐述作者对人类孤独感的理解。

强调作者的独特风格。在评论中，突出描写作者的独特风格和技巧。例如，在评论《傲慢与偏见》时，可以强调作者简·奥斯汀的语言风格，如讽刺和幽默，同时，也需要分析这种风格对作品的表达和情节发展所起到的作用。

探讨作品与当代社会的联系，并指出作品的现实意义和价值。例如，在评论《红楼梦》时，可以分析作品对当代社会的启示和批判，并讨论作品对当代文学的影响和意义。具体而言，可以以贾宝玉对社会伦理和人性的思考为例，分析其对当代社会价值观的启示和倡导，进一步突出作品的现实意义和价值。

6. 结构清晰

文学评论需要有清晰的结构，结构通常分为引言、正文和结论三个部分。其中，引言需要引出文学作品的主题和作品背景；正文需要进行分类分析、提出问题、举例论证和突出观点等；结论需要总结全文，简明扼要地阐述自己的观点和结论。

例如，在对美国作家杰罗姆·大卫·塞林格的小说《麦田里的守望者》进行评论时，引言部分可以简要介绍《麦田里的守望者》的创作背景和作者，并引出本文的主题和观点。正文第一部分介绍作品主题和背景：分析小说的主题和情节、介绍故事背景和人物设定、探讨小说对当代社会的意义和价值。正文第二部分分析人物形象和性格：分析主人公霍尔顿的性格和行为、描述小说中其他重要人物的形象和性格、探讨人物形象与主题的关系。正文第三部分对文本进行分析：选取具体的文本片段和情节进行分析、探究文本中的隐喻和象征、分析作者的叙述技巧和文学风格。正文第四部分对小说进行评价：评价小说的优缺点、对小说的创作和内容进行评价、给出具体的建议。最后是结论：总结全文的观点和论点、重申对小说的评价、展望小说对当代文学的影响和意义。

这是一篇文学评论的结构示例，可以根据自己的需要和具体情况进行调整和改进。

关键是要有一个明确的框架和组织结构，以保证文学评论的结构清晰、内容丰富、语言简洁明了，让读者容易理解和接受。

（二）如何构思出独特的观点

在文学评论写作中，构思出独特的观点至关重要。它能使评论者的评论与众不同，引起读者的兴趣和思考。构思出独特的观点需要考虑以下几个方面：

1. 深入阅读

对于一部作品，要想得出独特的见解，首先需要深入阅读，并注意细节。要反复阅读，注意每个细节，掌握作品的内涵和表达方式。通过对细节的理解和分析，可以找到一些其他评论中未曾提及的思路。下面本书以《红楼梦》为例，说明如何进行深入阅读。

《红楼梦》是一部复杂的小说，其中有多条情节线，众多的人物关系和背景，因此创作者需要阅读完整的作品以理解全局。不仅要关注主线情节，也要关注细节和背景，比如官场、家族和婚姻等。

首先，在阅读《红楼梦》时，需要反复阅读以获取更多的细节。重复阅读后，你可能会发现一些之前没有注意到的细节，能够帮助自己深入了解作品的内涵。特别是在第二遍或第三遍阅读时，会发现更多的元素，比如隐喻和象征等。

其次，在阅读时，可以记录下自己的想法和感受，也可以做注释和标记。这有助于整理思路和对作品的更深入理解。例如，可以记录一个人物的性格特点、行为表现和思想倾向，或者记录一段重要的对话或描述。

再次，在阅读后，可以进行进一步的探索和研究。了解作者的背景和思想，对作品的历史和文化背景进行研究，这些都可以帮助我们深入了解作品。研究小说中反映出来的当时社会状况，如官场贪污、女性地位等。

最后，讨论和交流：与他人讨论和交流作品，可以进一步了解作品的不同方面，并开拓思路和观点。与同学讨论某个人物的性格、某个事件的意义，或者分享阅读体验和感受。

通过上述方法，可以进行深入阅读，并能更好地理解和欣赏《红楼梦》这部经典文学作品。

2. 与其他评论者进行对话和辩论

与其他人交流和讨论，可以帮助我们了解到不同的观点和解读，从而激发自己的思考。与其他评论者的辩论也能帮助我们进一步深化自己的观点，并找到与众不同的见解。

在评论一部作品时，首先需要仔细阅读并进行分析，包括情节、角色、主题等。可以标注重要细节和元素，并思考它们的作用和影响。其次，可以通过查找外部资源来寻找不同观点，可以通过网络、书籍、课程等途径查找相关的外部资源，比如评论、分析和研究资料。这些资源可以帮助我们更全面地了解作品，同时这也是与其他评论者对话和辩论的基础。在寻找不同观点时，需要找到与你有不同的经历、文化背景和观点的人，可以通过社交媒体、论坛和聚会等途径找到这些人。最后，进行讨论和交流。在讨论和交流时，需要听取对方的意见并回应他们的问题和观点。可以分享自己的分析和观点，并与他们进行交流和讨论。如果有分歧，可以尊重对方的意见并尝试引导他们思考更深入的问题。在辩论时，需要基于证据和事实进行讨论，而不是基于情绪和偏见，可以引用作品中的情节和细节来支持自己的观点。

3. 批判性思考

在评论作品时，要用批判性的思维进行分析，找到作品中的问题和亮点。可以思考以下几个问题：作品所表达的价值观是否符合现代社会的价值观？作品中的情节、人物、象征手法是否具有深层次的意义？作者的写作风格是否独特？这些问题都能够帮助找到独特的观点和角度。

在阅读一部文学作品时，首先要确定作品的中心思想，作品的中心思想即作者想要表达的主要信息。需要认真思考作品背后的主题和意义，并设法找到作品中的核心思想。需要对作品的结构进行分析，包括情节的发展、人物的刻画、语言的运用等方面。在分析结构的同时也要考虑作者的意图和受众的接受度。

其次，需要辨别作者的立场，包括作者的观点、文化背景、社会经历等方面。通过这些因素，我们可以更好地理解作者在作品中所表达的思想和意图。

再次，需要认真分析作品的优缺点，包括情节的可信度、人物的真实性、语言的表现力等方面。分析这些方面，可以从人物角色、情节走向、文笔和语言运用等各个方面入手。在评论写作中，要提供充分的证据，以支持自己的观点。这些证据可以来自作品中的情节和人物刻画等方面，也可以是引用作者的观点、社会背景等方面的信息。

最后，提出批判性观点，通过以上步骤，可以对作品形成一个深入的理解和意见。接下来，需要根据这些理解和意见提出批判性观点，可以结合自己的思考和阐述作者的意图，肯定优点并批判不足。

对某一作品进行批判性思考，需要对作品进行仔细阅读，并理解作品中的情节、人物、主题等要素。通过分析作品的结构和作者的立场，找出作品的优缺点，并提出批判性观点。最后，需要提供充分的证据，以支持自己的观点。

4. 借鉴其他艺术形式

观察和借鉴其他艺术形式也是构思独特观点的一种途径。文学与其他艺术形式，如绘画、音乐、电影等，有着紧密的联系。观察其他艺术形式中的创新和独特之处，借鉴其思维方式和表现手法，为文学评论提供新的视角和观点。

借鉴绘画艺术：文学作品可以借鉴绘画艺术的元素，如色彩、笔触、画面构图等，来增加作品的艺术感染力和情感张力。例如，文学作品中的色彩描写、景物描写、人物形象等，都可以从绘画中获得灵感。

借鉴音乐艺术：文学作品可以借鉴音乐艺术的节奏、节拍、音调等元素，来增强作品的韵律感和情感表达力。例如，文学作品中的语言节奏、音乐性、情感共鸣等，都可以从音乐中获得启示。

借鉴戏剧艺术：文学作品可以借鉴戏剧艺术的结构、角色塑造、场景设置等元素，来增强作品的叙事效果和现场感。例如，文学作品中的情节、人物形象、对话等，都可以从戏剧中借鉴。

借鉴电影艺术：文学作品可以借鉴电影艺术的镜头语言、影像效果、节奏感等元素，来增强作品的可视化和情感表达力。例如，文学作品中的场景描写、氛围营造、动作描写等，都可以从电影中获得启示。

文学作为一种艺术形式，与其他艺术形式之间存在着紧密的联系和相互借鉴。借鉴其他艺术形式的元素和特点，可以增强文学作品的艺术感染力、情感表达力和可视化效果，从而提升作品的艺术价值和文化影响力。

在进行文学评论写作时，可以借鉴绘画艺术的特点，如色彩、构图、形态等元素入手，来增强评论的表现力和感染力。例如，运用生动的比喻、形象的描写等方式，使读者能够更加深刻地理解和感受文学作品的艺术魅力。评论中可以借鉴音乐艺术的节奏、韵律、和声等元素，来提升评论的韵律感和情感表达力。例如，运用感性的词汇、适当的语气、节奏感强的句式等，使读者能够更加深入地感受文学作品中的情感、思想和文化内涵。评论中可以借鉴戏剧艺术的剧情、人物塑造、台词等元素，来增强评论的叙事效果和现场感。例如，运用生动的描写、详尽的分析、抒情的表达等方式，使读者能够更加贴近、深入地理解和体验文学作品的内在世界。评论中可以借鉴电影艺术的镜头语言、影像效果、节奏感等元素，来增强评论的可视化效果和情感表达力。例如，运用具有视觉感染力的描写、对比鲜明的表述、句法的变换等方式，使读者能够更加直观地感受文学作品的形象、情感和主题。

总之，在寻找独特的观点时，要注重思考、推演，并积极借鉴其他评论的观点，尽可能找到不同的切入点，以展示自己的独特思考能力和批判性思维。

三、表现手法

文学评论的表现手法是指评论者通过语言、结构、情节、人物形象等手段来描绘作品中所表达的主题和情感，以实现艺术效果。其中文学评论的语言风格在写作中起着重要作用，不仅能够影响整体效果和风格，还能够突出评论者的独特观点和个性。

（一）文学评论写作的语言风格

文学评论写作的语言风格应该符合读者的认知习惯和阅读能力，同时需要体现出评论者对作品深入的理解和洞察力。一般来说具有以下几个特点：

第一，语言简洁：文学评论需要准确、简明、生动地表达作者的意图和文学性。句子结构应该清晰简洁，用词应该准确精确，避免长篇大论，让读者在尽可能短的时间内获取最多的信息。

第二，表达方式多样：文学评论可以通过各种表达方式来让读者更好地理解作品的含义和价值，比如比喻、描绘、对比、概括等。评论者应该根据作品的特点和自己的认知习惯选择不同的表达方式。

第三，观点明确：文学评论需要在清晰、准确的表达之外，更要明确表达自己的观点和立场。评论者需要用客观、中肯的态度来评价作品，阐明自己的观点，同时尊重读者的看法和理解。

第四，语言美感：文学评论可以适当加入一些修辞手法和文学元素来增强语言的美感和艺术性，比如诗意、音乐性、情感色彩等。这样可以让评论更具有生命力和感染力。

第五，科学性：文学评论不仅是主观的情感表达，还需要具备科学性和可分析性。评论者需要从文学角度出发，分析作品的结构、语言、文学流派等方面，以便读者能够更深入地理解和评价作品。

以上五种特点共同形成了文学评论语言的特点，这些特点可以形成四种不同的语言风格：客观冷静的风格、情感激昂的风格、幽默的风格、抒情的风格。无论采用何种风格，都应注重语言的准确性和表达的清晰度，以确保评论者的观点能够被读者准确地理解和接受。通过运用恰当的语言风格，文学评论可以更好地吸引读者的注意力，传达评论者对作品的独特见解和情感共鸣。

1. 文学评论中常见的语言风格之一是客观冷静的风格

这种风格注重事实和逻辑，从客观的角度分析作品的优点和不足。评论者可以通过对情节、人物、语言运用等方面进行客观的分析，提出自己的评价。这种风格的特点是语言简洁明了，逻辑严密，给读者一种理性思考的感觉。

客观冷静的语言风格在对《红楼梦》的评论作品中体现得非常明显，评论者不仅对作品的内涵和形式进行了深入的分析，还从多个角度出发，客观地评价作品的优点和不足。对于作品的内涵和形式，评论者需要深入挖掘其思想性和艺术性。比如，评论者可以客观分析《红楼梦》中人物形象、情节、主题等方面的表现，总结出其思想内涵和艺术特色。同时，评论者还需对作品的艺术形式进行客观的评价，如叙述手法、语言特色、文学流派等方面的特点。

此外，评论者还需要从多个角度出发，全面地评价作品。评论者可以从读者的角度出发，客观地评价作品的影响力和艺术价值。同时，评论者也需要考虑作品在时代背景下的地位和意义，从历史和文化的角度出发，客观地评价作品的作用和贡献。

2. 另一种常见的风格是情感激昂的风格

有时，一部作品会引起评论者强烈的情感共鸣，使其在评论中表达对作品的热情和赞赏。评论者可以运用丰富的修辞手法，如比喻、夸张、排比等，以表达自己对作品所传达情感的共鸣。这种风格的特点是语言生动、形象，充满了情感的表达，给读者一种强烈的感受。

《活着》是作家余华创作的一部代表作，讲述了一个普通人的人生历程。评论者可以从个人角度出发，表达出对作品的强烈感受和深刻理解。

评论者可以用情感激昂的语言来表达自己的观点，比如："《活着》是我读过的最伟大的小说之一""这部小说让我感受到了生命的珍贵和坚韧""余华通过这部小说表达了他对人性的深刻思考和关注"，等等。这样的语言可以让读者感受到评论者的真情实感，更深入地了解作品的内涵和艺术价值。

同时，评论者还可以通过个人的理解和体验，深入分析作品的意义和价值。比如，评论者可以说："通过主人公的经历，我们可以看到农民阶层在中国现代化进程中的困境和挣扎""余华通过这部小说呼唤着对人性的关注和思考"，等等。这样的语言可以深入挖掘作品的内涵和主题，展示出评论者对作品的深刻理解和体验。

总之，情感激昂的语言风格可以让评论者更真实地表达出自己对作品的情感和理解，同时也可以让读者更深入地了解作品的内涵和价值。但是在使用情感激昂的语言时，评论者还需注意不要过于主观和情绪化，要客观理性地评价作品。

3. 还有一种常见的风格是幽默风格

评论者可以通过幽默的语言和调侃的表达方式吸引读者的注意力。运用幽默的比喻、笑话等方式来描述作品中的情节和人物，可以增添文章的趣味性和幽默感。这种风格的特点是语言风趣、机智，给读者一种愉悦的阅读体验。

《呼啸山庄》是英国作家艾米莉·勃朗特的代表作品，也是世界文学史上的经典之一。在对这部作品进行评论时，评论者可以运用幽默的语言风格，让评论更加有趣和生动。

比如，评论者可以用一些戏谑的语言来描述小说中复杂而扭曲的人物关系："这部小说中的人物关系如同织在一起的复杂线团，让人看了眼花缭乱，只能跟着作者的笔触摇晃着前进。""这是一部关于爱情的小说，只不过爱情穿上了丑陋的外衣，在丑陋和美丽之间摇摆不定。"

此外，评论者还可以利用幽默的手法来表达对小说中角色的评价和观点。评论者还可以用比较夸张的语言来形容各个角色的特点，比如："希思克利夫是一个永远充满怨恨的疯子，凭借着他强大的怨念力量，成功地把几个人的命运都推入了深渊。""凯瑟琳是一个充满矛盾和自我矛盾的角色，一会儿在自己的幻想世界里扮演天真无邪的少女，一会儿又变成了一个自私冷酷的女人。"

总之，幽默的语言风格可以让评论者更加生动地表达自己对作品的看法和评价，同时也可以为读者带来一些趣味和轻松的氛围。但在使用幽默的语言时，评论者还需注意不要过于轻浮和肤浅，要保持评价的客观性和深度。

4. 抒情的语言风格也常见于文学评论中

抒情风格注重情感的表达和抒发个人的感受，通过独特的语言表达方式传达评论者对作品的独特理解。评论者可以运用抒情的语言来表达对作品所传递情感的理解和体验。这种风格的特点是语言细腻、感性，容易使读者产生共鸣和使其感动。

在对《红楼梦》这部作品进行评论时，评论者可以运用抒情语言风格，来表达自己对作品的喜爱和敬佩之情。

比如，评论者可以用诗意的语言来描述作品中的美景和情感："满目风光尽是悲，只有琴声难以忘。大观园中红袖舞，吹散了寒冬的凄凉。林黛玉的哀伤，贾宝玉的迷惘，如同一曲讴歌，荡涤着读者的心灵"。

此外，评论者还可以运用比喻、夸张等手法来形容作品中的人物和情节，以增强抒情效果。比如："林黛玉如同一朵凋谢的花，在短暂的生命里，经历了爱恨离合、绝望与挣扎，最终在悲痛中凋零。她是那样纯净、那样娇嫩，让人不禁想起苍白的秋菊，一阵轻风便会吹散她的芬芳。"

总之，抒情语言风格可以让评论更加感性，更加能够触动读者的心灵，让读者能够更深刻地领悟作品的魅力。同时，评论者也需要注意抒情的程度和角度，避免过度渲染或者偏颇的评价。

文学评论的语言风格是多样且丰富的。客观冷静的风格注重事实和理性，提供深入的批评和分析；情感激昂的风格强调评论者的情感体验，带来共鸣和思考；幽默风格通过幽默和诙谐的语言增添了阅读的趣味性。抒情的语言风格可以用感性的语言传递出评论者细腻的情感体验。不同的语言风格在文学评论中都发挥着重要的作用，它们各有特点，能够满足不同读者对评论的需求。同时，评论者在运用语言风格时也需要注意把握分寸，避免过度夸张或失去客观性。通过对不同语言风格的学习和运用，评论者可以提升文学评论的质量，更好地展现文学作品的魅力和价值。

（二）文学评论写作的表现手法和表达方式

文学评论作为一种文学批评形式，通过对文学作品的评价和分析，揭示其中的艺术特点和思想内涵，它需要运用一系列表现手法和表达方式来传达自己的观点和观察。表现手法和表达方式是文学创作和评论中常用的两个概念。

表现手法指的是作者在创作中运用的各种技巧和手段，包括语言、结构、形式、符号、意象等，来表达自己的思想和情感，塑造作品的形象和风格，以达到艺术的目的。表达方式指的是作者在作品中所使用的语言、风格和语调等方面的表达方式。具体来说，表达方式包括语言的简练或华丽，形象的鲜明或含蓄，节奏的慢或快，情绪的高或低等，这些方面共同组成了作品的风格和特点。在文学评论中，评论者也会运用不同的表现手法和表达方式来剖析和评价作品，使其评论更加生动形象和有说服力。

1. 比喻和隐喻

比喻和隐喻都是修辞手法，用于在文学中创造意象和表达情感。比喻是通过将两个事物进行类比，将一种事物的特征或性质用另一种事物来说明。比如，"他的眼睛像星星一样闪闪发光"。在这个句子中，人的眼睛被比喻成星星，以突出其闪闪发光的特征。隐喻是一种不直接说出来的比喻，通过暗示、象征等方式来表达一种含义。隐喻通常比较难以理解，需要读者进行深入的思考和理解。比如，"她是我的太阳"，这句话并没有直接说出"她对我的生活有极大的影响"，而是通过太阳这个隐喻的形象暗示了这个意思。

比喻和隐喻是文学评论中常见的修辞手法，通过将文学作品中的形象、情节或主题与其他事物进行类比，以达到更生动形象的表达。比如，当评论一部小说时，可以说其中的主人公如同一个迷失的孤岛，隐喻着他内心的孤独和无助。

例如，在评论莎士比亚的戏剧《哈姆雷特》时，评论者可以使用比喻来描述这个作品的艺术价值。"《哈姆雷特》是一个心灵探索的旅程，就像是一座被打开的珠宝盒，里面藏着无数闪烁的宝石。"这个比喻将这个戏剧比作一个珠宝盒，通过闪烁的宝石形象来表达其价值和光彩。在评论一个诗人的作品时，评论家可以使用比喻来表达作品中的主题和情感。"这首诗就像是一朵绽放的花朵，在无声中向我们传递着爱、美和希望的信息。"这个比喻将诗歌比作一朵花朵，通过花朵的形象来表达作品中蕴含的情感和主题。

在评论一部小说时，评论家可以使用隐喻来表达作品中的意义和主题。"这个小说就像是一张迷宫图，我们需要不断地寻找和探索，才能找到其中的秘密和出路。"这个隐喻将小说比作一个迷宫图，暗示了读者需要花费时间和精力去探索其中的主题和意义。在评论一本历史类图书时，评论家可以使用隐喻来表达历史事件的影响和意义。"这本书就像是一块历史的石头，虽然看上去平凡无奇，但是上面刻满了历史的印记和故事。"这个隐喻将历史比作一块石头，通过石头的形象来表达历史事件的重要性和影响。

比喻和隐喻都是文学评论写作中常用的修辞手法，通过这些手法，评论者可以生动、形象地表达对文学作品的评价和观点。在具体运用时，评论者应根据文学作品的特点和主题，选择合适的比喻或隐喻，来达到更好的表达效果。

2. 对比和对照

对文学作品中的不同元素进行对比和对照，突出其差异和相似之处，以展示其艺术特点和思想意义。例如，当评论一部诗歌时，可以对比其中的两个意象，分析它们在诗歌中的不同象征意义，以突出诗歌的深度和多样性。

在评论两个诗人的作品时，可以使用对比来突出其不同的风格和主题。"A 诗人的作品充满了明亮的色彩和快乐的情感，而 B 诗人的作品则更加沉郁和悲伤。"通过对比不同的作品风格和主题，我们可以更加深入地理解两个诗人的创作特点。在评论两部小说时，可以使用对比来强调它们的不同特点和文化背景。"X 小说中描写的是西方社会的价值观和生活方式，而 Y 小说则更加关注东方文化的传统和情感。"通过对比这两部小说，我们可以更加深入地了解不同文化之间的差异和联系。

在评论一个诗人的作品时，可以使用对照来突出作品中的主题和情感。"这个诗人的作品中常常出现生命与死亡的对照，体现出对生命的珍视和对死亡的恐惧。"通过对照生命和死亡的主题，我们可以更加深入地理解诗人对生命和死亡的态度和情感。在评论一部小说时，可以使用对照来强调作品中的人物关系和冲突。"这个小说中，主人公和反派人物之间存在着深刻的对照关系，体现出他们的价值观和世界观的巨大差异。"通过对照主人公和反派人物的关系和冲突，我们可以更加深入地理解小说中的人物形象和情节发展。

对比和对照都是文学评论写作中常用的方法，通过对比和对照不同事物，可以更加深入地了解文学作品中的主题、情感和文化背景等方面。在具体运用时，应根据文学作品的特点和主题，选择合适的对比和对照方法，来达到更好的分析和解读效果。

3. 解构和重构

解构指的是对文学作品进行剖析，将其拆解成更小的组成部分，例如情节、人物、主题、语言等，通过分析每个组成部分的细节，来帮助我们了解作品的整体结构和意义。在解构分析中，重点在于揭示文本中的潜在意义和隐含结构。重构则是根据解构分析的结果，重新构建出作品的意义和价值。它是在解构的基础上进行的，通过对文学作品的细节分析，重新组合和解释这些元素，提出新的观点和见解，重新构建作品的意义和主题。通常情况下，解构和重构是一起进行的，解构揭示了作品的结构和意义，而重构则重新构建了作品的整体意义。这种方法有助于读者更好地理解文学作品，并得出自己的评论和解读。解构和重构是文学评论中常用的方法，通过对文学作品的结构和形式进行分析和解读，揭示其中的艺术构思和组织方式。例如，当评论一部小说时，可以解构其叙事结构，分析其线索的组织和转折的方式，以凸显作者的巧妙构思和叙事技巧。

下面本书以村上春树的小说《世界尽头与冷酷仙境》为例，分析解构和重构在文学评论写作中的运用。

解构分析：

在《世界尽头与冷酷仙境》中，村上春树采用了多线叙事的方式，将不同的故事情节和人物角色交织在一起。我们可以对小说进行解构分析，将其拆解为以下几个部分：

情节：小说中有多个情节，主要包括主人公的求生之旅，以及其他人物的故事，如博士和胖女郎。

人物：小说中涉及的人物主要有博士、胖女郎和图书馆女孩儿。

主题：揭示日本高度发达的资本主义社会的暴力和"我"在平行世界中的自我追寻与救赎。

语言：小说的语言具有诗意和象征性，充满了意象和隐喻。

重构分析：

通过对小说的解构分析，可以得出以下的重构分析：

故事的交织性：通过将不同的故事情节和人物角色交织在一起，村上春树营造了一种神秘和超现实的氛围。小说中的多条线索汇聚在一起，呈现出丰富而独特的叙事结构。

主题的探索：日本式的"高度发达的资本主义社会"具有暴力性，其最关键的原因在于它具有强烈的控制性。在资本主义高压下，人开始走向异化，如何实现自我拯救？他认为个体战胜体制的唯一机会来自我们对自身和他人灵魂的独一无二和不可替代的坚信，来自于灵魂联结在一起所获得的温暖。

语言的艺术性：小说中的语言具有诗意和象征性，充满了意象和隐喻。这种语言艺术在营造小说的氛围和情感方面起到了重要作用。

隐喻的运用：小说中采用了大量的隐喻，如"世界尽头""冷酷仙境"等，这些隐喻不仅为小说的结构和情节带来了深层次的含义，也让读者获得了独特的阅读体验。

下面本书以古龙的武侠小说《陆小凤传奇》为例，来分析解构和重构在文学评论写作中的运用。

解构分析：

在《陆小凤传奇》中，古龙采用了多线叙事的方式，讲述了主人公陆小凤的冒险故事，其中融合了丰富的武侠元素，评论者可以对小说进行解构分析，将其拆解为以下几个部分：

故事情节：小说中有多个情节，如陆小凤与花满楼、西门吹雪之间的纠葛，以及他对阴谋的揭露和报复等。

人物形象：小说中有多个人物，每个人物都有其独特的性格和故事，共同构成了小说的精彩故事情节。

语言风格：小说的语言风格简洁明了，流畅易读，同时也具有一定的文学性和武侠性。

重构分析：

通过对小说的解构分析，我们可以得出以下的重构分析：

叙事技巧：古龙在《陆小凤传奇》中采用多线叙事的方式，让故事情节和人物形象相互交织，形成了丰富多彩的武侠世界。此外，小说还采用了回忆和叙事交叉的方式，让读者不断感受到小说的张力和悬念。

人物形象：小说中的人物形象生动鲜明，每个人物都有着自己的性格和故事。特别是主人公陆小凤，他的机智、勇敢、正义等特质都展现得淋漓尽致，赢得了读者的喜爱。

武侠元素：小说中融合了丰富的武侠元素，如江湖恩怨、武林阴谋等。这些元素不仅为小说增添了一份神秘感和浪漫情怀，也让读者感受到了传统武侠小说的魅力和精髓。

语言风格：古龙的语言风格简洁明了、流畅易读，同时也充满了武侠情怀和艺术感染力。他善于用一些形象生动的语言来描述场景和人物，让读者感受到强烈的视觉和感官体验。

通过以上的解构和重构分析，读者可以更好地理解村上春树的隐喻小说和古龙武侠小说中的结构、主题和语言艺术等方面，从而更深入地探究小说的意义和价值。

4. 描绘场景

描绘场景是指通过描绘场景来展现文学作品的氛围和风格。场景描写可以让读者更加深入地感受到文学作品中所描绘的环境和氛围。场景描绘是文学作品中重要的组成部分，它可以为作品增色添彩，让读者体会到身临其境之感。在文学评论写作中，场景描绘也是一种常用的手法。下面本书以《追风筝的人》为例，描述和分析场景描绘在文学评论写作中的运用。

小说中，在哈桑被阿塞夫欺负之前，阿米尔合上双眼后描述的一个梦境：

我在暴风雪中迷失了方向。寒风凛冽，吹着雪花，刺痛了我的双眼。我在白雪皑皑中跋涉。我高声求救，但风淹没了我的哭喊。我颓然跌倒，躺在雪地上喘息，茫然望着一片白茫茫，寒风在我耳边呼啸，我看见雪花抹去我刚踩下的脚印。我现在是个鬼魂，我想，一个没有脚印的鬼魂。我又高声呼喊，但希望随着脚印消逝。这当头，有人闷声回应。我把手架在眼睛上，挣扎着坐起来。透过风雪飞舞的帘幕，我看见人影摇摆，颜色晃动。一个熟悉的身影出现了。一只手伸在我面前，我望见手掌上有深深的、平行的伤痕，鲜血淋漓，染红了雪地。我抓住那只手，瞬间雪停了。我们站在一片原野上，绿草如茵，天空中和风吹着白云。我抬眼望去，但见万里晴空，满是风筝在飞舞，绿的、黄的、红的、澄的，它们在午后的阳光中闪烁着光芒①。

哈桑被欺辱也是在一个雪天，梦里的暴风雪正是对现实重现，阿米尔看到哈桑即将受辱，他本该出面阻止，成为拯救哈桑的施救者，但是此刻在他的梦中，却被他主观扮演成了一位求救者，因为他不愿意承担拯救哈桑后自己可能面临的后果，梦中的结局一片晴好，是在暗示只有哈桑能够拯救自己，为自己的胆小懦弱寻最后的内心安宁。同时，说明在阿米尔的世界里，哈桑扮演的是拯救者的角色，他的牺牲在阿米尔看来也是理所应当的。梦境结束后，哈桑受到了欺辱，这个梦境成为故事情节的转折，也为后来阿米尔内心的挣扎做了铺垫。

---

① 卡勒德·胡赛尼. 追风筝的人 [M]. 李继宏，译. 上海：上海人民出版社，2014：74.

在评论《追风筝的人》时，不仅仅可以通过小说中的场景描绘来分析作品故事情节，也可以通过场景描绘来描述小说中的环境、氛围和情感。例如，可以这样描绘：小说中，喀布尔的场景描绘令人印象深刻。小说中的喀布尔充满了风尘味，沉闷压抑。小说描写了喀布尔的老城区，曲折狭窄的街道、满是垃圾和淤泥的泥土地、到处可见的野狗，形象地反映了喀布尔的社会现实和文化特点。这些场景描绘，使读者仿佛身临其境，感受到了喀布尔的气息和情感。此外，小说中的风筝比赛场景也十分生动。作者透过主人公阿米尔的视角，生动描述了人群的狂热和紧张，以及阿米尔自己的焦虑和兴奋。这样的场景描绘，突出了小说中的主题——友谊、背叛和救赎。

场景描绘在文学评论写作中是一种常用的手法。通过对场景的描绘，评论者可以更加具体地展现出作品中的细节和特点，让读者更加身临其境，从而更好地理解和欣赏作品。当然，对于评论者而言，需要注意描绘场景的方式，以及如何将场景描绘与作品的主题和意义紧密联系起来。

5. 引用和举例

引用和举例是借用他人或者其他作品的例子，来丰富作品的内涵和展现思想。引用可以是名人名言，也可以是文学作品中的段落或者句子。

引用和举例是文学评论写作中常用的论证手法，可以增强评论的可信度和说服力。下面本书以《红楼梦》为例，分析引用和举例在文学评论写作中的运用。

在评论《红楼梦》的重要地位时，可以引用"开谈不说红楼梦，读尽诗书也枉然。一曲红楼多少梦，情天情海幻情身。"（清·得舆《京都竹枝词》）这句话的意思是你学的知识再多，看的诗书再多，如果没看过《红楼梦》，那也就不算真正的懂知识、不算真正的饱览群书。

在评论《红楼梦》的多义性时，可以引用别林斯基在论及普希金的价值时说："每一个时代都要对这些现象发表自己的见解，不管这个时代把这些现象理解得多么正确，总要留给下一个时代说一些新的、更正确的话，并且任何一个时代都不会把一切话说完……"[1]"《红楼梦》简直是一个碰不得的题目，只要碰到它就不可避免地要惹出笔墨官司"[2] 这些都是通过引用来说明自己的观点。

在评论林黛玉之死时，对于林黛玉死因，许多学者先后根据文本都做出了自己的推测，例如：

著名红学家王昆仑在文章《林黛玉的恋爱悲剧》当中指出："黛玉之所以会死，是因为她的恋爱失败；恋爱之所以会失败，是因为她不为环境所容许……于是那环境容纳了迎合时代的宝钗，而扼杀了违反现实的黛玉；黛玉的悲剧就是由于这样的性格与时代之矛盾造成的。"[3]

有些学者认为黛玉的死与水有关，蔡义江在《曹雪芹笔下的林黛玉之死——〈红楼梦论佚〉中的一章》中提出：为践行"木石前盟"的宿命，最终泪尽而亡。支持此观点的还有学者梁归智，他在《辨林黛玉之死》中说道："黛玉因相思和受诬，眼泪还

① 别林斯基. 别林斯基选集 [M]. 满涛，译. 上海：上海译文出版社，1980：276.
② 余英时. 红楼梦的两个世界 [M]. 台北：台北联经出版社，1980：71.
③ 王昆仑. 红楼梦人物论 [M]. 北京：生活·读书·新知三联书店，1983.

债而死，与贾家择媳并无直接关系。"① 周汝昌则在《冷月寒塘赋宓妃——黛玉夭逝于何时何地何因》对黛玉之死的具体时间地点以及死时的具体情状都进行了详细的分析和推测。他认为按照原作者曹雪芹的构思，林黛玉的死是与赵姨娘分不开的，因赵姨娘诬陷她与宝玉有了"不才之事"，所以才无法活下去，最终在中秋月圆夜，在凹晶馆的池中投水而死，后来还有学者支持黛玉赴水而死的观点，如诸懋型、林伟平、端木蕻良等。

而到了 21 世纪，学者们不再拘泥于传统的理论分析，拓宽了《红楼梦》的研究视域，试图借助新的理论，将黛玉之死放在西方新学说的广阔视野中进行解读和推测。例如，王子溪《红消香断有谁怜——从异常心理学角度重新审视林黛玉的死亡》就是用西方异常心理学相关理论剖析林黛玉的死因，他认为"林黛玉患有严重的心理疾病，这种困扰她的心理疾病是引起她死亡的一个重要原因"②，杜贵晨在《论西门庆与林黛玉之死——兼及〈红楼梦〉对〈金瓶梅〉的反模仿》中认为："林黛玉因沉溺于情而死……她的死是在先天'弱病'基础上慢性自杀式的殉情。"③，以上说法是诸学者在解读文本和脂砚斋评论的基础上，围绕林黛玉人物性格与命运的逻辑关系进行辨析，对黛玉之死所做出的研究，既有具体情节的推测，也涉及死因。那么在论证黛玉的死因时，以上学者的观点就可以作为支持自己的观点的论据。

总之，引用和举例是文学评论写作中常用的论证手法。引用权威或者有说服力的观点和举例子的方式，可以增强评论的可信度和说服力，让读者更加信服和认同。但同时需要注意，引用和举例的选择和运用，需要与评论的主题和意义相符合，避免炫技和滥用，否则会降低评论的质量和价值。

思考与练习

一、单项选择题（在下列每小题列出的四个备选答案中，只有一个是符合题目要求的，请将其选出，并将选项前面的代码填写在题后的括号内。选错、多选或未选均不得分）

1. _____的作品《诗学》是文学理论和文学批评的奠基之作。　　　　【　　】

A. 柏拉图　　　　　　　　　　B. 亚里士多德

C. 苏格拉底　　　　　　　　　D. 莎士比亚

2. _____不仅强调文学作品的形式美，也注重作品的内容教化作用。　　【　　】

A. "知人论世"　　　　　　　　B. 模仿说

C. "美善统一"　　　　　　　　D. "言不尽意"

① 梁归智. 石头记探佚 [M]. 太原：山西人民出版社，1983.

② 王子溪. 红消香断有谁怜：从异常心理学角度重新审视林黛玉的死亡 [J]. 红楼梦学刊，2008（2）：54-65.

③ 杜贵晨. 论西门庆与林黛玉之死：兼及《红楼梦》对《金瓶梅》的反模仿 [J]. 山东师范大学学报（人文社会科学版），2009（5）：12-17.

3. 汉代史学家对＿＿＿＿的评论，奠定了"风骚"并重的文学典范。　【　　】

A.《楚辞》　　　　　　　　　　B.《诗经》

C.《论语》　　　　　　　　　　D.《春秋》

4. 我国第一部有严密体系的"体大而虑周"的文学理论专著是＿＿＿＿。【　　】

A.《典论·论文》　　　　　　　B.《论语》

C.《文赋》　　　　　　　　　　D.《文心雕龙》

5. "张力"是＿＿＿＿提出的批评观点。　　　　　　　　　　【　　】

A. 传统批评　　　　　　　　　B. 女性主义

C. 新批评　　　　　　　　　　D. 解构主义批评

6. 文学评论标准的两翼是思想和＿＿＿＿。　　　　　　　　【　　】

A. 形式　　　　　　　　　　　B. 题材

C. 主题　　　　　　　　　　　D. 艺术

7. ＿＿＿＿是作品探讨的核心问题，是文学评论的基础。　　【　　】

A. 艺术　　　　　　　　　　　B. 风格

C. 主题　　　　　　　　　　　D. 形式

8. 文学作品与其他艺术形式是互相借鉴的，下列选项从音乐借鉴而来的是＿＿＿＿。

【　　】

A. 色彩　　　　　　　　　　　B. 节奏感

C. 情节冲突　　　　　　　　　D. 场景描写

9. 下列不属于文学评论语言风格的是＿＿＿＿。　　　　　　【　　】

A. 批判　　　　　　　　　　　B. 情感激昂

C. 客观冷静　　　　　　　　　D. 幽默

10. "她是我的太阳"运用的修辞手法是＿＿＿＿。　　　　　【　　】

A. 比喻　　　　　　　　　　　B. 夸张

C. 拟人　　　　　　　　　　　D. 隐喻

二、多项选择题（在下列每小题列出的四个备选答案中，有二至四个是正确的，请将其选出，并将选项前面的代码填写在题后的括号内。选错、多选或未选均不得分）

1. 文学评论的特点是＿＿＿＿＿。　　　　　　　　　　　　【　　】

A. 评价性　　　　　　　　　　B. 客观性

C. 批评性　　　　　　　　　　D. 启发性

2. 关于文学评论，下列说法正确的是＿＿＿＿＿。　　　　　【　　】

A. 文学评论的起源可以追溯到古希腊、古罗马时代

B. 中国古代文学批评起源于秦汉

C. 荀子在"以意逆志"的理论基础上提出了"知人论世"的学说

D. 魏晋南北朝时期，文学评论进入自觉的时代

3. 与西方文学评论理论相比，中国古代文论的特点有＿＿＿＿＿。【　　】

A. 中国古代文论呈现出自己的民族性特色

B. 是一种文体论式的文学批评

C. 其哲学根基是中国古代天人合一的大宇宙生命和谐理论

D. 偏重理论逻辑，不注重情感体验

4. 关于文学批评，下列说法正确的是_____。　【　　】

A. 新批评与传统批评相比，更注重读者与作品的联系

B. 文学评论分为正面评论和负面评论，是按照批评的性质进行分类的

C. 从目前来看，文学评论写作还没有统一的标准

D. 传统批评更注重文本与作者、文本与社会历史的联系

5. 在写作文学评论时，对题材范围的选择可以从以下方面入手_____。　【　　】

A. 文学作品类型　　　　　　　　B. 作家及作品

C. 文学主题　　　　　　　　　　D. 读者

6. 在写作文学评论时，如何选择合适的题材_____。　【　　】

A. 选择自己熟悉的题材　　　　　B. 选择与热点相关的题材

C. 选择大家都选择的题材　　　　D. 选择经典作品

7. 文学评论阅读与评论对象相关的材料，主要包括三种_____。　【　　】

A. 作品　　　　　　　　　　　　B. 作家的材料

C. 当时的新闻材料　　　　　　　D. 对此作家作品的评论

8. 中国古代"观物取象"的见解，强调文学作品与世界不可分割的关系，与这一观点不符的是_____。　【　　】

A. 意志论　　　　　　　　　　　B. 模仿说

C. 艺术是社会的一面镜子　　　　D. 信息论

9. 美国学者艾布拉姆斯在《镜与灯》里提出文学的四要素，是世界、_____。

【　　】

A. 作品　　　　　　　　　　　　B. 艺术家

C. 情感　　　　　　　　　　　　D. 读者

10. 审美意象的基本特征是_____。　【　　】

A. 哲理性　　　　　　　　　　　B. 荒诞性

C. 象征性　　　　　　　　　　　D. 抽象性

三、名词解释

1. 文学评论

2. "知人论世"

3. 张力

4. 典型

四、简答题

1. 如何理解文学评论写作的标准？

2. 请分析文学评论写作的构思过程。

3. 在文学评论写作中，如何构思出独特的观点？

4. 什么是文学的解构和重构？

五、文学评论写作题

1. 阅读司马迁《史记·太史公自序》选段，回答问题。

盖文王拘而演《周易》；仲尼厄而作《春秋》；屈原放逐，乃赋《离骚》；左丘失明，厥有《国语》；孙子膑脚，《兵法》修列；不韦迁蜀，世传《吕览》；韩非囚秦，《说难》《孤愤》。《诗》三百篇，大抵贤圣发愤之所为作也。此人皆意有所郁结，不得通其道，故述往事，思来者。

谈谈这一段论述揭示了怎样的文学现象和规律。请结合文学现象、作家文本或前人相关理论，写一篇评论，阐述你的见解，题目自拟。

2. 阅读鲁迅《影的告别》，回答问题。

影的告别

鲁迅

人睡到不知道时候的时候，就会有影来告别，说出那些话——

有我所不乐意的在天堂里，我不愿去：有我所不乐意的在地狱里，我不愿去：有我所不乐意的在你们将来的黄金世界里，我不愿去。

然而你就是我所不乐意的。

朋友，我不想跟随你了，我不愿住。

我不愿意！

呜乎呜乎，我不愿意，我不如彷徨于无地。

我不过一个影，要别你而沉没在黑暗里了。然而黑暗又会吞并我，然而光明又会使我消失。

然而我不愿彷徨于明暗之间，我不如在黑暗里沉没。

然而我终于彷徨于明暗之间，我不知道是黄昏还是黎明。我姑且举灰黑的手装作喝干一杯酒，我将在不知道时候的时候独自远行。

呜乎呜乎，倘若黄昏，黑夜自然会来沉没我，否则我要被白天消失，如果现是黎明。

朋友，时候近了。

我将向黑暗里彷徨于无地。

你还想我的赠品。我能献你甚么呢？无已，则仍是黑暗和虚空而已。但是，我愿意只是黑暗，或者会消失于你的白天；我愿意只是虚空，决不占你的心地。

我愿意这样，朋友——我独自远行，不但没有你，并且再没有别的影在黑暗里。只有我被黑暗沉没，那世界全属于我自己。

一九二四年九月二十四日

提示：①将此文章与鲁迅其他作品的主题思想联系起来解读，着重探讨文章中"影"的内涵。②分析鲁迅选择这一意象的心理根源和所要表达的心理意思。

题目：根据上述"提示"，结合自己的阅读理解，写一篇评论文章（文章写作要求：观点正确，中心突出，结构清晰，说理性强，逻辑严密）。